基金会管理译丛

善款善用：

聪明慈善的战略规划

Money Well Spent: A Strategic Plan for Smart Philanthropy

保罗·布雷斯特（Paul Brest）
何　豪（Hal Harvey）　著
李存娜　译

中国劳动社会保障出版社

图书在版编目(CIP)数据

善款善用：聪明慈善的战略规划/李存娜译. —北京：中国劳动社会保障出版社，2013

书名原文：Money well spent：A strategic plan for smart philanthropy

(基金会管理译丛)

ISBN 978-7-5167-0048-8

Ⅰ.①善… Ⅱ.①李… Ⅲ.①慈善事业-研究 Ⅳ.①C913.7

中国版本图书馆 CIP 数据核字(2013)第 114551 号

中国劳动社会保障出版社出版发行

(北京市惠新东街 1 号 邮政编码：100029)

出 版 人：张梦欣

*

中国铁道出版社印刷厂印刷装订 新华书店经销

787 毫米×1092 毫米 16 开本 15.75 印张 1 插页 237 千字

2013 年 6 月第 1 版 2013 年 6 月第 1 次印刷

定价：46.00 元

读者服务部电话：(010) 64929211/64921644/84643933

发行部电话：(010) 64961894

出版社网址：http://www.class.com.cn

总前言

自2004年6月新《基金会管理条例》实施以来，我国基金会发展非常迅猛。根据“基金会中心网”的统计，截至2012年10月18日，大陆地区基金会总数从2005年的974家增加到2 835家，其中公募基金会1 279家，非公募基金会1 556家。其方兴未艾的发展之势代表了全球新公共管理语境下，基金会作为推动中国社会发展的有生力量已经日益成长、壮大。与此同时，中国基金会发展中的一些问题也逐渐浮出水面并引发各方思考，其中较为突出的是生态系统的不完善带来的两难困境。一方面，日益严重的经费不足问题日益成为中国的社会组织发展以及社会福利体系发展面临的重要问题。与此同时，作为资源供给端的基金会行业也挑战重重，公募基金会的备受社会信用缺失的诟病，非公募基金会的资金投入领域和方向仍较为单一，甚至大部分还局限于自我运作型模式。

如何破解当前的两难困境？无疑这需要系统、全面的价值重构和社会变革。作为中国社会发展领域最为重要的学术研究和知识教育力量之一，北京师范大学社会发展与公共政策学院一直紧密地关注着基金会及相关的社会发展领域的发展，希望透过基金会专业管理知识库建设和专业人才的培养来滋养该领域的“浩然之气”。为此，北京师范大学社会发展与公共政策学院在创新设立基金会管理方向公共管理硕士学位的基础上，联合学界知名专家、业界实践精英、政府主管官员，在国外战略合作伙伴的支持下，携手中国劳动社会保障出版社一起推出“基金会管理译丛”计划。该计划将翻译并出版一批西方基金会领域的优秀前沿性教材及学术专著，我们期望这些兼具时效性、前沿性和建设性的知识分享会为蓬勃发展的中国基金会专业管理人才带来行业新风与行业新知。

我们期待，这一译丛能够成为中国基金会行业发展的国际经验借鉴之窗。这是因为国际经验的分享已经成为中国现代化过程中的重要建设路径。现代意义上的基金会，起源、发展并完善于西方国家，无论是广为人知的洛克菲勒基金会、卡耐基基金会、福特基金会、比尔及梅琳达·盖茨基金会，还是并不为世人熟知的地域性、专业性及社区基金会，都在整个20世纪彰显了崇高人性的光芒与魅力——他们成为社会分层日趋恶化的裂缝弥合者、政府福利政策的倡导和先驱者、前沿公益慈善理念的拥趸和践行者、世界友好与和平的连接和倡导者。作为除却政府、市场外的“第三部门”中的主力组成力量，西方的基金会事业已经在百余年的发展历程中，推动并见证了社会整体公平与福利水平的完善与提升，并为发展中国家的后发行动提供了极佳的借鉴意义与参考性视角。

我们期待，这一译丛能够成为中国基金会行业实践者、研究者的行动实践之友。译丛试图精选近十年来在国际视野中较为成熟与经典的基金会管理领域著作，涵盖了有关基金会管理领域的概念综述、规划管理、基金项目选拔、基金项目管理、提升公益组织能力以及基金会评估考核的关键内容，尤为值得提出的是，每个专题均为理论研究与实用工具系列书目相结合，不仅可以配合各大院校基金会管理等相关专业的课程讲授，更能作为全国范围内，正在从事抑或有志于从事基金会事业的读者之必读书目。

我们期待，这一译丛的策划实施过程也会促进中国基金会行业发展中的官学产研的无缝对接。此套丛书的引进与翻译、出版本身就是政府、学界与基金会实践界密切合作的成果，也是急速发展中的中国非营利组织事业的代表性智慧汇聚。在此，感谢徐永光、王振耀、高小平、何道峰、王名、康晓光、刘忠祥、庄爱玲等专家编委的大力支持和积极参与。本丛书的即时付梓也离不开中国劳动社会保障出版社刁翠萍女士以及郭烁等精心组织的策划和翻译工作。这仅是一个新的起点，希望本译丛不断推陈出新的过程能够有利于进一步催化行业内外信息共享、知识共建的生态建设。

张秀兰

2012年10月20日

谨以此书（及其版税）献给威廉与佛洛拉·休利特基金会。我们与该基金会的董事会及员工合作，学习并实践着战略慈善。

——作者

目录

第1篇　战略慈善的架构

第2篇　行业工具

第3篇　组织资源　从事战略慈善

序

沃伦·巴菲特比尔将310亿美元赠与比尔及梅林达·盖茨基金会(Bill & Melinda Gates Foundation)，引发媒体铺天盖地的报道。但在此之前，21世纪就已经踏上了慈善之路。拥有10亿美元资产的美国基金会不下50个，超过5亿美元的有100个，100万美元以上的更是数不胜数。通过捐赠和遗赠转移财富的情况，在未来几十年将会大幅增加，而这些财富很大一部分将流向慈善事业。

人们对慈善的兴趣日益浓厚，表现之一是服务于慈善部门的新型组织纷纷创立，如布利吉斯潘集团（Bridgespan Group）、高效慈善中心(Center for Effective Philanthropy)、高效组织捐赠者协会（Grantmakers for Effective Organizations）以及FSG社会影响顾问公司（FSG Social Impact Advisors)。杜克大学、哈佛大学、印第安纳大学、斯坦福大学、南加州大学以及其他一些机构都兴建了跨学科研究中心，进行慈善和非营利部门研究。与此同时，新出版的几本书，也对这个问题的方方面面进行了探讨。最著名的有约珥·L·弗雷希曼（Joel Fleishman）的《基金会：美国的天大秘诀——私人财富是如何改变世界的》（*The Foundation: A Great American Secret; How Private Wealth Is Changing the World*, 2007）和彼得·弗鲁姆金（Peter Frumkin）的《战略馈赠：慈善的艺术与科学》（*Strategic Giving：The Art and Science of Philanthropy*，2006）。

这些书提供了历史学、哲学和社会学视角下的丰富洞见。但它们本质上是和慈善相关的，而不是如何设计战略以获得成果的指南。

《善款善用》是为以下读者而写的：慈善家个人、慈善家创办的基金会的项目官员、寻求捐赠和资助的非营利组织的员工、律师、理财规划师，以及其他越来越多的为有钱客户提供慈善事务咨询的专业人士。之所以写本书，是因为我们相信慈善能大大改变世界，而慈善的潜力还远未充分挖掘出来。本书试图为慈善家提供商业战略方面最好的著作所试图为企业家和企业管理者提供的东西：设计战略以达到目标所必需的观念。这里的目标是慈善目标。

虽然我们列举了各种各样的例子，但这本书讲的却不是某个特定领域的问题。对热衷于对抗全球变暖趋势的慈善家来说，本书不能替代对温室气体排放科学和政治层面的了解。我们为慈善家提供的是一个框架，通过它，可以搜集环境科学和决策领域的专业知识，以达到影响政策的目的。同样，我们关注的是战略而不是策略。很多文献都讲到如何创办基金会、如何选择董事会、怎么跟捐赠者保持良好的关系，等等。但关于慈善事业的本质这方面的研究却相对较少。

网站：Smartphilanthropy.org

本书关注的话题是独特的。我们并不认为在这个发展迅速的领域我们拥有最终的话语权，恰恰相反，在很多领域，我们只是蜻蜓点水，而这些领域更广泛的实践可能会证明、修改甚至证伪我们的基本观点。因此，我们希望本书能够激发交流和辩论。为此我们建立了一个网站：http://www.smartphilanthropy.org，期待展开对话。

全书的参考文献也可在相关网页上看到。

资料来源

何豪是能源基金会（The Energy Foundation）的首任主席，现为一个家族基金会的董事。但是，我们的大部分慈善经历是在威廉与佛洛拉·休利特基金会（The William and Flora Hewlett Foundation）获得的，从中我们深入了解了它的资助战略和程序。我们也借此知道了特别多的事例，因为多数慈善事业的内部工作都不为外人所知。同时，我们也意识到身为世界上最大的基金会之一（虽然员工相对较少），休利特基金会的工作不能代表一般的慈善事业。因此，除了引用休利特基金会的例子——这些例子阐明了关于战略慈善的基本论点——之外，我们还引用了其他不同规模的、宗旨各异的基金会的例子。

致　谢

本书的完成得益于很多优秀研究助理的帮助，他们是：Alyssa Battistoni、Casia Freitas、Emily Gerth、Kelvin Low、Kari Mah、Tony Wang和Em Warren。其中，我们要特别感谢Kelvin Low，他撰写了第10章关于投资的社会收益部分的初稿。

休利特基金会的许多同事给了我们有益的意见反馈，他们是：Danielle Deane、Tamara Fox、Julie Fry、Jacob Harold、Laurance Hoagland、Jennifer Ratay、Dana Schmidt、Mike Smith和Sara Seims。我们特别感谢丹妮尔·迪恩（Danielle Deane），她是负责“环境新选区”项目（New Constituencies for the Environment initiative）的项目官员。第4章关于该倡议的个案研究就是她撰写的。

休利特基金会之外的同事也给予了支持，并作出了有益评论。他们包括：Demmy Adesina、Thomas Backer、Matthew Bannick、Ivan Barkhorn、Lucy Bernholz、Jeremy Brest、Phil Buchanan、Kevin Bolduc、Jeff Bradach、Alexa Culwell、Chris DeCardy、Jimi Fishkin、Joel Fleishman、Bettina Forbes、Lawrence Friedman、Peter Frumkin、Cynthia Gair、Eleanor Clement Glass、Joe Grundfest、Jacqueline Khor、Mark Kramer、Carla Javits、Cynthia Esposito Lamy、Carol Larson、Amy Luckey、Barbara Merz、Adam Meyerson、Debra Meyerson、Lisa Monzon、Jeremy Nicholls、Rachel Odell、Sally Osberg、Julie Petersen、James Piereson、Mary Anne Rodgers、Nancy Roob、Ed Skloot、Steve Toben、Melinda Tuan、Brian Trelstad，Michael Weinstein、Lowell Weiss、Mark Wolfson、Simon Zadek。我们特别感谢 Ivan Barkhorn，是他建议我们重新安排本书的各个章节。

我们还从以下方面得到了有益的反馈意见：湾区基金会总裁的晚餐聚会（包括 Jim Canales、Susan Clark、Alexa Culwell、Crystal Hayling、Sandra Hernandez、Ira Hirschfield、Carol Larson、Tom Layton、Cate Muther 和 Drummond Pike）、西部慈善工作坊（The Philanthropy Workshop West）的学员会（包括 Simone Coxe、Russ Hall、Tom Perkins、Margaret Raffin、Peggy Rawls 和 Steve Zuckerman）、斯坦福法学院的教员研讨班，以及斯坦福慈善和公民社会研究中心由 Malka Kopell、Debra Meyerson 和 Woody Powell 主持的研究生研讨班。

弗莱彻和帕里有限责任公司（Fletcher & Parry LLC）的 Donald Lamm 及其同事 Emma Parry、Christy Fletcher 帮我们找到理想的出版社。最后，我们对 Iris Brest 致以诚挚的谢意。她对本书前后几稿都进行了评论、编辑，还提出了不同见解。

前言

人们选择从事慈善事业的理由五花八门：解决急迫的社会问题；宗教信仰或哲学观念使他们认为享受特权就必须承担对弱势群体的责任；向孩子们灌输利他价值观；获得认可；或者是寻找生命的意义。①

无论动机如何，慈善家都想让钱发挥最大的效能。然而，试图改善世界的慈善的历史——从抑制毒瘾、降低中学辍学率，到保护生态系统、缓解全球性疾病和贫困——表明，要真正改变现状是很难的。

作为慈善家，要想真正产生影响，需要具备三个基本条件：金钱、动机和制胜战略。前两个靠您自己解决，本书只讲第三点。战略对于慈善至关重要，就像对投资、经商和打仗至关重要一样。虽然它不能确保成功，但却能提高成功的几率；没有战略则必败无疑。

为达到有效资助的目的，需要制定这样的战略：目标明确、论证合理、用心选择要资助的组织，以及有结果评估准则——不管结果是好是坏。无论 1 年支出 10 万还是 10 亿美元，您的资金都不是无限的，而好的战略能让您的资金发挥倍增效应。

我们的目标是帮助您把世界变成您所认为的更怡人之所。我们不想冒

---

① 参见：Peter Frumkin，Strategic Giving：*The Art and Science of Philanthropy*（Chicago：University of Chicago Press，2006）.

昧地建议您应该花多少钱，或者要追求什么。[1]这些都是个人的选择。慈善家关于什么有益于社会的认识决定了其慈善目标，而他们的价值观可能大相径庭。您可能想推进艺术、宗教、社会服务、教育和医疗事业，或者世界和平；或是保护环境、支持寻找地球外的生命。您可能想推动社会变革或者保持现状，再或者是回到美好的过去。您选择什么目标——资助交响乐团或是扶助赤贫户——可以从道德的角度加以讨论，但这不是本书关注的话题。本书考虑的问题和所有慈善目标都有关。不论是对提倡枪支管制的人还是想保护美国人携带武器权利的人，对反对堕胎的人还是支持妇女选择权的人，本书的讨论对他们都会有帮助。

做慈善有很多不同的方式，从在餐桌上开张支票到资助一个员工齐备的基金会。在您对战略慈善的潜力和要求有更多了解之后，我们将在后面讨论这些选择。但从一开始我们就要说明，战略慈善需要很多注意力、时间、精力和咨询工作。

当一个个慈善家逐渐认识到需要什么才能做出真正的改变时，他们经常会下结论说单凭一己之力、业余时间，很难成就有影响的慈善事业。至少一些专业员工是必需的。所以我们的多数例子都取自拥有数位项目官员的基金会。在阅读本书时，如果您觉得自己不能或不愿意亲身投入慈善事业，而又没有资源或兴趣成立员工齐备的基金会的话，您还有其他选择。例如，您可以效法巴菲特，把钱捐给可靠的私人基金会，或是有战略导向的社区基金会，再或者是捐给越来越多的管理国内或发展中国家受助组织的基金会中的一个。

不管怎样，本书不仅仅是写给积攒或继承了大笔财富以此成就大规模慈善事业的人看的，它也是写给其他许多为富翁们提供咨询服务、帮他们花钱的人看的。对于无数向个体捐赠者和基金会寻求帮助的非营利组织的董事或员工，我们的书也会有所助益。

---

① Peter Singer, "What Should a Billionaire Give—and What Should You?" *New York Times Magazine*, *December* 17, 2006.

第1篇

战略慈善的架构

战略慈善的根本要求是通过资源配置最有效地实现目标。这就需要擦亮眼睛评估难以避免的失败的风险以及大功告成的可能。在本书第1篇，我们将会分析聪明慈善的必要环节，从目标选择到战略的制定和执行，再到工作监督和影响评估。

如果有明确的目标以及达到目标的良好战略规划，您成功的几率将会大幅提高。您的目标应该描述怎么才算成功，而战略规划也要详细规定为达到目标所需的每一个步骤，包括能证明你方向正确——或已经偏离方向甚或迷了路——的指标。由于慈善战略本质上是要使世上的某些方面变得更好，所以它的前提是要对世界是如何运转的有正确的经验认识。

虽然知识、声望和关系对您的工作有所助益，但慈善的核心是拨款资助。从不同资助模式中做出哪种选择，取决于受助组织的活动与您的目标和战略的契合度。有时候，在资助之外，您还可以辅以金融投资，以便在取得社会影响之外有机会获得金钱上的回报。和您本身的效能一样，受助组织的效能也取决于目标、战略和进展指标的清晰度、完善度。

为修正战略规划和资助行为，必须有恰当的反馈，而搜集反馈意见是战略规划中不可或缺的环节。为取得必需的信息，需要监督受助组织的工作、跟踪其进展并对实际效果做出评估。

第 1 章
战略慈善的主旨

慈善资金经常被说成是一个社会的“风险资本”。这意味着慈善能产生很好的结果，但如果慈善只承担安全限度的风险的话，一些有潜力的慈善投资就不会也不应该成功。

如果没有稳妥的前提就拨款资助，或者设计、执行战略时马马虎虎，慈善家有可能狼狈败北。但他们也能够明智地失败，这是取得辉煌成就不可缺少的铺垫。本书既列举了很多成功的例子，也有很多失败的例子。因为承认失败并从中汲取教训是战略性投资的核心要旨之一。为吃透这一点，我们先看两个失败的例子，一个是聪明的失败，另一个则相反。

罗伯特·伍德·约翰逊基金会（The Robert Wood Johnson Foundation，RWJF）有个“反击”计划，为此它在 1988—2003 年期间投入了 8 790 万美元。“反击”项目就是个规划周全的项目遭遇失败的例子。① 在

① Robert Wood Johnson Foundation，*Fighting Back*（2007），http：www. rwjf. org/reports/npreports/fightingback. htm＃LESSONLESRNED.

项目开始之前，约翰逊基金会对从前社区解决酗酒和吸毒问题的工作进行了 2 年的广泛调研。社区工作关注的是减少毒品供应以及加强执法力度。结果惨遭失败。约翰逊基金会发现了问题所在：这里没有社区领袖，而且项目、社区和当地及州政府之间也缺少协作。

"反击"项目吸收了社区变革领域最好的思想理论，它建基于这样一个前提假设：通过政府部门、学校、非营利组织和社区工作、个体治疗项目之间的协作，当地社区就能够解决毒品问题。它还具体规定了用于评估结果并可以测量的指标，包括儿童及成人酗酒和吸毒新发事例持续减少、与酗酒和吸毒相关的死伤事例持续减少、与酗酒和吸毒相关的健康问题持续减少以及与吸毒相关的犯罪案件的持续减少。

约翰逊基金会从 300 多个申请者中选择了 15 个社区，它们的申请报告包括了预防、早期干预、治疗和预防复发的战略。根据在整合医疗及其他社区资源方面表现出的能力，它还从每个社区中选择了一个领导组织。每个社区都采取了三种相辅相成的战略：

➢通过社区警务、街道照明、净宅项目，完善遏制酗酒和吸毒的物质条件和社会条件。

➢通过为吸毒和酗酒者提供育儿课程、青少年项目、学术支持和个案管理，加强他们抵制酒瘾和毒瘾并获得康复的能力。

➢通过关闭贩毒场所、清理废弃建筑、关闭高危地区的酒水零售店，降低酒水和毒品的可及度。

然而，就像一个综合评估所总结的那样："这个持续 10 年之久、扎根社区的协作项目，虽然同时得到了足够的技术支持和指导，配备了拔尖的人才，在预先选择的场所展开，还是没能在减少酗酒和吸毒方面产生明显成效。"① 失败的原因有很多，其中之一是各种组织和机构之间相互猜疑，为争取资助彼此竞争，这就偏离了项目主旨。

什么对社区变革有效，什么无效，这方面的知识积累日益增多。约翰逊基金会的评估在此也做出了自己的贡献（遗憾的是，像约翰逊基金会这样能评估自己的项目并把评估结果结集出版的做法，在慈善界仍属罕见

① Robert Wood Johnson Foundation, *Fighting Back* (2007), http: www. rwjf. org/reports/npreports/fightingback. htm # LESSONLESRNED.

——我们将在下文探讨这个问题)。

如果说约翰逊基金会的“反击”项目是聪明失败的典型，那么，安内伯格挑战计划（Annenberg Challenge）则是一个相反的例子。[①] 1993 年，出版巨头和曾任大使的沃尔特·安内伯格（Walter Annenberg）斥资 5 亿美元——地方慈善家和公司另外提供配套资金——试图以此改善美国的公共教育。半数以上资金用于改善城市学区，包括纽约、芝加哥、费城和旧金山的学区。所有这些学区的战略都信奉一种特定的变革理论，即相信作为体制外中介的非营利组织能够与管理者和教师协力促成学校的变革。[②] 虽然一些学校小有成绩，总体成果却微乎其微。该计划执行过程中遇到了以下问题：

➢作为中介的非营利组织为资金彼此争夺而不是互相合作。

➢资助者急急忙忙就送钱出门，没有对非营利组织设立较高的问责标准，而学校在承诺改革之前就把捐助资金拿到手。结果，这些资金被用于现有运营开支，而没有增量配置用于改革。

➢在某些情况下，学区领导的变动也使改革力度受到削弱，或者使改革止步不前。

这些问题不是都可以事先预料的，就像约翰逊基金会“反击”项目中的类似问题一样。然而，该计划的根本问题在于其前提假设经不起推敲。[③] 雷蒙德·多马尼克（Raymond Domanico）是一位资深教育家和研究者，他研究了这个计划。他说该计划的想法很幼稚，认为外来机构能“和公共教育的现有权力结构（教师工会、学校董事会和政客）谈拢、促

---

① 此处的分析大多引自雷蒙德·多米尼克和其他人的评估，*Can Philanthropy Fix Our Schools? Appraising Walter Annenberg's $500 Million Gift to Public Education*（Washington, D. C.：Thomas B. Fordham Institute，2000），http://www.fordhamfoundation.org/doc/annenberg.pdf，另有湾区学校改革协作项目（Bay Area School Reform Collaborative）的报告和评估，可在线查阅：http://www.hewlett.org/Programs? Education/Achievement/BASRC.htm.

② “挑战计划依托中介组织来促动变革……在独立的公私合作模式中，这些组织既不在体制内，又不完全脱离在外，它们能在不同组织之间、在教育系统上上下下的关节点上进行干预，并能从公私部门争取新的资源。它们教育人、提倡议、做项目，还教导人们如何应对变革。它们还能把私人的创造性、公民社会的力量注入教改，而这光靠政策命令是做不到的。”Domanico et al.，*Can Philanthropy Fix Our Schools?* 53-54（quoting the Annenberg Challenge's midterm report).

③ Domanico et al.，*Can Philanthropy Fix Our Schools?* P1.

成变革”，它“倚赖的关系和程序很大程度上就是导致大型公立学校体系现状的那一套”。①

切斯特·芬（Chester Finn）和马尔西·康斯特鲁（Marci Kanstoroom）写道，安内伯格挑战计划“选取了一个没有前途的、甚至是过时的理论，这个理论早在1993年就已经在很大程度上被其他教育改革者所抛弃”②。和多马尼克一样，他们的结论是该计划关注更多的是不要得罪人，“走中间道路”，而不是其变革理论的有效性。

当然，这也是事后诸葛亮。要是安内伯格挑战计划获得巨大成功的话，我们可能会得出不同的结论，说它考虑得是多么周全。③ 但是，芬和康斯特鲁的警告是很对的，对教改之外的领域也适用：“在开始教改之前，应该有清晰的变革理论，理论本身必须合理。实际采取的战略要遵循精心选择的理论，这一点至关重要。比如，把钱交给合适的代理人。”④

您无法事先知晓您的慈善事业是会改天换地还是会花钱打水漂，但您肯定知道由于社会变革很复杂，因果关系常常模糊不清，所以，战略慈善需要目标真正清晰、分析合理、追踪跟进和持续反馈。而这则意味着您可以通过以证据（而不是以希望）为基础的战略，以及精心的策划和落实来增大成功几率。

战略杠杆至关重要。因为相对于所面对的问题来说，慈善部门实在太小了。和政府及私有部门的交易产生的费用相比，慈善款项微乎其微。例如，光美国消费者1年就在能源消费上花费1万亿美元——而能源可能是破坏环境的罪魁祸首。相反，为解决这个万亿问题的慈善支出仅有大约1亿美元。换言之，相对支撑庞大而完善的能源市场的花费，只有万分之

---

① Domanico et al.，*Can Philanthropy Fix Our Schools*? P1.

② Domanico et al.，*Can Philanthropy Fix Our Schools*? p58.

③ 如可见：Baruch Fischhoff，*For Those Condemned to Study the Past*：*Heuristics and Biases in Hindsight*，in *Judgment Under Uncertainty*：*Heuristics and Biases*，ed. Daniel Kahneman，Paul Slovic，and Amos Tversky (Cambridge，U. K.，and New York：Cambridge University Press，1982)，335，341-342；and Phil Rosenzweig，*The Halo Effect…and the Eight Other Business Delusions That Deceive Managers* (New York：Free Press，2007).

④ Domannico et al.，*Can Philanthropy Fix Our Schools*? 57.

一的钱可以用来改变现状。① 对于寻求缓解全球变暖问题的捐款人、基金会受托人及员工而言，这是个挑战。为了成功，他们需要建立激励机制，促成向低碳能源的根本转变。

希望消除饥饿、遏制疾病或改革教育的捐赠者也面临同样的挑战。这很难，不仅因为社会变革是多种难以识别、更难明确影响的力量共同作用的结果，而且因为对于慈善事业的成功没有统一的衡量指标——这和商业领域的金钱收益及政治领域的选举收益都不同。慈善领域反馈较差、信号混乱，而那些信号还经常是被普遍存在的奉承谄媚所扭曲了的。奉承谄媚影响到慈善捐款领域的许多业务。

战略慈善是什么？

上述分析意味着：要达到慈善目标，需要非常清楚目标是什么，需要在开始慈善项目之前明确成功的指标，需要设计并执行一个与资源相称的计划。反过来，这就需要对计划所处的外在世界有个基于事实的实证认识。另外，还要求仔细留心里程碑以判断您是否行在通往成功的道路上，并要密切关注警示需要中途调整的信号。这些都是构成我们所认为的战略慈善的核心——即对**影响**的关注——所必需的要素。

“影响”显然和美好的意图不是一回事儿。它也不同于参与战略规划所必需的活动。世界很复杂，计划周全的活动也未必总能达到目标。影响甚至不等于看到所要的结果出现——至少不等于看到那些无论如何都能产生的结果出现。简言之，影响是指**产生变化**——不是普遍意义上的变化，而是指对您的慈善目标而言，情况起了变化。

我们会简单讨论一下关于影响是否产生的理论框架。但首先要问一大实际问题：由于解决社会重大问题是很复杂的事，那么慈善工作是蛮干或是堂吉诃德式的幻想吗？或者说，慈善家能否发现恰当的杠杆和立足点，并确实撬动世界？答案是：看情况。

很大程度上这取决于您对塑造所选领域的社会、政治和经济力量认识

---

① Foundation Center，*Statistical Abstract of the U. S. and Foundation Giving Trends* 2000 (New York：Foundation Center，2000).

图　“我想问的是：我们有影响吗?”

到什么程度；取决于您能否利用自己的认识来找到变革的杠杆；取决于您能否提出有效启动杠杆的项目；还取决于定力、注意力和激情之外的分析能力——最后一点可能是最重要的。选择正确的话，聪明慈善能产生巨大影响。看看下面的例子。①

哈莱姆儿童地带（Harlem Children's Zone，HCZ）是一个非营利的社区组织，旨在改善纽约市最乱地段的贫穷儿童和家庭的生活状况。今天，哈莱姆儿童地带为12 600名儿童和成人提供服务，包括7 500多名高风险儿童。它的服务包括课外教育、社会服务、娱乐及其他。哈莱姆儿童地带的使命是，帮助父母、居民、教师及其他利益相关者为青少年创造一个安全的学习环境，为所有生活在哈莱姆区中心60个街区的儿童提供重要而积极的机遇。在爱德纳·麦康诺·克拉克基金会（Edna McConnell

① *Leadership Dialogue*：*The Edna McConnell Clark Foundation and Harlem Children's Zone*（Washington，D. C.：Venture Philanthropy Partners，2004），http://www. vppartners. org/learning/reports/report2004/report2004_hcz. pdf；and Bridgespan Group，*Harlem Children's Zone*（*HCZ*）：*Transforming the Organization While Scaling Up in a Tightly Defined Local Service Area*（New York：Bridgespan Group，2004），http://www. bridgespangroup. org/PDF/Clarkpdfs/HarlemChildrensZone. pdf.

Foundation，EMCF）和其他基金会的资助下，儿童地带在 20 世纪 90 年代末开始成长到现在的规模。

经过 90 年代中期一段时间的自我评估，克拉克基金会——当时其 2 500 万美元的预算资金分别支持五个不同的项目——决定集中资助青少年发展项目。它打算试验一种支持组织发展的新型资助方法，而儿童地带是其试点项目之一。在看到儿童地带的巨大潜力之后，克拉克基金会为其提供资金，帮它从一个街区的居民区建设项目起步发展，并为它负担了与非营利咨询公司布利吉斯潘集团接触、帮儿童地带制定运营计划的费用。在克拉克基金会的帮助下，儿童地带还制定了用于评估结果的标准，开始持续评估对所服务青少年及家庭的影响。克拉克基金会的主席南希·路波（Nancy Roob）评论道：

> 借助于哈莱姆儿童地带的运营规划，执行董事杰夫·凯纳德（Geoff Canada）和儿童地带仔细、周到地评估了其项目和运营情况。经过这一过程，儿童地带意识到它的有些工作不能实现其帮助青少年及家庭的宏大目标。在根据宏大使命调整服务和项目（包括削减一些部门）之后，儿童地带现在能更有效地帮助哈莱姆区的青少年成功过渡到富有成效的成人期。①

儿童地带制定运营计划、勾画出有效发展路径后，克拉克基金会开始为其提供一般运营经费资助。许多其他资助者，包括罗宾汉基金会（Robin Hood Foundation）和皮考尔基金会（Picower Foundation），也提供了类似支持。我们下文将会讨论，这些无条件的支持是非营利组织的生命线，因为它赋权给董事会和执行总裁，让他们按照自认为最有效的方式来支配资源。提供一般运营资助可能非常有战略意义——但只能是在您认为该组织的使命与您的目标相契合的时候。而这反过来要求您做到必需的尽职调查，以保证该组织有能力落实使命，并有可靠的计划来评估其进展和结果。

克拉克基金会决定把很少的员工和每年 2 500 万美元的预算资金用于

---

① 南希·路波 2008 年 1 月 22 日写给保罗·布雷斯特的电子邮件。在此论及的事情发生时，迈克尔·白林（Michael Bailin）是克拉克基金会主席。

一个特定领域，这是战略慈善的一个标志性举动。我们不是说一个慈善家或基金会不能有多重目标（毕竟，休利特基金会就有六个项目领域），问题在于您利用无论多少财力和人力能够取得多少成果。克拉克基金会认为集中所有资源致力于青少年发展会更有效果，这就它的情况来说很有道理。这一决定已经取得硕果，不仅表现在儿童地带的工作上，而且还包括其他后来的事业。

克拉克基金会对哈莱姆儿童地带的资助有两个显著特征：首先，它提供直接服务，一次帮助一个孩子（虽然它更宏大的目标是改善儿童社区的社会环境）。其次，提供一般运营经费资助，帮助强化、扩大受助组织的施惠工作。但这些只是战略慈善家可以使用的几种工具而已。选择什么工具，取决于您的特定目标和您所处的外在环境。

比如，为了控制疾病或者促成政府政策变革，采取的方法可能会涉及研究和倡议而不是直接服务。在资助方面，有时候支持特定项目比支持整个组织更为有效。如果您的目标是帮助开发治疗乳腺癌的药物，您更可能资助某个特定的研究团队而不是对大学甚至是开展研究的医学院提供非限制性资助（虽然，我们在第 11 章将会强调，资助高等研究机构也有很大的战略价值）。

这里有一些通过各种方法有效从事战略慈善的例子（其中一些例子，连同本书中其他部分的一些例子，都来自约珥·L·弗雷希曼及其同事所著的《基金会个案选编：美国的天大秘诀》[①]）。

➢ 麦克阿瑟基金会（MacArthur Foundation）和卡内基基金会（Carnegie Corporation）在冷战时期曾努力缓解了美苏间的紧张关系，在此基础之上，它们于 20 世纪 80 年代末又推出一个旨在降低核战争威胁的计划。它们为研究提供资助，支持文章、书籍和简报的传播，为议员开办研讨班。该计划可能促成了“降低苏联核威胁法案”（一般称之为 Nunn-Lugar 法案）在议会的通过，该法案建立了一个基金，用于支付摧毁苏联核军火库产生的费用。

➢ 20 世纪 80 年代，林德与哈里·布拉德利基金会（Lynde and Har-

---

① Joel L. Fleishman, J. Scott Kohler, and Steven Schindler, *Casebook for The Foundation: A Great American Secret* (New York: Public Affairs, 2007).

ry Bradley Foundation）在乔伊斯基金会（Joyce Foundation）的支持下，开始将自由市场经济学家米尔顿・弗里德曼（Milton Friedman）关于教育券的想法付诸实施。[①] 布拉德利基金会资助了一项支持学生选择学校的学术研究，支持开展了一项针对低收入学生的私人教育券项目，为密尔沃基实验性教育券项目的法律辩护提供支持——2002 年美国最高法院对该项目做出支持判决。虽然教育券项目成功的前景并不明朗[②]，但教育券已经成了虽有争议但却突出的改善教学效果的理念。

➢ 2005 年，软件企业家托马斯・西贝尔（Thomas Siebel）资助的托马斯与史黛丝・西贝尔基金会（Thomas & Stacey Siebel Foundation）决定解决蒙大拿州的冰毒滥用问题。[③] 冰毒不仅葬送了许多青少年的生活，还使该州每年损失 1 亿美元。[④] 试图削减毒品供应的传统执法没有成功。通过纸媒、收音机和电视，西贝尔基金会针对尚未吸食冰毒的青少年发起了“一次也不要”（Not Even Once）运动。这些广告可怕、生动、直截了当，通过个人见证，描绘了吸食冰毒对身体、心理和社会造成的负面影响：牙齿脱落、企图自杀、暴力伤害。[⑤] 蒙大拿检察长的初步报告显示，工作场所的冰毒使用、涉及冰毒的犯罪案件以及嫌疑犯冰毒测试阳性的拘捕案例都大幅下降。[⑥] 值得一提的是，虽然西贝尔基金会的反冰毒计划资助了一些非营利组织，它的大部分工作却是在传统的营利公共传媒上做广告。

---

① John J. Miller，*Strategic Investment in Ideas*：*How Two Foundations Reshaped America*（Washington，D. C.：Philanthropy Roundtable，2003），40-49.

② 见 Rick Cohen，*Strategic Grantmaking*：*Foundations and the School Privatization Movement*（Washington，D. C.：National Committee for Responsive Philanthropy，2007），http://www.ncrp.org/downloads/NCRP2007-StrategicGrantmaking-FINAL-LowRes.pdf.

③ Office of National Drug Control Policy，*Pushing Back Against Meth*：*A Progress Report on the Fight Against Methamphetamine in the United States*（Washington，D. C. 2006），http://www.whitehousedrugpolicy.gov/publications/pdf/pushingback_against_meth.pdf.

④ Laura Hill，“Lassoing Montana Meth，” *Philanthropy*，June 19，2007，26.

⑤ 主要见 Montana Meth Project，http://www.montanameth.org/About_Us/results.php（2008 年 6 月 30 日访问）。

⑥ Montana Attorney General's Office and Montana Meth Project，*Methamphetamine in Montana*：*A Preliminary Report on Trends and Impact*（2007），http://www.doj.mt.gov/news/releases2007/20070124preliminarymethreport.pdf. 在西贝尔基金会的协助下，其他一些州也实施了类似的项目。

和克拉克基金会资助整个组织的做法不同，这些例子中多数都是选择个别项目加以资助，涉及研究、诉讼、倡议，诸如此类。如果说克拉克基金会是个投资者的话，这些例子中的基金会更像是总承包方，他们选购产品或服务来建楼，这座楼没有哪个分包方能独力盖好。有时，就像皮尤慈善信托基金会（Pew Charitable Trusts）创办了皮尤全球气候变化中心（Pew Center on Global Climate Change）一样，基金会也会成立全新的组织。

下文我们会回来讨论这些例子和其他慈善模式。这里要说的是战略慈善并不抽象地偏爱或是排除这里的任何一种不同方法。相反，它要求的是：不论做何选择，最能有效实现慈善目标就好。

战略慈善不是什么

在看到战略慈善可以采取的一些形式之后，您可能会问：它不包括什么？遗憾的是，我们会告诉您，实际生活中相当多的慈善行为都不在战略慈善之列。如果说战略是实现目标的路线图，那么，许多慈善资助的目标都不够清晰，难以判断目标是否已经实现，更别说制定达到这些目标的路线图了。[①]

我们并不是说这样的慈善有害。就我们本人来说，我们也会定期为关系良好的组织送去年终赠款。这些赠予让我们感觉很好，而无疑它们对好的组织也有裨益。但这不是改变世界的方法，而且，它也绝不是负责任的花别人钱的行为。

为什么受资助组织并不总是欢迎战略慈善?

战略慈善家及其资助的组织之间有两种潜在的紧张关系。

其一，受资助组织不一定喜欢被基金会监督或是对它们负责。不妨看

---

① 见 Kevin Bolduc et al.，*Beyond the Rhetoric*：*Foundation Strategy*（Cambridge，Mass.：Center for Effective Philanthropy，2007），http://www.effectivephilanthropy.org/images/pdfs/CEP_Beyond_the_Rhetoric.pdf.

看克拉克基金会在选择资助青少年服务组织时过程是多么严格[①]：

➢识别并预先筛选达到基金会特定标准的组织，包括增加教育机会、帮助青少年自立、获得富有竞争力的工资，或者是避免诸如犯罪和无保护性行为之类的高风险行为。

➢就以下方面展开尽职调查：服务质量与效能、可靠的领导水平、财务健康、组织能力和发展潜力、追踪业务表现的兴趣以及与基金会的价值是否合拍。

➢给予受资助组织规划资助，帮它制定有关目标和业务衡量指标的战略性运营规划。

➢根据该组织运营规划中设定的里程碑给予其非限制性资助。

➢跟踪调查现行业务、评估该组织的成果。

对表现良好的组织如哈莱姆儿童地带来说，这是令人奋发的建设性过程。但是许多组织缺乏能对自己负责的明确目标、战略、衡量成功的标准——更别说对资助者负责了。即便是能够负责的组织也经常不愿意受制于战略慈善所规定的尽职调查和汇报过程。二者间的紧张关系终于在2006年休利特基金会委托高效慈善中心（Center for Effective Philanthropy）所作的“受助方认知报告”中显现。一位受助者评论说，“申请太严格了，我们总得储备巧克力，好帮我们撑下去！不过，这个过程很有启发性，确实要求一定的准备和思考。如果不是这么要求的话，我们恐怕永远也做不到。”另一位说，它“确实帮我们加强了明确目标的能力”。但第三位受助者，在说了“这些互动对我们关注点的集中性、对我们的决心和工作都有所加强”之后，话锋一转，“在介入和干预之间有一条非常细微的界线。而在这个过程中，这条线都被跨越了不止一次”。[②]

第二种紧张关系源于战略慈善家和运营中的非营利组织视角的根本差异。战略慈善家资助一个组织，是为了推动实现特定目标。而受资助组织则把慈善看作获得资金进行运转的源泉，当然是限制越少越好。如果资助能强化受助组织的能力，特别是能提供一般运营经费支持，就像克拉克基

---

① Fleishman, Kohler, and Schindler, *Casebook for The Foundation*, 260-261.

② 受助方认知报告节选可见：http://www.hewlett.org/More/Grantee%2BPerception%2BReport.

金会对哈莱姆儿童地带的例子一样，那就会皆大欢喜。但是，上面一些例子也表明，慈善家常常会对资助某个具体项目感兴趣。而可以理解的是，很多非营利组织并不愿意被当成分包方。

关于激情

慈善发自内心——源于对人类的爱。是爱或激情在促使慈善家决定投身使命、确立雄心勃勃的目标。

但目标一旦确立，工作过程就要以结果为中心。在这里，要用脑、用力来设计、执行一项战略来实现目标。战略需要规划出务实而详细的达到目标的手段。手段本身决非目的，仅仅是帮助组织完成使命的工具。

让我们来看看慈善家是怎样把热情转化为行动的，例子如下①：

➢约翰·多尔（John Dorr）是一个富有的工程师，他深信公路路肩和马路之间没有白线将二者区分开来会导致事故。他说服康涅狄克州的官员在该州美黎特观光道路（Merritt Parkway）的一部分做了现场试验，结果证明了他的假设。多尔基金会（Dorr Foundation）持续参与相关的倡议、研究和信息传播。结果，这些白线——往往辅以路肩振动带——现已成为全美公路上的标准设置。

➢大卫·莱文（David Levin）和迈克尔·芬博格（Michael Feinberg）曾在休斯敦公立学校做“为美国而教”（Teach for America）的志愿者。这段经历促使他们创办了一所特许学校，专为弱势儿童提供长时段、纪律严、有组织的在校生活。在盖普（Gap）创始人唐纳德·费舍尔和杜丽斯·费舍尔（Don and Doris Fisher）的资助下，此项事业取得了惊人的成功，越来越多的KIPP（Knowledge is Power Program，“知识就是力量”项目）学校应运而生。“为美国而教”本身源于温迪·卡普（Wendy Kopp）的构想，当时她刚从普林斯顿毕业不久。该项目得到一些慈善家个人和基金会的支持。

➢在看到妻子遭受医护人员的无情对待之后，X光技术的先驱哈维

① Fleishman, Kohler, and Schindler, *Casebook for The Foundation*, 67-69, 277, 238.

・皮克（Harvey Picker）博士利用家族基金会的资源，携手联邦基金(Commonwealth Fund)，支持相关研究和倡议，结果提出了以病人为本的医护理念。

就慈善家及其资助的非营利组织工作的方方面面而言，使命感、献身精神和激情至关重要。但是，有一个能把激情转化为影响的例子，就有数以百计这样的例子——一些慈善家做起事来好像光有激情就足够了。战略无论如何都不能替代良好的价值观和激情，而只是把它们变成现实的工具。如果不能超越激情，有效规划和实施计划，慈善部门在很大程度上就只能是良好意图与实际效果掰扯不清。

战略慈善的态度：将社会投资收益与预期收益最大化

战略慈善的核心不仅在于计划的有效规划和实施，还在于有效的资源配置。我们想提出一种态度——它既涵盖了这些理念，也涉及下文要提到的所有内容——这就是：最大限度地实现投资的社会收益。我们并不是说，要把拨款资助平庸化、以取得容易计量的结果为目标，或是试图衡量不可衡量的东西。阿尔伯特・爱因斯坦说得很对：“不是所有重要的东西都可以计量，不是所有能计量的东西都重要。”

下文我们会讨论计量的可能性和局限性。这里我们实际上讲的是一种姿态：利用您的资源在实现目标方面获得最大影响。这样概括的话，我们的意思看起来很清楚，虽然实行起来不那么容易。我们尽量小心不从经济学和商业领域随便移植一个概念到非营利部门。但是，“投资收益”和“预期收益”这两个完善的金融概念为我们理解慈善行为的效能提供了极有价值——如果不是至关重要的话——的路径。

社会投资收益(SROI) 是说您想让您（难免）有限的资源产生最大可能的影响。对多数目标而言——无论是提高贫困青少年的毕业率，为饥饿的人提供食物，还是预防艾滋病——成绩越大越好。用同样的资源取得的成绩越大，社会投资收益就越高。

一些组织衡量社会收益的方法是看由于慈善项目雇佣曾经的瘾君子或残障人士而为政府节省了多少开支，另一些组织关注的是服务对象个人所得（见第 10 章）。我们从广义上使用社会收益这个概念来描述慈善投资获得的回报，不论其目标如何。

预期收益这个概念表明在实现目标时会遇到风险。它是影响大小乘以成功的可能性所得的结果。项目开支和预期收益表明了其性价比。一些慈善行动的影响是很明显的：如果您是在资助一个赈济厨房，您和受助组织就会在一天结束时算出多少人来光顾过（如果不来的话他们可能还在挨饿），您也能预料明天能有怎样的成绩。然而，对于许多（如果不是多数）非营利组织来说，影响是很难衡量的。一个预防青少年意外怀孕项目能预防多少意外怀孕？倡导竞选经费改革能否形诸法案，法案能否得以执行，执行后能否产生更多好的影响而不是坏的结果？

在现实中，我们很难精确计量慈善项目的影响和可能性，这致使一些人批评社会投资收益和预期收益的概念，说衡量不能计量的东西，这是误导。但是，现在请忘记计量这一说，把社会投资收益和预期收益试想成一种态度的实质所在，这种态度至少有以下优点：

➢它鼓励慈善家及其资助对象最有效地配置资源以实现共同目标。

➢它使基金会及其资助对象的管理开支控制在合理水平上。具体而言，当并且只有当这些开支有助于提高组织影响力的时候，这些开支才是合理的（详见下文）。

➢它有助于慈善家意识到战略规划和执行战略的风险，以便减少这些风险。

➢它说明高风险但潜力大的非营利事业具有合理性。试想一下这种情况：一个组织成功遏制了全球变暖趋势，或者一个医学研究所研发了治疗艾滋病的疫苗。其成功概率很小，但是潜在的收益却是巨大的。

➢它鼓励慈善家面对失败更加务实、坦白。“失败”在慈善部门几乎是骂人的话，不论是对运营的非营利组织还是对基金会来说都是如此。但是，很大一部分非营利组织的活动和基金会的资助项目都会失败。不是说这些组织会解散——虽然这也出现过；而是说它们没有产生影响。不承认失败的话，一个组织会错过最重要的学习途径。在休利特基金会，我们每年都会组织一次名为“教你最多的最差资助项目”竞赛。由于整个基金会都借此得到教益，所以竞赛的奖品成了人人争夺的荣誉，而不是耻辱的象征。

➢它能帮助慈善家认识自己对风险的容忍度。一些资助者准备好承受巨大的失败风险，其他人则对风险很反感。您往往能够找到有效方式来实现目标，而这些目标符合您对风险的容忍程度。例如，您可以选择风险不同的项目，这样整个项目组合就会符合您的风险容忍度，或者是您可以选择不用冒多大风险就可以实现的目标。

实际上，每个人在决定进行资助之前都会进行某种可能性分析。这种分析通常是非正式的，甚至是无意识的。把这些分析带到明处，能迫使您在比较和评估各种方案时进行理性思考。它也能突显项目中的特定问题，即前景特别不确定或成功概率很低的方面。在这些情况下，可能需要搜集更多信息或者制定备选战略。

用大白话来讲，社会投资收益的“态度”，就是要用您的钱制造最大的影响；或者说，一旦您身处（雄心勃勃的慈善事业中普遍存在着的）不确定性中时，这种态度使您最有可能成功。

要　　点

➢战略慈善包括如下方面：

——与资源相称的清晰目标；

——实现目标的战略；

——基于坚实证据的战略；

——保证战略行在正道上的反馈意见。

➢战略慈善利用资源取得最大的影响，即产生最大的改变。这一方法体现在社会投资收益的理念中。其中“收益”更多是指改善世界而不是财务收益。

➢所有雄心勃勃的慈善事业都有风险。合理的战略使成功成为可能；没有合理的战略，则必败无疑。

第 2 章
慈善目标、战略和风格的选择

慈善家对人类——或者艺术、自然或上帝——的爱，一定会体现为对特定目标的追求。您可能在从事慈善事业伊始就有非常明确的目标，并且找到与目标相契合的受助组织；您也可能对不止一个领域都有泛泛的兴趣，对很多不同的项目都加以资助。不论是哪种情况，随着时间的推移，您的目标都可能发生变化。这部分由于在资助过程中，您会产生对问题的新看法。

慈善事业的规模和范围

盖茨基金会投入逾 10 亿美元用于开发艾滋病疫苗，成功的话将会造福全球数代人。华莱士·亚历山大·格伯德基金会是旧金山湾区艺术的一个重要资助者，提高了该区数千人的生活质量。这两种目标都有价值，但它们的特点和主旨大相径庭。

选择什么慈善目标本质上是个人的事儿。但是不同的目标对您的资助会产生迥然不同的影响。和选择事业时一样，我们多少都能在设定目标时进行认真考虑。本章提出了一些关于如何选择目标和战略的观点，以帮您决定如何以最适合您的方式发挥影响。

慈善目标的范围

捐赠者的目标根本上是由其兴趣或关注点所决定的，不论它是资助女童子军，修缮中学礼堂，改善人权状况，还是降低核战争的威胁。这些追求都是合法而重要的，但它们规模不一，需要不同的投入，而且会带来不同的满意度。

可以从三个轴线分析一下慈善家可能要解决的问题。第一个轴线涉及的是慈善目标所要满足的人类需要的本质。

1. 这个问题是降低了生活质量还是危及生命本身？

基金会资助的项目涉及方方面面：从滋养人类精神生活、帮助培育创造性（居民区公园、纯艺术），到保证生活必需品（营养餐、牢固的住所、干净的空气和水、自由、公正），再到拯救生命，如研究开发治疗艾滋病和疟疾的药物，阻止核扩散。可以想象这么一个连续体：

←――――――――――――――――――――――→

降低生活质量　　　　牺牲生活必需品　　　　危及性命

关于如何平衡各种不可通约的价值，哲学家们已经争论了几百年。我们对此没有什么新的见解。这些都是合法而重要的追求，不同的组合对不同的慈善家都有吸引力。但它们对慈善事业会有不同的影响，而且要求采取迥然有异的战略。

第二个轴线和问题的持续时长有关。

2. 危害会持续多长时间？

←――――――――――――――――――――――→

能很快解决（可逆）　　　　持续一代人的时间　　　　永远存在（不可逆）

同行动起来预防或减轻一种危害相比，它最关注的是问题持续带来的后果。如果您减少常规污染物，比如煤烟或二氧化硫，空气在数天内就能变得清洁、可以呼吸。相较之下，即便污染停止了，湖泊也会需要数十年才能恢复，而这会对生态系统造成长期的损害。另外，即使温室气体的排放大幅下降了，地球也会在未来 50（多）年继续变暖，对农业、健康和动植物栖息地造成长期的危害。现今糟糕的教育系统可能会影响到下一代，但教育改良之后这些恶劣影响最终会被消除。相比而言，生物多样性的损失确实无法逆转的。①

第三个轴线涉及问题影响的范围。

3. 问题影响的范围有多大？

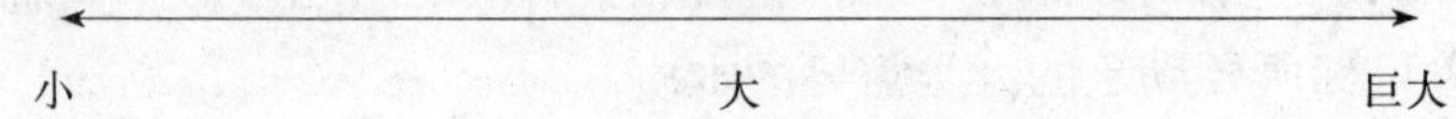

小　　　　　　大　　　　　　巨大

问题影响的范围，可以从受影响的人数或地理区域两个方面来看。受影响的可能只有少数几个可以识别的人（如“儿童之家”孤儿院的孤儿），可能人数很多但数得过来（如您所在社区辍学的中学生），也可能多到难以想象（如核灾难的受害者）。

也可以其他单位来衡量，比如区域。一个公园能改善您所在居民区的环境；一个土地信托组织会保护当地的土地；荒原法案能促进一个区域的环境保护；保护亚马逊雨林能使数亿英亩土地受益；而削减温室气体面向的则是全球范围的辽阔地土。

战争、人权、贫困和其他国家的经济发展等问题是全球性问题，理由如下：它们是抽象的问题，经常影响到远离问题所在地的其他地区；它们会波及沉默的大多数人；解决这些问题，需要在陌生的社会和经济系统内开展工作，因此，其复杂性远非地方性问题可以比拟。

这些轴线可以组成一个三维图表，每一条轴线的一个末端都位于小立方内，另一方向则向外无限延伸，如大立方所示。

---

① 对“不可逆”这个概念的复杂性有很多讨论，可见：Cass R. Sunstein，Worst-Case Scenarios (Cambridge，Mass.：Harvard University Press，2007)。

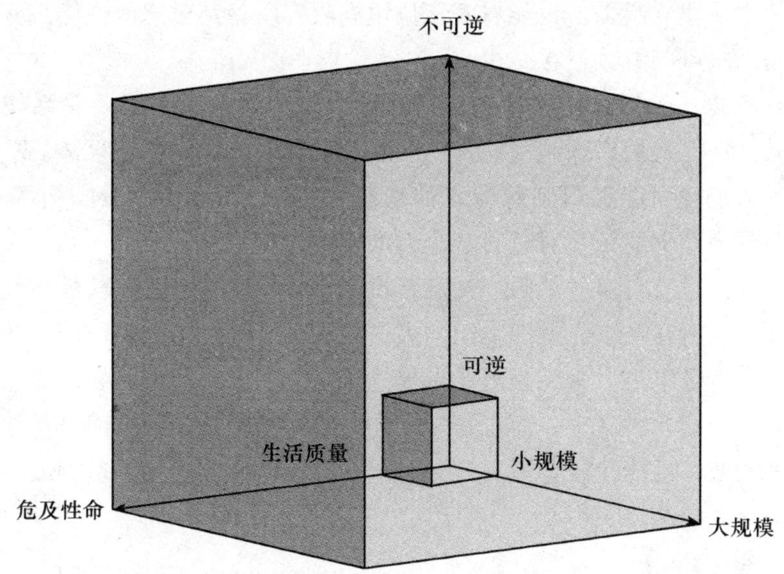

首先，我们来考虑两个极端情形：一个是小立方内的工作，关注的是地方性的、影响生命质量的可逆性问题；另一个是大立方外缘的工作，涉及全球性的、危及性命的不可逆的问题。许多慈善目标都会涉及不同类型的因素。例如，试图阻止对某一独特艺术瑰宝不可逆转的损害，这一努力会反映为竖轴上的数值较大，而其他两个轴线仍牢牢立足在小立方体内。然而，在考虑战略性差异时，研究极端情形是有益的。

小立方

小立方体的核心是这样一些项目：它们为相对较少的人解决短期性的、不危及性命的问题。它可能是在博物馆建立一个美术作品陈列馆或者资助一个无家可归者收容所之类。这类慈善事业有几个非常吸引人的特点：

➢**改变的进程直接且易于掌控。**您的资金一头连着需要、一头连着需要的满足。

➢**一败涂地的风险很小。**您预先知道几乎肯定能改善一些人的日常生活。

➢**结果往往在短期内看得见、摸得着。**您能眼看着美术作品陈列室在几年之后建立起来，也能看着床位填满收容所，甚至您或许能观察到大街上的无家可归者数量在减少。

➢ **问题一般相对容易解决，慈善行为与结果之间的因果关系往往清晰可见。**您能轻易追踪到受您资助的活动及其效果之间的因果链。

➢ **人们更可能意识到慈善家的慷慨大方。**由于许多原因，小立方内的资助行为经常能带来对慈善家个人的直接认可。

小立方也有自身的局限。与慈善投资直接快速的收益相伴的是其影响力较小。您所在城市光顾博物馆的人是更幸福了，可是全州范围的艺术教育却可能严重不足。为无家可归者提供居所能解决一些人的燃眉之急，但未必能帮他们自力更生。而且，短期的改善可能因其他因素而打折扣：一个罕见的寒冬就能让收容所捉襟见肘——更有雄心壮志的反贫困战略也许能缓解这个问题。

大立方

大立方外缘是无法逆转的、危及性命的大灾大难。旨在解决这些问题的慈善事业最大的优势在于它们可以改善数亿人的生活，或者在未来几十年或几百年拯救数亿英亩的土地。洛克菲勒（Rockefeller Foundation）和福特基金会（Ford Foundation）资助的绿色革命项目在规模上是全球性的。它提高了全球的农业生产力，使难以数计的人免于饿死（必须指出的是，绿色革命也有一些严重缺陷，事情不那么简单①）。洛克菲勒、福特、梅隆（Mellon）、休利特、派克德（Packard）基金会对国际家庭计划项目的资助是另一个例子。尽管不无争议②，这一努力却使全球生育率从一个女人生 5 个孩子下降到今天的 3 个以下。部分由此而来的所谓人口红利，则被视为推动了东亚经济发展。③

---

① 见第3章。

② 见：Matthew Connelly，*Fatal Misconception*：*The Struggle to Control World Population*（Cambridge，Mass.：Harvard University Press，2008）and Martin Morse Wooster，*Great Philanthropic Mistakes*（Washington，D. C.：Hudson Institute，2006）.

③ David E. Bloom and Jeffrey G. Williamson，“Demographic Transitions and Economic Miracles in Emerging Asia，” *World Bank Economic Review* 12，no. 3（1998）：419-455.

放眼大局

朝向大立方外缘的慈善努力可能会发挥特殊作用，激励企业和政府解决某些问题。要让政客和企业高管应对那些严重的甚至是灾难性危害导致的风险，像全球流感大流行、核战争以及全球变暖。已故众议院发言人、马萨诸塞州议员蒂普·奥尼尔（Tip O'Neill）有句话很出名——“一切政治都是地方政治。”可以发现，全球性、长期性的问题，即便它们潜在的危害极大，但由于和政治系统或对管理人员的激励机制不合拍或不搭界，在这些领域的思考和行动都少得不成比例。一个政客或高管，即使阻止了灾难的发生，也可能得不到任何赞誉。

慈善家，即便只是较小的行为体，但却在解决气候变化、生物多样性、核武器控制和全球人口问题等方面发挥着非常重要的作用，是最有影响的行为体之一。全球气候变暖之所以提上许多政府和企业的议程，很大程度上要归功于皮尤慈善信托基金会、能源基金会和其他一些慈善家的努力，他们在 20 世纪 90 年代初就开始着手解决这一问题了。

靠近大立方外缘的问题往往需要大手笔的资助，需要资助者容忍模糊性和复杂性。由于问题涉及的范围大，它们一般要花费比其他问题更长的时间。想要成功，通常需要大系统发生变化。例如，只有对相关决策过程有深入了解，并且能发现支点，在此点的干预能带来重要变化，慈善事业才能成功改变政府和企业的政策。志在解决大的复杂问题的慈善家需要了解他们试图改变的系统的运行机制，并对问题本身有所了解。

在大立方做慈善，还需要耐心。解决严重的问题，可能要费时数十年。权宜之计不可能有多大收获，它只能导致希望升起旋即破灭。相反，专注于某个领域，您就能知道怎样更好地用钱，也就更知道怎样发现最佳支点。

在大立方做慈善，几乎总会需要与人合作。这不是说慈善家个人不能来碰大问题，而是说，在解决大问题的时候，他们需要很好地了解别人为解决这些问题在做什么，并要乐意为了共同目标而整合资源。他们还得愿意冒险，必须意识到他们解决全球性问题的特定努力可能不会奏效。即便问题解决了，他们也可能永远不会知道他们是否为此做出了贡献，如果是的话，又贡献了多少。

所以，如果您想在大立方做慈善的话，就要意识到如下几点：

➢**变化的过程通常是复杂的，因果关系不那么直接。**帮助发展中国家的农民提高生产力，或帮他们把产品销往国外，需要复杂的技术、经济和社会方面的干预措施。减少艾滋病或儿童肥胖症，也同样复杂。减少核扩散或缓解全球变暖现象，通常需要间接的倡导性举措，即通过诱导民众来诱导决策者或企业采取行动。

➢**一败涂地的风险很大。**为产生大范围的变化，有一项努力成功（如绿色革命），就有许多努力失败（至少是目前没有成功，如大型公立学校系统的改革）。我们还没有艾滋病疫苗，国内外社区贫困痼疾难除，地球的温度还在上升——风险仍与壮志同在。

➢**结果可能看不见、摸不着，而且费时经年。**大立方慈善的结果通常只会带来很小的统计学上的变化，甚至这些很小的变化也要经过几十年才能看到。实际上，大立方内成功阻止大灾大难如核爆炸的努力，会完全被人无视，就像奇怪的夜狗不吠事件一样。①

➢**慈善及其结果之间的因果联系可能模糊不清。**要促成大范围的变化，一般需要很多行为体的参与，包括慈善部门和其他部门。对于这些雄心勃勃的项目，特别是涉及倡导行为时，我们感觉这就像是许多人在把大石头推上山。即使大功告成，他们也很难知道到底是谁起了关键作用。

➢**慈善家的慷慨很难得到承认。**这是由上述几点造成的，特别是由于慈善结果看不见摸不着，又发生在很远的将来；以及功劳难以确定。

但是，大立方外缘的慈善工作却有深远的有益影响。一旦成功，您的

---

① 在阿瑟·柯南·道尔1894年的福尔摩斯小说《银色白额马》中，和福尔摩斯一同办案的苏格兰场侦探格里高利警官和福尔摩斯进行了如下对话：

“还有其他一些问题需要我注意的吗？”

“那天夜里，狗的反应很奇怪。”

“那天晚上，狗没有什么异常反应啊。”

“这正是奇怪的地方。”福尔摩斯点拨道。

努力将惠及数百万人，能防止不可逆的损害。您费的心、冒的险和因果关系的曲折含糊，在惊人的成就面前都会得到补偿。要是成了，您的钱将发挥最大的功效。

从社会投资收益的角度衡量慈善事业的影响，并不总对那些高风险、大规模、费时日的项目有利。即便如此，我们仍认为这方面的慈善投资太少了——由于它们有风险，在遥远的将来和遥远的地方才能现出成效；也由于许多慈善家渴望每天直接改善别人的生活带来的满足感。

大小立方之间

许多慈善事业都位于大小立方两个极端之间。加州 K-12 教育（即基础教育，其中 K 指 Kindergarten，12 指 12 年级——译者注）改革项目在三个轴线上都处于中间点：范围相当大；一旦成功的话，该项目将影响当代人及其子孙；受益人有望得到更高的收入、更好的健康状况、更多的艺术和文化享受。

犁头基金会（Ploughshares Fund）

犁头基金会的使命是阻止大规模杀伤性武器的使用，为此，它每年有 400 万美元的资金预算。它在资金使用上取得了战略性成功，为国际禁止地雷运动做出了首屈一指的贡献。该基金会的受助方还在核不扩散条约的谈判中发挥了作用。在它的支持下，美国资深分析家和朝鲜官员之间进行了高层次的非正式谈判，这可能阻止了克林顿执政期间一场战争的爆发。

犁头基金会涉足的领域极其重要，但这个领域得到的慈善资助并非很多。它建立了专业董事会，对该领域了解深入，并且产生了大得与自身规模不相称的影响。雄心勃勃的目标选择显然表明犁头基金会的捐助者能够容忍相当大的抽象性和失败的风险。

类似的是减少青少年吸烟和肥胖症的慈善努力。要想成功的话，慈善家可能需要界定一个范围，比街区大、比洲小；他们需要在从税收到公共卫生的政策领域运作；他们得和强大的工业部门进行抗争；他们须得了解针对青少年的市场营销的微妙差别。而且，除非统计数字显示出变化的趋势，否则他们不会知道战略是否成功。但是，和加盖医院侧楼相比，他们的成功将会对更多人产生更深刻的影响。

沿着轴线在不同地区追求同样大的目标

您试图解决的问题的性质，对于上述提到的慈善战略、需要的时间跨度和慈善事业的其他特征都有很大的影响。但是，根据确定的目标范围，通常都能找到与自己的资源和风格相契合的方法。

假设您关注的是所在社区的贫困问题。在国内方面，您可以资助食品银行，或者支持工作培训项目或宜居工资（livable wage）运动。这样的直接服务从范式上讲是在小立方内的慈善活动。它能迅速产生看得见的结果，相对没有风险，因为实际可以确定一些人将会受益。相反，宜居工资倡议战略则有风险。很少有组织能够将之付诸实施，没人保证它能成功。即便这项政策得以实施，人们也会为一个实证问题争论不休：是否宜居工资的确能改善社区内最穷的人的生活？工作培训项目处在二者之间。和直接服务相比，它的回报来得不那么快，也不那么确定，但它可能会使人脱贫；而和宜居工资运动相比，它则更可能成功，虽然影响的人相对要少一些。

关心发展中国家贫困和疾病问题的人有相似的战略选择。在小立方内（能迅速得到可见成果），您可以为一个非洲村庄的村民提供灾难救助或资助他们购买艾滋病药物。沿着轴线延伸（战略复杂、回报不明确），您也可以支持阻止艾滋病病毒传播的运动。

关于钓鱼

古谚有云：“授人以鱼，一日不愁；授人以渔，一世无忧。”为人提供一天的食物，会即刻产生效果，而且失败的风险微乎其微。使人自给自足显然有长远的好处，但并非每个人都可以做到自给自足——

至少是他们在饥饿的生死线上挣扎的时候。（这句格言还有其他很好的表达方式，其中我们最喜欢的说法是“授人以鱼，一日不愁；授人以渔，饱饮钓舟”。）

艾滋病的防治

出于对可以识别的艾滋病患者的同情，以及美国对国际家庭计划活动的敌视，更多慈善基金都流向了艾滋病药物开发而不是艾滋病预防上面。然而，研究表明防治结合的性价比高，还能大大降低死亡率。①

在这个光谱上的哪个地方入手干预，取决于您认为在现有的财务及其他资源条件下，怎样才能发挥最大影响。这也取决于在更加抽象、冒险的慈善投资和直接、明显、立即影响他人生活的项目之间，您如何权衡二者的潜在影响。是治疗已经患病的人，还是首先预防他人染病，二者哪个更有吸引力？是为已知的特定灾难的受害者提供救助，还是计划避免灾难的再次发生？您个人的“风格”会让您更喜欢这种或那种方式，而这个选择将导致截然不同的结果。

把自己的资源和其他人的整合起来，资源相对较少的慈善家也能处理大问题。例如，为解决某一问题的非营利组织提供一般性运营资助，虽然这通常需要舍弃他们对自己的个别认可——身为某个小项目独一无二的资助者则会得到这种认可。但某种形式的合作一直是许多慈善事业获得巨大成功的核心所在。和一个受助组织 300 万美元的预算相比，您的 2 万美金可能就如九牛一毛，但正是因为有了很多像您这样的资助者，这个组织才

① John Stover et al.，“The Global Impact of Scaling Up HIV/AIDS Prevention Programs in Low- and Middle-Income Countries，” *Science* 311 (2006)：1474-1476；and Joshua A. Salomon et al.，“Integrating HIV Prevention and Treatment：From Slogans to Impact，” *PLoS Medicine* 2，no. 1 (2005)，http://medicine. plosjournals. org.

得以满足预算要求。

慈善目标没有正确与否之分，但各种选择可能大相径庭。对问题的选择会在很大程度上影响随之而来的资金的特点。不同的个人可能不仅仅是兴趣不同，而且对在何处进行干预上也会有不同的选择。很多人是多种目标都选一点，这样他们觉得最放心。我们之所以摆出这三种轴线，是为了给您在考虑自己的慈善兴趣时提供参照。

当大金主还是小金主？

您可能是大型资助项目中的主要资助者之一，也可能是相对小一些的资助者。主要资助者一般是大型基金会，配有精通某个领域的工作人员。他们往往对该领域的关键组织提供一般性资助，也会对特定项目予以支持。这些项目通常是基金会的工作人员和负责项目执行的组织共同设计的。

头号资助者可能与受资助组织的员工保持密切接触，而小的资助者则更要借助于该组织的报告和与其执行总裁或项目发展官员的不定期会谈来了解情况。要决定是否对某个组织进行资助，一个非常好的捷径是：与可信的主要资助者建立联系，因为他们为了这一大笔投资已经做了不可或缺的广泛调研。

目标、使命、资助方针和资助金

我们已经从广义上讨论了慈善事业的关注点、目标和战略路径。在某个点上（第 5 章），这些将成为进行资助的基础。但首先让我们来讨论一下另外两个概念所表达的目标——使命陈述和资助方针。

一个组织的**使命陈述**一般性地阐明了该组织的目标所在。它往往壮志凌云甚至振奋人心。例如：

胡里奥和玛利亚·弗洛雷斯基金会（Julio and Maria Flores Foundation）的使命是为弱势青少年提供更多的机遇。

基金会使命陈述范例

- “改善全球环境”
  - “改善人类环境”
  - “支持世界艺术家团体创造性过程的方方面面”
  - “减轻全球贫困”
  - “鼓励个人做出负责任的选择，采取直接行动，争取一个在环境上可持续的和平未来”

基金会如果有多种目标，可以通过使命陈述把它们联系起来。

由于**目标**是制定特定战略的基础，它们比使命陈述更加具体，例如：

弗洛雷斯基金会试图提高格林威尔公立学校小学生的英语阅读水平。

我们自己偏爱具体目标，如果可能的话最好是定量目标。这能为您和您的员工提供一个健康的问责制，提供一个机会来彼此解释为什么你们会达到目标、超越目标或者功败垂成。

到 2010 年，我们计划将达到年级阅读水平的二年级学生的数量从 75％提高到 90％。

目标和使命陈述之间是什么关系？对于战略慈善来说，使命陈述并不是必需的。但是，起草使命陈述的过程却可以为您和您的家人、顾问或受托人提供一个机会来讨论工作的核心价值所在。确定使命和目标的过程常常循环往复：目标有助于确定一个组织的使命，而使命陈述又能在您考虑新的可能目标时帮您检视它——不是阻止，而是反思。

使命和目标：不太明确或很明确的目的地

如果您驾驶时曾问过路，不论是问一个人，使用车内导航系统，还是求助于 Google Maps 或 MapQuest，您知道问的目的地越是清楚，得到的引导就越具体。您的慈善目标可以像一个街道地址那样具体，例如使全球二氧化碳浓度保持在 450 ppm 以下；也可以更泛一些，像只具体到城市坐标（如缓解全球变暖趋势）。而使命陈述（如改善环境）更像是以国家作为目的地。使命陈述可以阐明您资助活动的精神主旨，但不能为特定资助项目或实际上是寻求资助的组织提供指导。目标明确能更有效地集中资源，并奠定问责制的基础。

同样的目标可以通过不同方法或战略来实现。资助方针可为申请者提供信息，帮他们判断自己的工作和基金会的路径有多契合。例如，弗洛雷斯基金会可能会资助课外项目或教师培训项目。它可能倡议学区为英语学习者提供额外课程，或者它可能会投资创新性的计算机技术来促进英语学习。或者，它在本领域的总体方针可以这么说：

弗洛雷斯基金会欢迎如下组织的资助申请：其课外项目设计全面，并集中关注英语阅读和写作能力的提高。

资助方针对内对外都明确了您的兴趣范围，因而能让您的员工劲儿往一处使，减少被可能的完全不搭边的申请者浪费的时间，也减少在浏览和婉拒申请上花的时间（减少而不是杜绝浪费的时间。每个认为能解决您的问题的申请者都心存希望）。

您公布的资助方针——可能放在了网上——会引来一些与您的目标及战略非常吻合的资助申请。在第 5 章我们会讨论，每个申请都是讨论磋商的出发点，都可能获取资助。

新入行的慈善家可能会先选择一个安全的目标，随后又考虑更加复杂、雄心勃勃的目标——这并不罕见。同样并不罕见的是一些巨富会逐渐调整自己的目标：有时候是兴之所至，有时候是在从事慈善并审视结果的过程中目标就改变了。哲学家 A・哈特（H. L. A. Hart）有一个明智的看法：在所有人类活动中，一定程度的“目标摇摆”是难以避免的。[①] 但在任何时候，您都要知道自己追求的是什么。一个古老的格言这样说道：“如果你不知道要去哪儿，就会随波逐流”。

要　点

➢在小立方内做慈善，解决的是比较短期的、并非生死攸关的、影响人数相对较少的问题。过程直接、可以把握，完全失败的风险小，近期可以得到看得见的成果，能带来对慈善家个人的认可。

➢在大立方内做慈善，解决的是长期的、生死攸关的全球性问题。其过程迂回而复杂，一败涂地的风险很大，结果看不见摸不着而且在很远的将来才可能出成绩，您的独特贡献得到承认的可能性较小。

➢不同的慈善家对于目标和方式有不同的认可度。

➢不论您的方式是什么性质、什么范围的，您都需要把概括性的使命转变为具体目标，这些目标是您制定战略和进行资助的基础。

① H. L. A. Hart, *The Concept of Law*, 2nd ed.（New York: Oxford University Press, 1994）, 128.

第3章 分析问题，制定对策

一旦目标确定，下一步就是我们所说的问题分析了。[①] 您可以把多数慈善活动看作要么是回应一个问题，要么是抓住一个机遇。这是一个硬币的两面，但关注问题的话会让您更重视分析。对于什么是“问题”，可以有以下几种不同的理解[②]：

➢狭义上的问题是指出了毛病。例如，河流污染得太厉害以至于鱼类濒危。解决这个问题，需要减少或消除污染源，并对河流加以净化。

➢有时候，没有哪儿不对，但是有理由相信如果不采取行动的话，未来会有麻烦。比如，一旦您所在的城市遭遇地震或流行病肆虐，成千上

① 本章一些内容取材于：Paul Brest and Linda Hamilton Krieger，*Problem Solving*，*Decisionmaking*，*and Professional Judgment*（New York：Oxford University Press，forthcoming).

② Charles H. Kepner and Benjamin B. Tregoe，*The New Rational Manager*（Princeton：N. J.：Princeton Research Press，1981)，viii；Gerald P. Lopez，“Lay Lawyering，” *UCLA Law Review* 32（1984)：1-2；and Allen Newell and Herbert A. Simon，Human Problem Solving（Englewood Cliffs，N. J.：Prentice Hall，1972).

万的人都会死亡。要解决这个问题，就得鼓励并协助公共机构、企业和非营利组织着手准备应对可能的灾难。

➢广义上讲，问题是指现实世界和我们的理想有差距。解决这种问题，需要推动世界向我们希望的方向改变。[①] 例如，您也许会认为美国人应该更好地了解其他国家、其他文化。解决这一问题的话，可能需要开展大规模的教育项目。

问 题 分 析

在本章，您也许会问："谁"需要分析问题并制定解决问题的战略？这是慈善家的任务，还是慈善家所资助的组织的任务？在随后几章，我们将讨论：相对于受助组织而言，您可能希望在制定解决特定问题的战略时发挥什么作用。然而，就现在来说，即使最终把大部分责任都推给受助组织，您也得先做一个全面分析，以确保该组织的员工在制定战略时经过了深思熟虑，这个战略有道理。要是我们描述的工作让人望而却步的话，我们得提醒说您很少会单兵作战。几乎没有其他人——该领域的组织、从业者、其他资助者和学术专家——未曾涉足的慈善领域。广泛咨询他人，对该领域加以了解，避免众所周知的坑洞，这才是明智之举。

设定问题

在事业上功成名就之后，周佩吉（Peggy Chau）开始做兼职工作，以便集中精力照顾两个年幼的孩子，并打理新成立的家族基金。之所以做出这个决定，另一个原因是为了不再每天开车从郊区的家赶到市中心上班，实在太累了。正是这样的通勤状况促使她想做点儿事情，在本地推动"聪明增长"（smart growth）。

佩吉约见了附近一所大学做城市规划研究的教授。她提到，她拜访了西北一个城市的朋友，那里是聪明增长的典范，以其轻轨系统为傲。她想，轻轨也能解决这里的问题。教授建议他们先退一步看，问她："聪明增长的哪个方面特别吸引你？或者说，你最想解决什么问题？"那天早些

---

① Lopez, "Lay Lawyering," 1-2.

时候，教授刚好讲了一节关于城市增长的经济与社会维度的课，于是他给她看了一张幻灯片，上面列举了在课堂上讨论的几个问题：

➢长途通勤带来的枯燥和社会隔离感

➢农村在到处铺路，景区减少，公路边上的商业区增多

➢耕地和各物种的栖息地减少

➢高度分散居住带来的社会、文化后果

➢居民迁到近郊和远郊对内城造成的影响

"这些问题多少都让我挠头，"佩吉说，"但最让我头疼的还是通勤。"继续交谈时，她指出，不是枯燥和社会隔离感让她难受，而是交通拥堵问题。多年来，她亲眼看到拥堵比开始时厉害多了。为什么她会因此觉得困扰呢？不是由于要花时间——我们可以听广播来放松一下；而是由于污染日益严重，由于对全球变暖的影响，以及油钱花得多了。

于是他们谈到怎样才能减轻交通拥堵问题。考虑到本地地理环境和距离的因素，佩吉意识到轻轨不是解决问题的办法。但会有其他办法，包括分区，起码这可以缓解未来发展的问题。教授建议佩吉联系一下本地一个有实力的非营利组织，该组织正与政府官员密切合作来解决这些问题。

里德·黑斯廷斯（Reed Hastings）在教育中认识教育

多数慈善干预行为起码都得部分建基于对现实世界的事实认知上。佩吉在意识到自己的知识局限后，就向城市规划专家进行咨询。如果您想集中在某个领域做慈善，可以想一想成功的企业家黑斯廷斯为加入新学校风险基金（NewSchools Venture Fund，http://www.newschools.org）是怎样做准备工作的。黑斯廷斯在问斯坦福教育学院教授迈克·克斯特（Mike Kirst）怎样使用其慈善资源以带来有意义的教育变革时，克斯特建议他回到学校了解一下当前教育模式存在的根源是什么。黑斯廷斯采纳了这个建议，报名参加了一个硕士项目课程。①

① Jefferey L. Bradach and Nicole Tempest，"NewSchools Venture Fund"（Harvard Business School Case Study 9-301-308，October 13，2000）.

通过和城市规划专家的交谈，佩吉加深了对手头特定问题的了解，对自己的目标也更清楚了，而且学到了对自己整个慈善事业都会有帮助的一点：像学禅一样，不停问为什么，直到把问题吃透为止——这对于明确问题、扩展问题框架都有裨益。框架能给我们的思想划定边界，能够界定哪些是界内的、哪些又是界外的。它们不但让我们明白要怎样描述问题，而且间接地告诉我们这个问题所暗示的目标所在。不妨把问题框架想象成一个朝向开阔景观的窗户。您如果处在房间里很远的一边，窗户显得小得多；您要是走近一点，看到的窗外的景观就大多了。

做事情，首先要确定您在解决正确的问题。人们有时候是在忙着解决错误的问题，因为他们没有把问题框定好。他们可能错把问题的症状当作问题本身，把问题或对策都界定得过窄，或者是想好一个对策而不问它是否是改善局面的最好或者有效的方法，就像佩吉一开始只关注轻轨一样。

还有另外一个例子。琼·沃特金斯和弗瑞德·沃特金斯（Joan and Fred Watkins）这两位慈善家非常关心社区内的教育问题。睿知社区大学校友会（Ridge Community College Alumni Association）的主席凯文·斯隆（Kevin Sloan）联系了他们。凯文就是以优异的成绩毕业于睿知社区大学，然后在一个文理学院拿到学位。继续读四年制大学的睿知毕业生日益减少，他为此忧心忡忡。他希望沃特金斯夫妇考虑提供奖学金，让睿知毕业生能继续读四年制大学。沃特金斯夫妇决定和凯文面谈，深入了解状况。

他们了解到，不光是睿知毕业生不去继续读四年制大学，睿知学生中只有不到1/4的人能完成学业。对多数学生而言，四年制大学的学位远不如在两年制社区大学学到的基本工作技能重要。而很多学生在学基本技能时还不关心能否在学业结束时拿到学位或证书——这对其职业发展来说是个严重的错误。还有其他不少人因为准备不足、不经深思熟虑或钱不够而中途辍学。

沃特金斯夫妇总结认为，这些不是睿知特有的问题，本州所有社区大学都存在这些问题；这些问题的根子是在社区大学体系结构上。例如，本州的政策是把财政激励和注册率而不是多少学生拿到证书或学位挂钩的。由于社区大学是根据某一天学生的上课签到率得到资助的，所以可以理解的是社区大学想的是怎么把坑填满。学生迟到也不受处罚，纪律松弛，辅导班的课程也可以一拖再拖。

沃特金斯夫妇没有排除最终像凯文建议的那样提供奖学金的可能性，但他们现在决定来应对他们所认为的社区大学学生要继续上四年制大学而面临的根本挑战：先获得足够而合格的两年制教育。他们意识到解决这个问题需要全州性的系统改革，但此前他们从未做过这方面的事。于是，他们决定先接触一下关注这个问题的基金会，希望借此了解一下是否已经有相关的工作在做了，也许他们可以出一点力。

和社区学校校友会主席的谈话不是扩大了沃特金斯夫妇的视野，而是给了他们一个不同的问题框架。从一个看法变到另一个看法，就像是从房间的左侧走到右侧，看到完全不同的风景。以下是不同问题框架的例子：

➢您认为美国西部的广阔天地是什么？是可供徒步旅游者或雪上汽车迷欣赏的自然美景？是保护生态多样性、为社区提供重要服务的生态系统的一部分？是印第安人的神圣家园？还是农场工人或矿工的原料产地？慈善家选择的框架不同，会让他们把资源投放给不同的组织，用于不同的目的。

➢在美国的墨西哥工人对汇款回家怎么看？是对老家家人的支持，还是同时对所属社区的支持？美国和墨西哥的许多基金会和非营利组织一直在与移民合作，通过叫做“同乡会”的组织扩大他们的资助网络。同乡会将资金归拢起来，不仅在家族内，而且在全镇范围内分享，由此创立了一个支援机制，把美国这边许多小的捐助者联系在一起，帮他们聚攒汇款，为在墨西哥的社区经济发展提供更重要的支持。

我们对一种情境的比喻，有强大的型塑果效。您认为谈判是什么：博弈、战争还是合作？有这么一个有趣的试验：参与者在玩一个类似囚徒困境的游戏，他们可以选择合作或是背叛。相形之下，那些被告知玩的是“华尔街游戏”的人比认为自己玩的是“社区游戏”的人更容易选择背叛。[①] 仅仅是对游戏的不同定位就会改变参与者对他人的态度。

在慈善语境里的比喻上，基金会用到的词儿有“客户”“伙伴”和

---

① Varda Liberman, et al. “The Name of the Game: Predicative Power of Reputations Versus Situational Labels in Determining Prisoner’s Dilemma Game Moves,” *Personality and Social Psychology Bulletin* 30, no. 9 (2004): 1175.

“代理”。“客户”这个用法反映了维持良好关系的重要性，但忽视了一个事实，即真正的受益者是基金会和受助组织所服务的社区和个人。“伙伴”这个词儿表现了基金会和受助组织关系的理想状态，可是忽视了经常会割裂二者的权力的不平衡。至于“代理”，它反映了二者间的权力关系，但是低估了受资助组织自主能动的重要性。还有一个说法，虽然我们还没在慈善语境里听到过，也不妨考虑一下，即把受助组织视为向资助者兜售服务的“卖家”。使用比喻是免不了的，但要明白它们背后的意思，不要成为它们的俘虏。

同样，您免不了通过一个框架来看问题。但是经过努力，您能够明白自己是怎样框定问题的，以及是否有看问题的其他途径。您也可以避开框定问题时常见的陷阱，比如认为这个问题只能通过某种特定方式来解决，就像佩吉那样，她以为轻轨能解决当地的交通堵塞问题。

有个老故事是这么讲的：一个农夫开车到邻居家拿几袋鸡饲料。他开到谷仓旁边，把饲料装到卡车后面。正在他要上车的当儿，发现左前方的轮胎瘪了，又想起车上没有千斤顶，好不恼火。于是他步行到最近但也很远的加油站去，却没留意垛干草的滑车放得正好能把他的车头吊起来。[①]这个农夫错在把问题框得太窄，结果选择了不恰当的解决方案。具体而言，他把问题（“怎么把车头吊起来?”）和一个特定的方案（“找个千斤顶!”）绑在了一起。

在一个拿着锤子的人眼里，所有问题都像个钉子。延循老一套解决方案，而不是寻找其他可能途径，这是普遍现象，慈善家及受资助组织也不例外。过去25年来，为改革公立学校的州府拨款方式，绝大部分力量都花在诉讼上了——先是试图保证各区学校开支等同，最近又转向为每个孩子提供“足够”的教育。这些官司打了很多年，花了几百万美元，但并未怎么改变既有的拨款政策，更别提为弱势儿童带来什么教育上的好处了。

由于对加州公立教育改革毫无进展感到失望，几家基金会[②]开始跟该

① J. W. Getzels，“Problem Finding and the Invention of Solutions，” Journal of Creative Behavior 9 (1975)：12，15-16.

② 盖茨基金会、休利特基金会、詹姆斯·欧文基金会和斯图亚特基金会（Stuart foundations)。

州两党领袖小组合作，包括共和党州长阿诺德·施瓦辛格、民主党主导的议会以及公共教育督导，以了解问题的性质和波及范围，并拿出解决方案。应决策者的请求，基金会投入 200 万美元来研究加州对 K-12 学校的拨款方式。要知道研究结果如何，现在还为时过早。但该研究包括了不同的政治派别，这个事实使其有可能在诉讼失灵的地方取得成功。

另一个常犯的错误是用单一的方式来应对多向度的问题。例如，发展中国家有 1 亿儿童（多数是女童）根本就没上过学。面对这个骇人听闻的统计数字，许多双边和多边捐赠机构起初都以为只要消除孩子上小学的障碍，问题就迎刃而解了。可是，他们忽视了这样的事实：学校提供的教育常常严重不足；而且，仅仅是消除入学障碍的话，会让勉力维持甚至运转失灵的教育系统雪上加霜。

学费是入学的重要障碍，这个认识很对。马拉维提供免费初等教育的第一年，入学率飙升了 62%。需求上的冲击使原本拥挤的教室更加拥挤，使原本短缺的教师、课本和教材更加短缺。而这反过来又导致了入学率的降低——这次不是因为入学障碍，而是因为教育不足，不值得牺牲让孩子帮忙干家务或照料农场的机会。

现在我们明白了，让孩子进入教室和保证他们在学习远不是一回事儿。不能入学是问题的一部分，也是问题本身的一个症状。孩子们能否获得教育，取决于以下多种因素：教室里有没有足够的书本，教师是否训练有素、是否出勤，学生是否身体好、吃得饱以便能专心向学。

寻源问因

在许多情况下，要有效解决问题，就要准确把握问题产生的原因，并找到可能的解决方案。试想一下这些例子：

➢ 如果您关心的是西北太平洋鲑鱼枯竭的问题，您就得明白鲑鱼枯竭的原因是什么。是由于过度捕捞，农场污染物渗入了鲑鱼产卵的河流，产卵地筑坝，还是三者都有份儿？

➢ 如果您对社区内青少年怀孕的高发率感到忧心，就得了解这些十来岁的少女为什么会怀孕？为什么少男少女会有性生活？怀孕是计划中的吗？如果是，为什么？如果不是，为什么他们不采取足够的避孕措施？他们知道有避孕的方法吗？他们有方法避孕吗？

➢如果您对疟疾的破坏性感到忧虑，就必须明白这种疾病是怎样蔓延的，还要知道可能的干预措施，如通过灭蚊药、基因学或清除蚊子的栖息地来减少蚊子的数量，用蚊帐保护人们不受蚊子的叮咬，或是研制更好的治疗疟疾的药物或疫苗。

除非您和您所资助的组织知道这些，否则就不可能找到解决问题的有效策略。

假设您是东北部一个大城市里都市社区基金会（Metro Community Foundation）的项目官员。北部居民区中心（Northside Neighborhood Center）是您定期资助的组织之一，它为本城部分最贫困的居民提供紧急援助，这些人大多是在餐馆、大的零售店、建筑工地诸如此类的地方工作的拉美裔小时工。

在和北部居民区中心员工会面讨论提供后 3 年资助的时候，他们请求大幅增加紧急经济援助。在过去两三个冬天里，该中心注意到每次都有 2 个月人们对食品和其他基本生活必需品的需求激增。中心员工认为其原因在于假日后零售业不景气，以及天气恶劣导致户外建筑作业减少。该中心关于季节性需求增长的记录令人信服，但您对他们提供的解释将信将疑，所以建议他们对服务对象做一个非正式的调查。

虽然关于劳动需求的解释仍然有效，但调查表明这些受助家庭的成员冬天普遍都得了病。这并不奇怪：他们的住处供暖和通风都不好，得了病也很少求医问药。公共诊所倒是有，可是离住处远，所以他们很少去。

这个时候，都市社区基金会和北部居民区中心开始就许多解决方案进行集体讨论，从提供医疗保险到说服本市在当地开办诊所。在与本市医疗专员的一次讨论中，出现了关于该问题的一个新假设：对紧急援助需求的增加正好发生在流感季节。虽然孩子们在学校里接受了免疫，但几乎没有哪家的主要劳力打过流感疫苗。结果，他们得病后上不了班，也没有带薪休假，还把家人和同事都给传染了。预计来年的流感尤其厉害。

寻找其他对策

在集中用某一个特定方案解决问题之前，需要考虑其他方案。第一个想到的描述未必是对问题的最佳描述，可能的对策或方案同样如此。此前我们建议不断地问“为什么”，以此来确定目标；现在要问“怎么办”，以便寻找对策。

都市社区基金会和北部居民区中心的员工群策群力，同时向医疗专员办公室进行咨询，考虑用什么办法来确保该区家庭每年都能注射流感疫苗。该区不远处有个公共诊所可以免费注射疫苗，但很多移民在和政府接触时都很警惕，特别是（根据规定）必须提供姓名和住址时。去年，北部居民区中心只有大约7%的成人注射了疫苗，而全城有平均30%以上的人注射了疫苗。

最后，两个机构的员工想出了一个总的方案。中心会派出经过训练的社区医疗工作者，叫做“社区卫生员”，挨家挨户登记，让他们去中心注射疫苗。遗憾的是，城市管理规则不允许本市对该过程提供任何补贴。但基金会愿意出钱资助这项工作，以及买疫苗、请护士、买保险，并提供中心的日常管理费用。（还有一个在全球发展背景下寻求其他解决方案的例子，见 www.smartphilanthropy.org。）

制定对策中的创意

寻找其他解决方案，需要创造和革新——和科学家或工程师的创造与革新类似。这里的创造性是目标取向的，旨在拿出实用的解决方案。

创造性需要这样一种态度或心态：它欢迎新奇事物，注意特性区别，对不同环境敏感，对不同视角了解——从多元视角来看问题。[①] 这种态度来自于在评估、分析、批判和缩减选项之前的发散思维，即想象并产生多种不同的选项。

产生创意，通常需要跨越既定领域的界限，把一个领域的因素和另一个领域的因素结合起来产生新的东西。阿瑟·库斯勒（Arthur Koestler）曾写道，约翰内斯·古登堡（Johannes Gutenberg）之所以发明了印刷术，是因为注意到了通过外力把字迹印在纸上和通过外力把葡萄放在酒榨机里压榨之间的联系。[②] 但此类革新很少出自某个“有创意”的人或者是什么灵光一闪。相反，创意通常来自那些在某个领域长年努力工作

① See Ellen Langer，*Mindfulness*（Boston：Addison Wesley，1992），23.

② Arthur Koestler，*The Act of Creation*（London：Hutchingson & Co.，1964）.

的人。

在将近 100 年的历史中，美国的慈善事业产生了许多有创意的举措，对社会产生了实实在在的影响。第 1 章曾提到了一些例子，下面是 20 世纪的一些创举①：

➢用胰岛素治疗糖尿病

➢贫困的刑事被告自己缴纳保证金后将其释放

➢创立了执业护士这个职业

➢开创了 911 急救电话系统

您也能通过自己的资助培育出 21 世纪同样重要的突破。当然，说了这么多、做了这么多之后，您可能会发现最好的解决方案还是以前屡试不爽的那个。但是，如果不考虑所有其他可能性，您也不会知道这一点。

变迁理论

在每个解决问题的方案之后都有一种所谓的变迁理论，即这个世界的相关部分是如何运转的理论。从根本上讲，变迁理论是对慈善干预和所欲目标之间因果链的分析。在上述北部居民区中心的例子里，变迁理论乃是基于以下几个经验假设之上的：

➢主要劳力不能外出工作，是因为感冒

➢注射疫苗能预防感冒

➢该区劳力没有注射疫苗，是因为他们害怕官办诊所

假设二已经被医学证明。假设一和三是关于社会现象的，有更多的推测性质。此时，二者主要是靠根据对该区的了解产生的直觉得出的假设。然而，它们都是可以验证的。如果都市社区基金会和北部居民区中心要基于这些假设制定方案，它们能够而且应该对其项目至少做一些评估。

---

① Joel L. Fleishman, J. Scott Kohler, and Steven Schindler, *Casebook for the Foundation*: *A Great American Secret* (New York: Public Affairs, 2007).

本书的变迁理论

虽然我们对学术本身很重视，本书的目的却是工具性的：您的终极目标是把世界变得更美好，我们来助您提升慈善行为的效果。我们的变迁理论是：本书会让那些已经制定战略目标的读者变得更棒，它还会激发其他人的兴趣。无疑这是我们主观的而且有点儿乐观的想法。毕竟，对那些试图改变人们的生活——更别说改变整个社会——的书来说，几千本里顶多有一两本成功的。但是，对该书的预期收益，我们的想法是和做“大立方”慈善一样的：产生影响的概率可能不大；但一旦成功，则影响巨大。

一种变迁理论的好坏取决于它的事实依据是否可靠。仅仅直觉上似乎合理的理论是最差的理论。而非营利部门却堆满了这种基于直觉上似乎合理实际上却无效的理论之上的项目。因此，一种变迁理论经受的检验越多，以它为基础来制定战略就越可靠。

从理论到行动

在拿出一个似乎合理的变迁理论之后，就该制定战略以实现目标了。

战略规划或逻辑模型

用行话讲，战略规划就是“逻辑模型”，指的是为达到目标而采取的一套逻辑步骤。一个逻辑模型就是基于变迁理论的一系列相互联系的因与果。这儿有个例子，举这个例子的人从来没使用过“逻辑模型”这个术语，但他肯定明白这是什么意思，他就是——鲁布·戈德堡（Rube Goldberg）。

当然，鲁布·戈德堡的装置设计得过于复杂，是对逻辑模型的嘲仿而已。但是，它却说明了一些关键点：

➢如您所见，逻辑模型就是一套因果联系：A 导致 B，B 导致 C……

图　鲁布·戈德堡的思想库开工造成简易铅笔刀。

开窗（A），放风筝（B）。绳子（C）把小门（D）拉开，飞蛾（E）逃出来，吃红色法兰绒衬衫（F）。衬衫变轻，鞋子（G）压在开关（H）上，电熨斗（I）加热，把裤子（J）烧了个洞。烟（K）飘进树洞（L），熏出负鼠（M）。负鼠跳进篮子（N），拽下绳子（O），打开笼子（P）。啄木鸟（Q）啄铅笔（R）上的木头，露出铅头。万一负鼠或啄木鸟生病不能工作了应急用刀（S）就在手边。

导致 S，最终达到目标。

➢阿尔伯特·爱因斯坦是这样描述理想模型的：“凡事都要尽量简单，但也不能简单过了头”。当然，鲁布·戈德堡的装置是怎么复杂怎么弄。可是，在为达到慈善家所要的社会目标而必需的战略方案面前，它不过是小巫见大巫了。您可以试想一下，要把廉价避孕用品运到一个非洲村庄，再卖掉，再鼓励村民们使用避孕用品，都要经过哪些步骤。

➢鲁布·戈德堡的逻辑模型对世界的真实运转方式提出了经验假设：从重力、电力和其他物理规律到啄木鸟和负鼠的行为。经验假设有多好，进行的干预就有多好。慈善干预也是同样的道理。

➢鲁布·戈德堡的逻辑模型中，一个环节出错，整个项目就会失败。有些慈善项目也是如此。不过，要注意鲁布·戈德堡设计了某种备用方案：万一负鼠或啄木鸟生病不能工作了，还有备用刀。慈善家也可以这么做。但如果没有对整个因果链的透彻了解，您也不会知道要制定怎样的备用方案。

➢在鲁布·戈德堡的例子中，两项干预是必不可少的：开窗并放风筝。之后，就靠自然力运转了，戈德堡大多难以操控。这听起来很简单，但是，现在设想一下：一边把身子探出窗一边放风筝，这该有多难。所以，要实施这个方案，还需要基本逻辑模型之外的东西，要说明您在窗外需要什么支持，以及——怎么放风筝。

风险因子

可以从正面也可以从反面来谈论战略规划：怎样把达标几率提到最高，怎样把失败的风险降到最低。跟机遇和问题一样，它们不过是一个问题的两个方面。我们把风险分为四类：

➢**战略风险**：您的战略本身有可能失败

➢**外部风险**：外部因素有可能使您的战略失败

➢**致害风险**：您的工作可能导致预料之外的不良后果

➢**组织风险**：受助组织可能无法开展活动来落实您的战略

这里我们先谈谈前三种风险；在第5章，我们会结合资助中的尽职调查来讨论组织风险。

战略风险

根本的战略风险在于其背后的理论站不住脚，因为该理论所依据的自然科学或社会科学的假设，不管多能自圆其说，却是错误的。在北部居民区中心的案例中，也有可能流感和那些家庭的季节性危机毫无关联。降低战略风险的一个办法是认真分析问题、认真制定计划。另一个方法是制定备用方案：找出逻辑模型或变迁理论中有问题的地方，准备一种以上的应对方法。

在第1章，我们讲到了约翰逊基金会的“反击”项目，把它当成一个计划周密但主要由于战略原因而失败的典型。由于慈善家个人和基金会没有投入大量资源来评估资助结果，而且由于他们往往宣扬自己的成功而不愿让人知道自己的失败，所以没有多少战略失败的例子记录在案。在为数不多的案例中，有一个是詹姆斯·欧文基金会（James Irvine Foundation）对其“社区协力天天向上”（Communities Organizing Resources to Advance Learning，CORAL）项目的评估，这个项目计划周密、执行有序但却失败了。[1] 这个历时 8 年、投入 8 000 万美元的项目，原意是要改善加州 5 市业绩不佳学校的教育效果。詹姆斯·欧文基金会认为，通过集中投入在社区组织和规划过程——他们邀请家长参与，跟当地非营利组织也有合作——中推出的课外课程，能够产生最大的成果。

然而，随着项目的推行，问题却产生了：这些由社区参与过程确定的课外课程报名人数不足、价格昂贵，而且质量不过一般。它们关注的是愉悦身心的活动（像艺术、音乐和体育），而不是核心学术科目。后来研究表明，明显关注学术科目的课外课程更有可能提高学生的成绩。基金会因此认为需要对课程进行彻底调整，要求各项目点开始重点开设高质量的读写课程。现在还不知结果如何，但要指出的是，只有致力于持续评估和研究的基金会才有可能认识到中途校正的必要性。

外部风险

北部居民区中心免疫项目中的外部风险可能是意料之外的流感疫苗短缺，或者是经济衰退致使失业率居高不下，从而使流感在目标人群中引起的任何问题都变得非常棘手。在发展中国家工作，大范围的内战、传染病和其他自然灾害都会使旨在改善经济环境的项目功败垂成。例如，随肯尼亚选举舞弊指控之后而来的出人意料的冲突，使撒哈拉以南国家一些最有希望的开发项目和成果岌岌可危。

致害风险

慈善家不但可能达不到预定目标，而且有时候还会造成危害。战略不当，可能会把所需资源从慈善家力图服务的人那里分散到别处。一些组织和社区可能会对某个特定的捐助者形成依赖，一旦捐助者撤资，将会造成灾难性后果。最坏的情形是，好心好意却换来了经济灾难、环境破坏或人身伤害。

在以绩效为考评依据的学校问责运动中，慈善家也发挥了一定作用。

---

① Gary Walker, *Midcourse Corrections to a Major Initiative*: *A Report on The James Irvine Foundation's CORAL Experience* (San Francisco and Los Angeles: James Irvine Foundation, 2007), http://www.irvine.org/assets/pdf/pubs/evaluation/Midcourse_Corrections.pdf.

这项运动最终导致了“一个孩子也不落下”联邦法案的实施，而它造成了很多意外的负面影响。例如，在“应试教育”的激励机制下，一些考试范围之外的科目和活动（如艺术和体育）占用的时间减少了。（虽然“社区协力天天向上”项目失败的原因是单纯强调这些活动而忽视了学术科目，多数教育者都认为前者是后者的重要补充。）学校也做了一些手脚，让一些人参加考试，一些人不参加考试，从而让自己的表现看起来更好。排名最末的高中生被淘汰出局，防止他们拖学校的后腿。①

意欲之外的后果是在发展中国家工作的捐赠者和组织面临的特殊风险。国际开发项目的成功通常有赖于对当地社区及其文化有深入的了解。内德·布雷斯林（Ned Breslin）在非营利组织“人民之水”（Water for People）中从事开发项目，他讲过一个某组织在莫桑比克安装水泵而项目以失败告终的例子。② 在一个村子里，手压泵在装上15个月之后就坏了，虽然村子里的几个妇女学习过怎么修理，但她们接受的训练不足，而且替换零件不好找。负责水泵项目的组织没有时间也没有能力确保项目成功，它只是按自己的计划来，而没有考虑当地的现实。项目的结果更加令人痛苦而失望，特别是对那几个负责修理水泵的妇女来说，村里人认为她们应对结果负责。

卡内基公司与联合国及其他几个大型基金会一起资助召开了1999年赞比亚制宪会议。然而，会议被赞比亚独裁者罗伯特·穆加贝的支持者所掌控，而他们制定的宪法最终被人民否决。这次失败成了对执政党的莫大羞辱，反而使参与否决的民权领袖遭了殃，而且还很可能让穆加贝变得更独裁、更难撼动。卡内基公司做了一个坦诚的评估报告：

---

① David N. Figlio and Lawrence S. Getzler, “Accountability, Ability and Disability: Gaming the System” （NBER Working Paper No. 9307, National Bureau of Economic Research, 2002）. 一项研究显示，在1996年开始弗罗里达综合评估测试之后，一些佛罗里达学校把平时考试不好的学生进行了重新分类，划为特殊教育生，因为学校打分中不算特殊教育生。

② Ned Breslin, “Water Projects: the Harm Caused by Well-Meaning Philanthropists,” *on Philanthropy*, August 1, 2007, http://www.onphilanthropy.com/site/News2?id=7181&page NewsArticle.

在赞比亚，我们的资助达到了规划目标，即举行一场公众教育和动员运动。但是，我们所希望看到的结果——制定一个为多数公民所接受的切实可行的宪法——却没有出现。

对赞比亚的资助失败了，从中汲取的是老生常谈的教训，对此还要不停地温习，这就是：领导者和员工必须一方面有自己的期望，一方面又要现实评估自己的能力限度，保持两者的平衡。（卡内基总裁瓦尔坦·）格里高利强调过："我们既要勇敢，又要现实——以避免做出过度承诺。"

7 年后回头再看，会发现宪法改革显然失败了……穆加贝政权无疑是想操控利用改革进程，而不愿答应公众的任何要求……执政党灰头土脸的失败导致了更加专制、独裁政策的出台。分析家指出，失败的全民公决是穆加贝滑向全面独裁的引爆点。赞比亚的情况愈加糟糕。联合国开发计划署的数据显示，2000 年以来赞比亚的 GDP 缩减 40% 以上；至 2006 年 5 月，通胀率高达 1 913%。……长期的食物短缺依然故我，艾滋病、人才外流、赤贫让赞比亚的前景更加黯淡。①

要注意的是，证明一项慈善干预行为造成了危害，并不比证明它带来了积极效果更容易。卡内基公司有可能在赞比亚的灾难性滑坡中（顶多）起了一小点作用。但这个故事强调的是理解慈善干预行为所在系统的社会、政治运行机制非常重要，不管它是当地一个社区还是另外一个国家。

当然，对于具体干预行为的结果是好是坏，可能见仁见智。例如，教育券和许多特许公立学校究竟是改善了对弱势学生的教育效果，还是吸纳了传统公立学校的资源并加剧了种族隔离。② 在国际开发项目上的意见分歧最为严重。洛克菲勒和福特基金会领导的所谓"绿色革命"，在 20 世纪 40 年代到 60 年代大幅提高了发展中国家的农业产量，被誉为拯救了几百万生命——如果不是几十亿的话。③ 然而，却有人批评绿色革命加剧了农

---

① "Looking Back at Zimbabwe," *Carnegie Results*, Winter 2007, http: www. carnegie. org/results/16/index. html.

② Ron Zimmer and Richard Buddin, *Making Sense of Charter School*: *Evidence from California*, RAND Education Occasional Paper (RAND Corporation, 2006), http://www. rand. org/pubs/occasional_papers/2006/RAND_OP157. pdf.

③ Elizabeth Weise, "The Man Who Fed the World," *USA Today*, October 21, 2003, http://www. usatoday. com/news/world/2003-10-20-borlaug-usat_x. htm.

业大户和小户之间的贫富差距，令小户农民失去土地①，并导致了土壤侵蚀和生物多样性的丧失。

愿意从失败中学习，和一开始就有个好战略同样重要。洛克菲勒基金会在承认造成了一些环境问题之后，最近指出他们“通过同时采取害虫管理和基因抗病的方式，减少对农药的需求，大力减轻问题的危害，在此取得了相当的成就”②。

规划实施、过程跟踪和成果评估

（上述）北部居民区中心的免疫项目涉及的一系列活动比放风筝可要复杂得多。落实规划的核心在于明确需要进行的活动及相关负责人。概言之，该规划应包括以下内容：

➢明确目标人群；

➢制定并执行宣传方案，提醒目标人群需要注射流感疫苗以及北部居民区中心提供免疫服务；

➢雇佣并培训进行家访的社区卫生员，分配任务并进行家访；

➢购买疫苗并联系护士；

➢进行免疫；

➢评估成果。

好的实施方案会为活动确定可以观测的目标以及实现目标的里程标。它还会说明怎么才能知道方案是否成功了。毕竟，一个组织可能做到了规划中的方方面面，但仍然达不到目标。例如，北部居民区中心社区卫生员可能在请工人们注射疫苗这方面做得很好，但因病矿工日可能并没有减少；或者即使减少了，却没有降低对紧急援助的需求。

对最终“事实性”成功的评估和“原则性”成功的评估应该加以区分。就前者而言，北部居民区中心既没有专业技能也没有经济资源来评估免疫项目的最终影响。如果都市社区基金会有远见——比一般基金会更有远见——的话，它会跟北部居民区中心合作，找到能够进行评估的组织并

① Vandana Shiva, “The Green Revolution in the Punjab,” *Ecologist* 21, no. 2 (March-April 1991), http://livingheritage.org/green-revolution.htm.

② The Rockefeller Foundation, “Frequently Asked Questions About the Green Revolution,” December 2006, http://www.rockfound.org/initiatives/agra/agra_orig_gr_faq.shtml.

加以资助。

后面我们会讨论怎么评估真实的结果和影响。现在，我们先看看您会怎么评估原则性成功，以及为什么这么做。假定您有无限的资金可以用于评估，所有相关数据都容易拿到，而且您也聘请了独立专家进行评估。但是，如果专家问“请您讲清楚您认为怎样才算成功”的时候，您会怎么回答？您衡量北部居民区中心项目成功的最终标准是什么？也许为项目是否减少了旷工天数？

之所以问您怎么衡量原则性成功，有两个原因。首先，这是为了设定合理的高目标。同样重要的是，详述成功的标准迫使您明确想要达到什么目标。例如，您可能认为减少旷工天数固然重要，而减少感冒的发生本身就有价值。一些最佳方案能一次解决不止一个问题。但是，同时达到几个积极效果，无论如何都并不能说明确每个目标并制定衡量标准就没有多大必要了。实际上，明确您原则上要评估的内容，为您提供了一个机会，使您能对目标进行复核，确保您的变迁理论和逻辑模型与之相符。

要　点

➢要解决问题，首先得找出问题产生的原因。对策必须建立在符合经验事实的“变迁理论”之上，它是关于物理世界或社会世界中相关部分如何运作的理论。

➢对策最终体现为战略规划，有时也可称之为“逻辑模型”，它是导向所欲目标的因果链。

➢战略规划应设定明确的目标，界定什么是成功，并根据目标对过程加以评估。

➢每个战略都有风险：战略的进展可能和您想象的不一样，受助组织不能胜任工作，或者您的规划产生了意外的负面后果。预先明确风险所在有助于降低风险。

第 4 章
制定战略解决问题

第3章提到的都市社区基金会一例涉及的是为单项资助设计并执行一项战略。单项资助或多或少都带点战略性质（小写的“s”），这取决于您和受助方对手头问题分析、解决得如何。不过，回想一下第1章里的例子，您会注意到不管其成败如何，它们要实现慈善目标的话，都经常需要进行一整套的资助，采取的战略也涉及方方面面（大写的“S”）。即便是增强某一个组织的能力，也是如此。比如克拉克基金会为哈莱姆儿童地带所做的，就既需要项目规划，又要一般运营经费支持，还少不了顾问及基金会员工的技术援助。环境保护、教育改善和捍卫民权等多数工作都毫无疑问属于此类范畴。

在以上诸例中，需得在财力支持的同时辅以其他活动才能达其所愿。这些碎片不可能像七巧板那样拼接得天衣无缝，也不是预先裁好了摆在盒子里；但是，有重大漏洞的战略很可能一败涂地，如同残缺不全的拼图令人懊恼。制定、实施一项战略的要害在于如下几点：

第一，明确目标；

第二，制定实现目标所需的战略；

第三，保证战略实施所需的资源一切到位；

第四，遴选执行战略的受助方；

第五，进行过程评估和中期校正。

为了让分析不那么抽象，我们就举一个例子，来看看基金会是怎样汇聚资源来实现某个特定目标的。这个例子就是休利特基金会发起的“环境新选区”（New Constituencies for the Environment，NCE）倡议。

明确目标

加州人口在未来50年将增加一半。若无有效的环境政策，人口增加对该州日益严峻的空气、水和土地状况将带来极其可怕的影响。空气污染已经诱发了严重的健康问题，包括哮喘、急慢性支气管炎、心脏病和癌症。圣华金河谷和靠近洛杉矶与长滩港口及贸易走廊的居民更是深受其害。主要污染物有卡车、柴油农机和南加州港口的船只排放的臭氧和煤灰。有色人种社区是空气污染的重灾区。

2004年，为解决这一紧迫问题，同时为加州非裔、亚裔和拉美裔美国人关心的环境问题提供制度性支持，休利特基金会发起了“环境新选区”倡议。基金会员工与基层选民、民选官员、地方及州一级环境组织、卫生专家接触并咨询了他们的意见。在发展过程中，“环境新选区”确立了两个主要目标：（1）减轻圣华金河谷和南加州的空气污染；（2）使少数族裔和其他弱势群体的代表组织提高技能、增加资源并扩大政治影响。

基金会的咨询结果和公众舆论调查都表明，空气污染是有色人种社区最关心的环境问题。它们同时揭示了“环境新选区”倡议所面临的挑战：

➢农业和港口产业认为更高的空气质量标准是一种经济威胁。其行业协会在当地、区域和州政府部门都有颇强的政治势力。

➢最关心空气污染问题的区域性组织是规模不大的草根“环境正义”组织。它们资源有限、技能不高。加州幅员辽阔也是一个问题。各地从事类似工作的组织联系很少，缺乏沟通技巧和政策知识，所以在首府萨克拉门托没有持久影响。结果，和选民相比，许多民选代表，包括少数族裔领袖，对空气污染议题更不感兴趣。

➢加州历史更知名的一些环境组织，在成员资格和员工构成上，没有反应日益增加的人口多样性。

休利特基金会董事会准备大力投入资源改善加州的空气质量。但显而易见的是，仅仅给个别组织提供更多的金钱并不会使问题迎刃而解。要解决问题，还需要提高它们的战略、宣传和倡导技能，加强协作，并增进当前多数环保组织所忽视的技术知识。下文的个案研究分析的是基金会的“环境新选区”目标之一，即削减圣华金河谷的臭氧排放。圣华金河谷有三市“荣登”全国十大污染城市榜单。而且，没有一个城市符合美国环境保护署（U. S. Environmental Protection Agency，EPA）规定的所谓符合健康标准的臭氧八小时浓度限值。①

针对目标制定战略

在第3章，我们描述了为解决问题而确定的战略规划或逻辑模型是什么概念。为了解“环境新选区”改善圣华金河谷空气质量的战略，知道一些负责处理空气污染问题的关键管理机构这些背景知识是有好处的，它们是：地方空气质量管区如圣华金河谷空气污染控制区，加州空气资源董事会（California Air Resources Board，CBRB）和美国环保部。② 空气质量管区通过公共议程制定区域空气质量管理规划。加州空气资源董事会将这些区域规划和全国性的污染削减举措嫁接起来，推出“州实施计划”，并提交环保部，而环保部非常尊重州里的意见。

“环境新选区”项目的工作重心落在圣华金河谷空气污染控制区上。在这方面的目标或说欲图结果是减少臭氧超标的天数。可以通过特定战略达成这一目标，而每个战略都有其子目标或说中期结果。战略涉及的活动如下：

➢通过居民、媒体、议员和其他公职人员向空气污染控制区施压，

---

① 这是1个人在8小时内可以承受的臭氧排放的最高限度。见：U. S. Environmental Protection Agency，“8-Hour Ground-Level Ozone Designations，” http://www. epa. gov/ozonedesignations（2008年6月30日访问）.

② 另外，洛杉矶和长滩港口委员会对南加州港口负有重要的监管责任。

方式是动员环境污染社区居民出席听证会，向议员和官员灌输相关知识，说服媒体支持更加坚定的污染根除行动；

➢向环境污染控制区董事会成员和其他利益相关者通报污染导致的健康后果和经济后果，方式是约写并散发独立分析报告，并向环保组织提供技术培训；

➢雇用污染控制企业和行业组织，告诉人们哪些是控制污染的切实可行的举措。

每种战略都有标识进展的指标，如此基金会和受助方就会知道计划是否在按部就班地实施。例如，出席听证会的居民实际有多少，技术报告的内容是什么，媒体对空气污染问题的持续关注度如何，等等。

确保资源到位

您若经营一家航空公司，飞的是从纽约到伦敦的航线；那么，您得确保飞机有飞达目的地的足够燃料——还得加上一定的安全幅度。不过，不少慈善家在开始重要行动之前，并没有“估摸”局势、测算完成行动所需资源——再加上一定的安全幅度——会是多少。当然，资源不必都得由您提供。其他赞助者可以一开始就加入，也可以在某个节点上接手——也就是空中加油——如果接着刚才的比喻来说的话。不过，这些事您得预先想好，而不是一厢情愿地希望如此。

从一开始，“环境新选区”就是休利特基金会的项目。虽然其他资助方如加州捐赠基金会（California Endowment）和詹姆斯·欧文基金会也会支持某些特定的方面，但休利特基金会感到有责任确保这一项目在当地的愿景得以实现。

在“新选区”发起环保运动，并净化圣华金河谷跟南加州港口的空气，任务可谓艰巨。基于此种状况，休利特基金会明白自己要做好长期准备——至少要 10 年时间。基金会的资助项目都不超过 3 年，但它估计会继续资助那些继续致力于此的组织。所以，虽然基金会最终剔除了一批组织，绝大多数项目还是得到了至少一次后续资助。同时，它还为几个受助方提供资源，让其聘用筹资顾问来拓展融资基础，而不要太依赖于某个单一来源。

遴选受助方

休利特基金会进行了一系列拨款资助，来发展员工，提高圣华金河谷区域性组织的财政稳定性和技术能力，以便加强区域间协作，并整合应对空气污染的区域计划和州级行动。资助可分为如下几类：

➢区域倡导

➢州级协作

➢技术分析

➢组织宣传

➢组织效能

当然，这些资助不是同时开始的。有些资助是随着项目的进展、基金会及受助方收集了反馈意见之后做出的。

区域倡导

2003年起，中部河谷空气质量联盟（Central Valley Air Quality，CVAQ）就一马当先，致力于圣华金河谷空气质量的改善。“环境新选区”项目开始之时，该联盟包括下列成员组织：

➢种族、贫困和环境中心（Center on Race，Poverty，and the Environment）：其律师员工和组织者提供法律知识和培训，并进行组织工作；

➢拉美问题论坛（Latino Issues Forum）：这是加州唯一密切关注空气质量问题的拉美组织，该组织也擅长社区教育和拉美裔组织动员活动；

➢弗雷斯诺都市服务组织（Fresno Metropolitan Ministry）：这是一个跨信仰组织，致力于有关弱势社区健康问题的社区教育和动员；

➢清洁空气联盟（Coalition for Clean Air，CCA）：它倡导洛杉矶的空气质量改善已有30年的历史了。

休利特基金会对以上组织提供资助，同时还对该联盟的两家非传统盟友施以援手，它们是：

➢弗雷斯诺—马德拉医学会（Fresno-Madera Medical Society）。[①] 由这家有百年历史的机构的医生和员工发表的关于空气污染对健康影响的声明，为主张更为坚定行动的论点增加了极大的可信度。

➢天主教斯托克顿主教教区（Catholic Diocese of Stockton）。教区聚会散播了教友对污染问题的关注，增强了人们对空气污染带来的健康危害的认识。在这个宗教保守地区，天主教教会的参与为环境议题辩论增添了强烈的伦理色彩。

州级协作

有 30 年历史的清洁空气联盟在宗旨说明中宣布“为全体加州人重获清洁、健康的空气而努力奋斗，并通过推动广泛的社区参与活动、倡导负责任的公共政策和提供技术知识而全力推进环保运动。”休利特基金会发起“环境新选区”项目之际，清洁空气联盟有望成为该项目的州级协调者，但它得大幅扩员，并在州府有更高的曝光率，才能有效承担协调者的功能。基金会支持保留一个非营利的管理—咨询机构，以为清洁空气联盟的关键定锚作用做出需求评估、制定工作方案。数据在握之后，基金会同意对清洁空气联盟进行为期 3 年的资助，每年资助 100 万美元。清洁空气联盟迅速增加了董事会和员工结构的多样性，增强了西语宣传能力，并通过其萨克拉门托办公室向其他致力于减轻空气污染的组织提供援助。以上举措对增进与地方团体的互信大有裨益。

技术分析

圣华金河谷的企业一贯抵制空气污染管制举措，理由是这会危害经济，对中部河谷空气质量联盟关心的那些社区反而不利。清洁空气联盟对此论调感到怀疑，提议基金会聘请加州州立大学富尔顿分校的简·霍尔（Jane Hall）教授，围绕圣华金河谷空气污染的经济后果进行独立研究，就像数年前她为南加州做过的那样。圣华金河谷的受助方认为与当地机构

---

① 2007 年，在弗雷斯诺—马德拉医学会的游说下，加州医学会在年会上谈及此事。加州医学会的成员投票决定行动起来，并发布了新闻稿，标题为“加州医师团结一致紧急呼吁恢复清洁空气”，号召采取坚定行动减轻空气污染。

合作会提高本研究在当地的说服力，因为该地居民对外人不放心。在与加州州立大学弗雷斯诺分校的合作下，霍尔教授写了一份报告，并在2006年初公布。报告表明，由于空气污染，该地在健康支出上每年要耗费30亿美元。报告一出，经济辩论的基调随之改变。

基金会还资助了国际可持续体系研究中心（International Sustainable Systems Research Center，ISSRC），请该中心为减轻河谷的臭氧污染提出技术建议。中心主任詹姆斯·伦茨（James Lents）博士，美国空气污染领域的顶尖科学家之一，曾经是南加州区域空气污染管理局的领导，也参与过联邦"清洁空气法案"的起草工作。该中心2007年年初发布了报告，推荐了一些经济实惠的具体方法，以大大加快清洁空气的到来。

为了让中部河谷空气质量联盟成员自己加深对技术举措的理解，对霍尔教授和伦茨博士的资助项目还包含了这么一条，即请他们就报告中提到的问题向当地组织传道解惑。

组织宣传

中部河谷空气质量联盟在基层组织动员方面经验丰富，但跟媒体打交道就少得多。因此，基金会聘请公关公司协助当地组织为发布技术报告制定了宣传计划。结果，成效显著，圣华金河谷的媒体纷纷做了报道。即使在媒体报道降温后，这些组织仍然受到关注。

组织效能

对上述一些资助项目，基金会还辅之以所谓的组织效能资助。组织效能资助从5 000美元到40 000美元不等。借助于此，基层组织得以延请顾问协助制定战略规划、筹措资金、开发信息技术系统、进行网站设计并制定接班人计划。随着中部河谷空气质量联盟对宣传的重要性有了更深的认识，联盟成员开始越来越多地申请和使用组织效能资助来进行战略公关培训。一些成员组织还加入了同伴学习项目。同伴学习项目是由詹姆斯·欧文基金会共同资助的，旨在帮助它们提高组织能力。

进展评估和中期校正

如果受助组织做了说好要做的事，并且有前进迹象的话，基金会有望继续相关资助。缺乏中期目标——这是“环境新选区”项目第一阶段不时发生的现象——被视为基金会及其受助方普遍存在的问题。这个问题，没有被当作停止资助的理由，而是被看成分析、修正战略策略的契机。以下是迄今为止一些中期校正的例子：

➢ **协作的规模和程度。**和“环境新选区”项目起先的战略最大的不同是要在全州范围内倡导协作。围绕全州运动进行协作的计划因种种原因受到延误：一些地方环境正义组织没有认识到在全州范围内活动的重要性，同时也无力参与；这些组织不愿跟清洁空气联盟合作；清洁空气联盟扩张及员工和董事会的多样化导致的制度性的成长烦恼，耗费的精力和时间超出预期。

➢ **变更资助项目。**许多最初得到资助的项目没有得到后续支持，包括几个环境正义组织，一家多信仰协会，和一个医学倡议组织。有时候，停止资助是由于受助方没有遵守规定（如汇报屡次延误），游说活动的影响，或者受助方拒绝与其他组织合作。有时则因为选择受助方时依据的战略假设证明是错误的——这些组织的活动看来难以推动政策调整。

➢ **接洽技术公司。**在受助组织促请落实国际可持续体系研究中心报告中的具体建议时，为助一臂之力，基金会还联系了一家“选择性催化还原”技术厂家，一个代表排放控制技术厂家的行业组织，它们对污染控制技术太过投机的论调进行了驳斥。

以上我们说明的是怎样来汇聚资源实施战略。您若好奇下一步要做什么，可访问 www. smartphilanthropy. org。

关于可测目标和不可测目标

“环境新选区”项目减轻圣华金河谷臭氧污染的目标容易测量，因为对于何谓健康空气有既定的标准。关注 K-12 教育、课外项目和职工发展等方面的慈善战略，其结果也都可以测量。确定可测目标不仅利于反馈意见、明确责任；试图确定可测目标这种训练本身就有助于明确您要的是什么。

大自然保护协会（Nature Conservancy）已故前会长约翰·索希尔（John Sawhill）在与人合作的一篇富有洞见的文章中描述了该协会可测结果的演化过程：从“资助款数额和栖息地面积”，到涵盖98种指标的繁杂体系（它“很快被自己压垮了”），再到组织绩效的三维评估体系，即影响、活动和能力这三个维度。① 影响评估基于两个指标：生物多样性健康程度及威胁消退状况。生物多样性评估有赖于科学数据（多年来才见起色）。后者更难评估，却能反映自然界面临的风险。作者强调目标简单可测很重要，因为这样数据易于收集、易于交流。要专注于最具影响的战略，并使管理者能“比较不同单位的业绩，并向地区或全国层面乘胜推进。最重要的是，要评估成功与否，需得说明向目标靠近了多少，说明该组织的行动产生了哪些影响”②。

但是，现实中并非总能确定可测目标，特别是在一项宏图大业开展之初更是如此。如果因为一件提案没有设定可测目标就对它置之不理，那是很可惜的事。举个例子，一个民权运动——不管它是为非裔、妇女、男女同性恋、残疾人还是其他人争取权利——的目标可能被界定为“完全平等”；而从运动伊始就对这个泛称加以明确——更不要说量化——未必那么有好处。

在减轻空气污染之外，“环境新选区”项目还有一个全州层面的目标，即增强“新选区”解决全加州环境问题的技术能力和政治能力。评估这第二个目标可不像评估臭氧减排那么简单，但也有指标可循：

➢非营利部门对加州空气污染问题更加关注，解决问题的能力也在提高。在圣华金河谷项目实施过程中，清洁空气联盟变得更能代表加州不同的人群，被许多（虽然不是全部）当地的环保组织认作盟友。其制度能力和宣传能力得以加强，能够有效抓住要求迅速采取集体行动的机会。基金会所资助的组织能力日益提高，这一点也得到了他人的认可。一个表现

---

① John C. Sawhill and David Williamson, “Mission Impossible? Measuring Success in Nonprofit Organizations,” *Nonprofit Management & Leadership*, Spring 2001, 371-386.

② 同上，第375页。

就是他们受邀参加能够影响决策的委员会，如州长发起成立的加州关注圣华金河谷伙伴关系委员会。国际可持续体系研究中心也提到受助组织所提的问题和发表的评论都更加成熟老到。

➢虽然不乏个别人热衷于环境问题，加州的拉美裔组织和决策者整体上一贯并不特别关心环境议题。然而，2006 年，在拉美裔倡议组织数十年来规模最大的集会上，在“拓展议程”的旗帜下，有一整天的时间都用来讨论环境问题。休利特基金会资助的组织受邀参与了不同的专题讨论组，而双语广播电台（本身也是资助对象）在中部河谷及其他地区对会议进行了现场直播。2007 年底，休利特基金会和新成立的加州拉美裔议员同盟基金会（California Latino Legislative Caucus Foundation）共同主办了“清洁空气峰会”。拉美裔议员，连同来自非裔议员同盟（Black Caucus）的同事及几个重要立法委员会，花了一天时间和环保专家、商务专家、科学家和政策专家以及基金会受助组织探讨这个问题。

这些早期努力能否引发人们对空气污染和其他环境问题的持续关注，能否为全加州人带来更加健康的环境，仍然有待观察。“环境新选区”项目的例子清楚地说明了涉及多项资助、跨年度的慈善战略要想成功需得具备的要素。重点关注本章开头列出的那五个关键步骤，基金会或慈善团体就能够确定问题，分析问题，寻找对策，开始资助来帮助解决问题，并且进行中期校正以增大成功的可能性。

要　　点

慈善项目或计划的战略制定需要做到如下几点：

➢明确目标，如果可能的话设定可测目标；

➢针对目标制定计划；

➢确保足够的资源来实施计划；

➢选择整体上能够落实计划的受助组织；

➢进行过程评估和适当的中期校正。

第 5 章
拨款资助与尽职调查

前几章讲到了问题分析和战略制定；本章讨论的是给予资助和进行监管的要点所在，涉及从开始申请到最终汇报整个过程。多数内容和第 3 章相关，主要关注慈善家需要了解哪些信息，才能对申请报告进行有效的尽职调查并跟踪实施情况。

报 告 概 览

申请报告是资助方与申请方之间讨论和谈判的基础，也是最终双方签约的依据。报告的最后版本也是受助方对自己作为的承诺。

所有的申请报告都需要提供背景信息，如申请方的历史、架构、领导和财务状况，以帮助资助方了解这个组织，并判断它是否有能力开展所建议的活动。但是，申请报告的精髓在于对以下问题的回答：

第一，你要去哪儿，怎么知道是否已抵达目的地？

第二，你打算怎样去，为什么认为这样可以成功？

第三，你怎样判断有没有偏离轨道？

注意，"你怎么知道是否已抵达目的地"这个问题一开始就提出来了。实际是到了最后才能到达目的地——如果一切按部就班的话，但你和受助方预先知道成功会怎么样是有必要的。

我们从都市社区基金会资助北部居民区中心的例子出发，来阐明以上要点。

阐明具体可测的目标

您要去哪儿？申请方必须说明本组织的整体目标，如果它申请的是一般运营经费资助的话；如果申请的是项目资助，则要说明具体项目的目标是什么。

在我们举的例子中，北部居民区中心申请的是项目资助，目标为主要劳力罹患季节性疾病尤其是流感的家庭缓解经济困难。

您怎么知道是否已抵达目的地？申请方必须解释要怎样评估自己的进展——至少在原则上做出解释，最好用事实说话。

北部居民区中心会用居民区主要劳力的流感发病率作为评估进展的中期指标。最终标准则是看流感季节的紧急家庭救助需求是否有所降低。①

目标明确是战略慈善的核心所在。关于目标是否界定清晰，这里有个简单的测试：申请方能否把目标解释得足够清楚，让您能从原则上判断目标是否已经实现？更高的要求是：这个目标能否描述得让外人也能判断它成功与否？

第3章讨论过**原则性评估**测验，但在这里讨论具体资助的背景下，值得重复一遍。事实上，对一项资助产生的影响加以评估，需要的资源可能是您无力提供或者——委婉地说——顾不上的，比如要评估全球变暖和核扩散是否有所减轻。所以，与其担忧此时此地您实际上能评估什么，不如想想，假如可能想要的所有经验数据都能拿到的话，您又会评估什么。这种假想的测验主要是用来确保您和受助方明白要去哪儿。

---

① 在这种不太典型的例子中，衡量最终结果可能要比衡量中期目标更容易。

再说目标和使命陈述

早先我们提到，作为慈善家，您的目标不同于使命陈述。对受助组织而言也是如此：一个组织的使命陈述或许抓住了事业的精神所在，但是，除非它像美国国家航空航天局的最初使命“把人送上月球”那样专一，否则就不够具体到能算作一项资助要达到的目标。

试想一下这个例子：一个组织的使命是“为未成年少女改善福利、增加生活机会”。这种陈述简洁有力、令人振奋。可是，它太模糊了；等回头看时，您很难说是否完成了使命以及完成得怎样。和这个使命相对应的目标可以是在特定人群中“降低青少年怀孕率”或者“提高中学毕业率”。如果能有针对性，就更好了。比如，“使胡佛中学非裔女生的毕业率从40％提高到70％”。但是，明确改变的方向已足够了，至少是当你有个基准可以比较时。

在增加未成年少女的生活机会上，目标的可测性可能不那么明显。比如：增强自信、提高领导能力。实际上，心理学家已经发明了基于访谈和问卷调查的对自信程度的量化评估方法。[①] 如果提高领导能力也是目标之一的话，还必须建立这方面的指标，即便它们更偏于定性而不是定量。

建立此种指标有助于防止混淆**活动**（如有多少女孩参与了领袖培训项目）与结果（项目是否产生了影响）。下面我们会看到，非营利组织及其资助者判断什么活动实际上（而不仅仅是理论上）带来了想要的结果，这一点很重要。

设定了准确目标之后，您和受助方就有了共同的判断标准，为目标是否实现而扯皮的可能性也就减少了。“一看就知道了”这种方法有问题，因为您和受助方看见的东西可能大不一样。

预先讲明共同的目标，还有利于从一开始就贯彻评估标准。比起中途——更不用说结束后——修改评估标准，这个工作简单多了。例如，增强女孩自信项目成功的指标之一如果是看她们的学业表现，那么，事先征得女孩及其父母的同意来看她们的成绩，要比等她们完成项目（或中途退

---

① Rick Hoyle et al.，*Selfhood*：*Identity*，*Esteem*，*Regulation*（Boulder，Colo.：Westview Press，1999），82-85.

出）之后再手忙脚乱地找她们的分数现实得多。如果希望让学校配合，比较项目参与者和未参与者的表现，那么，事先的规划就更加重要了。

目标明确的范例

艾米·史密斯（Amy Smith）的“田间燃料”（Fuel from the Fields）项目就是一个目标明确可测的典范。该项目旨在为海地开发替代性的木炭燃料。在 2007 年世界银行赞助的市场开发竞赛上，该项目赢得了 20 万美元的资助。①

概括地说，该项目旨在“在海地创办专门生产和销售取自农业废料的实惠、清洁烹饪用木炭的微型企业，从而提高人的健康水平”。

史密斯博士对问题的分析隐含了明确可测的目标。“在海地，有一半人用木材和（或）农业弃料作为主要烹饪燃料。吸入火里的烟气会持续导致呼吸系统肺部感染，儿童为多发人群。”代表进展的指标之一就是（和未实施项目地区的感染率相比）项目实施地区儿童呼吸系统感染率下降。

项目的可持续性最终取决于，和传统木炭相比，从农业废料中提取的烹饪用清洁木炭（农业木炭）经济实惠。所以，项目的另一个可测结果就是，在项目实施地区，和当地木炭相比，农业木炭的市场均价如何。如果农业木炭和传统木炭价格相差无几，就大功告成了。

项目的一个辅助目标是在当地创造至少 1 000 个农业木炭生产工作岗位，为参加项目的家庭增加 500 美元的年收入。如果达到以下指标就算成功：（1）创造至少 1 000 个原来没有的就业岗位；（2）和继续从事参与者以前职业的家庭相比，决心参与农业木炭生产的家庭总收入净增 500 美元。

---

① Catherine Laine, “Alternative Charcoal Project Wins Development Marketplace,” Appropriate Infrastructure Development Group Blog, May 30, 2007, http://www. aidg. org/component/option,com_jd-wp/Itemid,34/p,496/（2008 年 7 月 1 日访问）。为竞赛提供资金支持的还有比尔及梅林达·盖茨基金会、保护国际基金会（Conservation International）、全球环境基金（Global Environment Facility）、麦克阿瑟基金会（John D. and Catherine T. MacArthur Foundation）、联合国艾滋病规划署（Joint United Nations Programme on HIV/AIDS）、菲律宾乡村重建运动（Philippine Rural Reconstruction Movement）、索罗斯基金会（Soros Foundation）、英国国际开发部（U. K. Department for International Development）、美国国际开发署（U. S. Agency for International Development）。

最后，项目希望在2年后产出100吨农业木炭，并改变一万个家庭的用碳模式。两个目标都是量化可测的。

向多目标组织提供一般运营资助时要明确目标

如果向一个组织提供非限制性资助，这个组织在追求某一使命时同时运营不同的项目，每个项目又有实现各种目标的战略规划，那么，“原则性评估”测试在这里还适用吗？可以试想这么一个例子：一家社区中心同时为老年人提供各种服务、为孩子们举行课外活动，为成年人开办剧院，等等。

作为资助方，无论您是对社区中心的所有活动还是对其中的某一些感兴趣，都要对您感兴趣的每一项活动分别进行“原则性评估”测试，没有别的方法。乍看起来，这颇有还原论的色彩——难道一个组织不比其单项活动的总和要大吗？可是，想想该组织的行政总裁和董事会是怎样看待其不同项目的吧。如果不分别处理老年人项目和课外活动项目，该组织又怎能设计并执行战略规划、制定预算、评估进展呢？不错，社区中心可能要比其单个组成部分的总和要大，但是这些组成部分却是更大的整体必需的成分。

需要明晰的战略

受助组织必须清楚阐述它要用来实现宣示目标的关键战略。

北部居民区中心的关键战略是为该区主要劳力接种疫苗。如果原因并非不言自明的话，受助组织还要说明它为什么相信自己的战略会取得成功。北部居民区中心的战略是基于这样一种假设：流感导致了旷工，从而带来了工资降低和裁员。可靠的医学证据表明，接种疫苗能使人对流感免疫；因此，接种疫苗能够减少流感的发生，从而减少患病时间，增强相关家庭的经济稳定性。

受助组织必须说明它准备怎样实施战略：

北部居民区中心拟通过社区卫生员来鼓励人们到免费诊所接种疫苗。

申请报告应该展示其战略或“逻辑模型”，像第3章所说的那样。逻辑模型需得：

➢清晰透明；

➢全面，包含申请方为实现目标所要采取的每个主要步骤；

➢基于可靠的经验判断，也就是可靠的“变迁理论”。

关键在于受助组织必须有强有力的战略规划来实现目标，并且必须有能力执行战略规划。

图 “我觉得第二步应该更清楚一点。”

一个组织的战略计划有多好，取决于其变迁理论如何。在第 3 章，我们讨论了拨款资助内在的战略风险（你们议定的战略可能不会成功，因为变迁理论错误，或战略规划缺少关键要素）和外部风险（外部环境可能出人意料地改变了）。

除了战略风险和外部风险，您和受助方还面临着组织风险，即受助组织缺乏执行战略所必需的财力和人力。例如，北部居民区中心的风险可能是它无力招聘、训练和调配社区卫生员。

尽职调查的一个重要方面是发现并降低战略风险和组织风险（对于外部风险，您能做的仅仅是考虑到这些风险；并且，在风险把预期收益降低到不可接受的程度时，放弃项目）。要保证受助方真有可能切实把计划落实到位，您得确保申请报告提到哪些是战略实施所必需的资源，以及该组织准备怎样获取并配置资源。但是，书面计划再重要，也不能替代实地参观及其他面对面的会谈。通过后者，您可以判断该组织的领导如何、有没有能力执行战略。受助方也能从这些拜访中受益，他们需要了解您的期望是什么，特别是如果资助项目要大大改变其既有活动形式时。

第 3 章我们提到，导致失败的战略风险的个案研究很少能从公开渠道得到。同样，也很难找到多少因组织风险导致资助失败的案例——虽然我们知道这种例子为数不少。第 6 章结束时，我们提到一个休利特基金会的例子。但是，有一个罕见的记录在案的例子，这就是凯洛格（W. K. Kellogg）基金会对 SeaChange 的资助。该资助项目的失败既有战略原因，也有组织原因。[①] SeaChange（有一个新兴组织也叫 SeaChange，是高盛的头号受助方，但两者不是一码事儿）是一家创新性企业，领导有魅力，在勾连资助方和社会企业家方面也有创意（见第 12 章）。凯洛格基金会[②]知道他们的想法未经验证，但乐意为这个非营利企业冒险。

结果证明，SeaChange 要实现的想法太多，从来没有集中的关注点。而且，其执行总裁缺少管理技巧来实现其雄心大志。这家企业试图开发一种在线技术，却没有深思熟虑的运营计划，最后深陷泥潭。对于所冒的风险和战略失败的可能性，资助方可能过于乐意接受了。他们对这家新组织的监督不够严格，而且，他们以为公司有董事会的监督就足够了——事实证明他们错了。回顾过去时，评估者写道："关于 SeaChange 的经历确实提出了一个问题：资助方本身究竟要对项目管到什么程度？对于这家新兴组织的管理、使命和责任问题，他们究竟仔细考虑过没有？"[③]

评估一家组织的战略稳健性及其落实战略的能力，是尽职调查必不可少的环节；对涉及的风险做出判断也是如此。慈善的一个突出能力在于为

---

① W. K. Kellogg Foundation, *Building an Organization to Last*: *Reflections and Lessons Learned from SeaChange* (2003), http://www.inforingchange.com/downloads/seachange-0703.pdf.

② 另有其他资助者，如绿色回声组织（Echoing Green）、考夫曼基金会（Ewing Marion Kauffman Foundation）以及若干私人社会投资者。

③ W. K. Kellogg Foundation, *Building an Organization to Last*, 8. SeaChange 最终和另一加非营利组织合并为"社会企业联盟"（Social Enterprise Alliance）。

非营利部门提供风险资本。热衷于有新意的战略或者复杂战略的慈善家必须愿意接受失败，把它视为追求成功过程中的一部分。但是，认识到这一点并不是要冒不必要的风险。作为慈善家，您得试图通过周密的问题分析和规划来降低风险。该说的说了，该做的也做了，也仍然有可能达不到目标。第 1 章提到的"预期收益"方法，也可以用来评估慈善投资的风险。第 10 章我们会详细谈谈这个问题。

过程跟踪

申请报告必须描述该组织要如何对实现宣示目标的过程加以追踪。战略规划得提供标示进展的主要指标。拿北部居民区中心的例子来说，这些指标就是报名注射流感疫苗的人数以及"出勤率"，也就是实际去打疫苗的人数。这些指标能告诉您战略是否在有条不紊地进行。

北部居民区中心得追踪记录如下方面：社区卫生员做了多少家访，多少居民报名打疫苗，多少居民实际上打了疫苗。这些目标或里程碑有时被称为"中期目标"，以与整个项目的最终目标或结果相区分。

司机想知道车速如何，邮箱里还剩多少油，油温是否太高；同理，受助组织及其资助方也需要涵盖相关指标的仪表盘来评估项目进展。战略实施中的问题可能是个别问题（如某个社区卫生员手上的报名人数比其他人的少），也可能是普遍问题（实际来中心打疫苗的人比报名的人少得多）。如果不跟踪此类信息，北部居民区中心就不会知道项目进展如何，也不能做出校正加以改善。

我们用"跟踪"而不是"评估"这个词，是为了表明收集项目进度信息并不是只在项目结束时才做的事，平时也要做，这样才能在项目实施过程中为战略校正提供必要的反馈。项目跟踪不需要由外面的专家做什么社会科学研究，而是要组织内部的员工来收集系统的反馈信息。

企业也好，政府部门也好，非营利组织也好，任何组织的有效运转都必须进行过程跟踪。过程跟踪有利于中期校正，有利于放弃失败的战略，也有利于加强成功的战略。它能使管理层认识到自己实打实地按时实现目标的能力究竟怎样。设计和使用跟踪系统可能代价高昂，但是关心项目成功的慈善家不会吝于这笔花费。

仪表盘

企业通过“仪表盘”跟踪进展是常有的事；现在，越来越多的非营利组织也在这样做。一般来说，仪表盘就是网络工具，它把组织绩效、财务、员工等方面的关键指标通过容易理解的方式编纂起来并加以展示。KaBOOM！是一个全国性的非营利组织，任务是帮助社区修建操场。它就用仪表盘进行数据跟踪，涉及每年修建的操场的数量，平均每个操场有多少义工，为贫困家庭社区修建的操场的比重，以及该组织的各样花费。[①] 在仪表盘的帮助下，KaBOOM！得以确保对低收入社区的有效服务。建立成功的仪表盘，关键在于收集和该组织关心的结果相关的数据，即可以用于实时项目决策、管理决策或财务决策的数据。

在意识到仪表盘对受助组织和自己都很重要之后，一些慈善家在此投入力度很大。例如，REDF（以前叫罗伯茨企业发展基金）资助了一批非营利组织；这些组织雇用了一些人，这些人如果不是在这儿工作，则很可能仍然长期贫困潦倒。REDF 协助这些组织开发了一个管理信息系统，借此及时提供信息，评估他们所服务的弱势人群是否产生了他们希望看到的改变。管理信息系统搜集并分析关于个体独立性和稳定性的指标，包括工作和收入、住房、健康和支持网络、物质滥用等方面的情况，以及服务对象如何评估个人的进步。[②] 此系统还能帮助该组织评估自己员工的表现，[③] 帮助自己完成与基金会和政府部门的合同里要求的事项。在其他资助方[④] 的协助下，REDF 提供了系统开发的大部分费用，认为目前的费用会成为组织运营成本的一部分，该组织每年的预算也会对此做出说明。

如果申请资助的报告里有战略实施的全面规划，那么就相当于已经做

---

① Debra E. Blum，“Checking the Dashboard，” Chronicle of Philanthropy，October 12，2006，http://philanthropy.com/free/articles/v19/i01/01mg0601.htm.

② Michael E. Porter and Mark R. Kramer，“Philanthropy's New Agenda：Creating Value，” *Harvard Business Review* November/December 1999，121-130.

③ Fay Twersky，*An Information OASIS*（San Francisco：Roberts Enterprise Development Fund，2002），http://www.redf.org/download/other/oasis.pdf.

④ 查尔斯和海伦·施瓦布基金会（Charles and Helen Schwab Foundation）、休利特基金会、苏德纳基金会（Surdna Foundation）、费勒鲁普基金会（Phalarope Foundation）和彭尼家族基金（Penney Family Fund）。

好了建构相关仪表盘的大部分工作。比如，旨在增强女孩自信心的项目可能包括咨询活动。进展评估指标可能有：

➢某个学期内参加项目并坚持到底的女孩的数量；

➢招募的辅导员的数量；

➢计划举办以及实际召开的咨询会的数量；

➢参与者自信程度改变的指标。

申请报告会说明每项活动的评估标准，给资助方的年度报告也会基于标准评估进展。当然，报告也会对组织活动及成就做出定性说明，如要解释为什么实际表现会出现重大偏差，以及计划如何解决问题。如果是向组织提供一般运营经费资助，那么，受助组织报告的核心则是它用来评估（资助项目之外）本身运营成功与否的那些指标。

在青年发展项目中，克拉克基金会将受助组织的评估能力分为三个台阶，并提供资金和技术支持来帮助这些组织从一个台阶爬升到另一个台阶：

1. 多数组织起初都属于“表面有效”（apparent effectiveness）类。就是说，有关于他们成功的传闻轶事，他们在社区名声很好，变迁理论也可靠，而且也许有关于项目参与者的数据。但是，这些组织往往没有收集所服务人群的系统数据。

2. 在最初资助3到6年之后，受助组织可望至少达到“表现有效”（demonstrated effectiveness）水准，数据收集比较严谨。可以跟一个对照组或外部组织比较，以此评估参与项目的青年人取得的成就；而且要聘请外部评估者或是发展内部的评估能力。

3. 最高水准则是“证明有效”（proven effectiveness），包含统计上严格而科学的评估，例如随机控制研究。

对克拉克基金会而言，一个组织的评估系统是重要的基础设施，值得进行慈善 投资。①

---

① Edna McConnell Clark Foundation，“Assessing the Impact of Programming：Three Levels of Effectiveness，” http://www.emcf.org/pdf/how_levelsprogramquality.pdf（2008年6月30日访问）。

所有这些都表明，不论资助方还是受助方，目标、战略和评估有聚焦点，是很有价值的。在绝大多数案例中，这种焦点是实现共同目标、产生真正影响的重要因素。不过，在某些情况下也需要放松要求，特别是在建立一个新组织或开辟一个新领域的早期阶段。在第 14 章我们要对此进行更详细的讨论。

尽职调查与好的慈善作为

慈善家的尽职调查过程围绕申请报告展开。除了形式上的法律问题——如保证资助遵守美国国税局规章制度，尽职调查还要明确受助组织的目标、战略、战术，并确保其计划周全，并有财力人力落实计划。通常情况下，尽职调查需要和受助组织的员工交谈，并评估其战略、运营计划和预算。就像风险资本一样，尽职调查的关键之一是通过信息搜集和直接接触对受助组织的领导做出评判，以便建立必不可少的信任，委托他们实施项目。

作为慈善家，您投入的精力可多可少。您可以主要凭直觉或对受助组织领导的信任而做出决定；您也可以通过自己的员工或顾问进行独立的分析和调查。勤奋实际上有程度的不同；如何分配责任取决于您的知识和资源。对某些组织您可能会密切监管、使其向目标迈进；而对其他组织，比如那些记录良好、董事会强大、领导有方的组织，您实际上可能会放手让他们自己运营。在遇到那些清楚何谓监督并定期进行监督的组织时，经验丰富的资助者会大大松口气，并进行相应的支持。

当然，尽职调查仅仅是个开始。如果尽职调查的结果是决定进行资助的话，资助方和受助方的关系则可能持续 1 年到数十年不等。汇报、会谈和评估会接踵而来。对于拨款而言，这些活动就是全部了，而它们仅仅是迈向成功结果的头几步。关于尽职调查就不再多说了，最后是我们对资助者和受助方的关系所做的一些观察。

资助方和受助方的关系

对慈善家来说，没有哪种业务关系比与受助方的关系更重要了。理想的资助方与受助方的关系是彼此信任、坦白、协作。但二者的关系是建立在权力失衡之上的。

1987 年到 1999 年，本书的作者之一保罗・布雷斯特是斯坦福法学院的院长。在这 12 年里，几乎每一天都会有学生、教师或校友告诉他他哪儿又做错了——而他们有时是对的。2000 年，他成了休利特基金会的总裁。在仅仅几个月里他就变了一个样儿，而且所有外部评价都表明，他变成了完人一个。

另一个基金会的同事早早给他送了一幅镶在框里的意第绪语谚语："兜里有钱的时候，你聪明、帅气，唱歌还动听"——这才降低了他自信已经完美的危险。但自信完美的危险始终存在。从潜在的受助方那里，您听不到批评——而几乎每一个认识的人，或者是认识您认识的人的人，都可能向您申请资助。这能导致权力的滥用。滥用权力的那些路数，我们来数数怎么样？

➢ 对申请者和受助方**装聋作哑**——或者拖拖拉拉。

➢ **虐待狂。**适当的高标准和耀武扬威之间只有一步之遥。

➢ **允许或鼓励申请者投入大量时间、精力准备申请报告，而如果申请报告符合要求了却不一定进行资助。**当然，"尽职调查"就是要他们准备申请报告，而调查结果也不一定是积极的。但是资助者应该丑话说在前头，而不是领着他们沿花园小径走了老远却最终把他们送下了悬崖（在开始和一个组织接触之前，就应该弄清楚是否有危险信号）。

➢ **对申请人或受助者的尽职调查或汇报过程要求太高，与资助规模不相称。**在资助方的资金只占受助组织预算很小比例的情况下，要求太高，就降低了资助的意义。而且，相对较小的资助者往往可以借鉴规模更大的资助方的尽职调查和评估。

➢ **由于兴趣改变，突然退出资助领域，**而不考虑受助组织、其他资助者和项目受益对象对您合情合理的依赖。有风度的退出，就可以让他们软着陆而不是粉身碎骨。

除了其他服务，高效慈善中心还会在基金会的受助对象中进行调查，并撰写"受助方认知报告"，为基金会提供大量关于受助方观感的信息，同时又不透露受助方的身份。虽然资助方与受助方的关系并非衡量基金会资助行为影响的标准，但关系不好一般不利于提高效能——这么想是合情合理的。在下一章的末尾，我们会讲这么一个真实的故事。

基于如上所述，我们反对把受助方比喻为“客户”。真正的客户是受助方及其资助方试图改善其生活的个人或社区。这一事实不但证明了充分尽职调查的合理性，而且要求我们必须做好尽职调查。

要　点

➢申请报告是申请人或受助方与资助方之间讨论、谈判的基础，最终也是达成协议的依据。报告应涉及：

——申请人的目标；

——申请人实现目标的战略；

——申请人将如何跟踪进展。

➢实际上，资助方问申请人的问题，就是申请人问自己的问题。

第 6 章
拨款之外

拨款资助，是慈善活动的核心。在此之外，往往还辅以其他活动，以共同促进慈善目标的实现。回想一下第 4 章讲过的休利特基金会的项目官员在设计并执行“环境新选区”计划时进行的活动：

➢在了解有关空气污染的科技问题之外，他们还知道了其决策会影响空气质量的那些部门的正式架构，以及决策过程中的现实政治。

➢他们认识了已准备好落实战略的那些组织，能够具备必需能力的组织，以及为发挥作用而可能得从头建立或需要大幅扩展活动范围的组织（如清洁空气联盟）。

➢他们知道了可能的盟友和反对派，既包括当地的，也包括州一级的。

➢这些知识大多是实地学习了解到的，是在和各色人等包括公民、活动分子和其他利益相关者的交流中掌握的。计划实施后，项目员工就一直身处一线，对内协助受助组织，对外联系其他组织、可能的盟友和反对者、技术顾问和当地及州一级的决策者。他们得即时搞清在对外联系过程中受助组织什么时候需要帮助，在能力建设过程中他们又什么时候需要支援。同时，对私人基金会的游说活动出台了什么法律限制条件，他们也得门儿清。

➢在上述很多活动中，基金会本身就致力于在受助组织及其他利益相关者中构建网络，并拓展和管理网络。吸引从基层领袖到州级决策者的关注，这种能力由于基金会的声望而得以大大加强。

还有一个在拨款资助之外增加价值的例子，这就是最近由大、中、小型基金会[①]组成的一个团体拯救不列颠哥伦比亚省大熊雨林的努力——大熊雨林是地球上现存最大的温带海洋性气候雨林带。这些基金会资助了一个环保组织及土著民组织联盟，该联盟与加拿大政府部门、工业界及当地居民合作，力图保护大熊雨林的生态系统，同时保证靠林吃林的沿海社区仍然有致富的机会。这里的多数工作都得亲自动手，基金会要直接参与，哄着劝着利益各异的群体一起开会。在联盟向不列颠哥伦比亚省和加拿大政府申请资助来永久保护这些珍贵的生态系统的过程中，基金会是一个活跃的中介——而且很成功。

和公开报道的资助拨款不同，这些活动大多不为外人所知。但若没有它们，很多资助项目都很难产生影响或有什么大的响动。本章集中介绍以下活动的重要性：搜集并传播制度性知识，与其他资助者合作，召集各种利益相关者开会。

搜集并传播知识

过去10年来，人们对作为慈善工具的知识表现出浓厚的兴趣。正如查尔斯和海伦·施瓦布基金会所言："知识管理是组织从智力资产和知识资产中创造价值的过程。"从此类资产中创造价值往往都要组织内部积极分享知识，以及和外部社区的不同利益相关者分享，以设计出最佳方

---

① 大卫与露西·派克德基金会（David and Lucile Packard Foundation）、休利特基金会、洛克菲勒兄弟基金会和托萨基金会（Tosa foundation）。

案。[1]

内部知识管理

基金会贡献知识的能力首先取决于对知识的占有程度。不少基金会都有“知识官员”这样的职位，任务是搜集、组织内部知识并对外传播。汤姆·克恩（Tom Kern）是安妮·凯西基金会（Annie E. Casey Foundation）知识服务部主任，他注意到基金会有大量的默示知识，即存留在资助方、受托人和员工的脑子里而没有记录在案的知识。[2] 人走了，他们的知识也随之而去了。而且，即便是大量记录在案的知识也没有进行一般性的编码，让它为人所知、重新利用。[3]

《麦肯锡季刊》里有篇文章提到“许多认为对内花钱是浪费的慈善家，既没有组织也没有系统来把知识管理得井井有条。”[4] 建立并维持知识管理系统当然可能昂贵而费时。跟慈善“基础设施”的其他方面一样，它的合理性只是在于可能会增大慈善项目的影响。但我们怀疑基金会在这方面的投资严重不足。[5]

2001年，安妮·凯西基金会开始通力改善知识管理。当时，基金会正在为一个新启动的大项目招聘雇员。一些项目官员，他们都是特定问题如少年司法、儿童福利等方面的专家；他们将要去几个城市领导跨部门小

---

① Charles and Helen Schwab Foundation, “Knowledge Management: Six Brief Essays on Lessons Learned.” 在亚莉克莎·库威尔的指导下，施瓦布基金会曾是该领域的领军者。2005年，库威尔女士离开了施瓦布基金会，基金会的资助战略由此大大改变。

② Grantmakers for Effective Organizations, *Leveraging What You Know: Knowledge Management Strategies for Funders* (2004), http://www.geofunders.org/document.aspx?oid=f978f512-e368-47e5-aeeb-6d85d99298f1.

③ 一篇有影响的文章的作者认为，知识编码就是从个人那里获取知识，把对他人有用的基本信息提炼出来，再创建一个数据库，让知识为他人共享、重新利用。这种方法“使在知识的重新利用上取得进步、从而促进业务发展成为可能”。Morten T. Hansen, Nitin Noria, and Thomas Tierney, “What's Your Strategy for Managing Knowledge?” *Harvard Business Review*, March/April 1999, 108.

④ Marla M. Capozzi, Stephanie M. Lowell, and Les Silvermen, “Knowledge Management Comes to Philanthropy,” *McKinsey Quarterly*, June 2003, 89.

⑤ 知识管理有时需要计算机软硬件，但它首先要从组织价值观和内部文化开始。许多基金会都规定了“非旅行”周，为时间很多花在路上的员工提供结构化的机会来交流默示知识。Grantmakers for Effective Organizations, *Leveraging What You Know*.

组。[1] 显而易见的是，基金会在很多领域的默示知识只有一部分被搜集起来供人分享。员工们耗费大量的时间来寻找信息，而专家们则不停地被问到同样的基本问题。基金会于是开始设计程序来帮助员工有效掌握知识。例如，它创建了简单的模板来记录实地考察得来的信息。从前，这些信息，如果有的话，也只记在项目官员的笔记本里。最终，基金会建立了整套知识资源管理流程，包括应搜集哪些信息，谁来编码，怎样保存和传播，以及向谁提供。[2]

外部知识传播

基金会搜集的一些知识只宜内部使用，但多数知识对受助组织、决策者和其他资助方都有帮助。一项资助的社会回报在某种程度上受到拨款金额的限制；但如果有良好的管理系统来传播知识的话，知识的价值却可以放大很多倍。[3]

例如，罗伯特·伍德·约翰逊基金会就定期发布资助报告，解释资助原因、要解决的问题、目标和战略、结果，以及对该领域的启示。一位约翰逊基金会员工曾说道："参与项目的人对于自己的工作和评估结果都坦白得令人吃惊。"[4] 该基金会还有其他在线出版物、情况说明、互动地图（如关于烟草结算收入的地图）、网络广播和播客、初级读本和工具包。[5]

在"帮助弱势儿童和家庭成功"[6] 的工作中，安妮·凯西基金会保留了一个在线知识中心，提供了诸多数据，如儿童、家庭和社区福利方面的关键指标，评估，案例，经验教训和新的实践等等。基金会的中心目标

---

① Capozzi, Lowell, and Silverman, "Knowledge Management Comes to Philanthropy."

② Ibid. See also Sidney Hargro, "May 2003 Knowledge Management in Action: The Columbus Foundation," http://site-b-com.i-dialogue1.com/Content.aspx?oid=9a7a0ff-59c2-48ca-ab08-5e295fb680ff.（2008年6月30日访问）

③ Lucy Bernholz and Kendall Guthrie, Commentary, "Knowledge Is an Asset, Too." Foundation News & Commentary, May/June 2000, http://www.foundationnews.org/CMF/article.cfm?ID=412.

④ Robert Wood Johnson Foundation, "Grants Results."

⑤ 见罗伯特·伍德·约翰逊基金会的网站，http://www.rwjf.org/pr.（2008年6月30日访问）

⑥ Annie E. Casey Foundation, "Mission and History," http://www.aecf.org/AboutUs/MissionAndHistory.aspx.（2008年6月30日访问）

是，“为倡议者、决策者、从业者、媒体、研究者和社区成员提供基金会的一系列资源，这些资源是基金会或某个受助组织开发的。它们表现了基金会在努力改善弱势儿童、青年、家庭及社区的生活中得到的经验和学习成果。”①

知识传播并非全国性的大型基金会独有的特权。例如，安妮・E・凯西的女儿创办的玛格丽特・凯西基金会（Marguerite Casey Foundation）就认为“交流在实践中得到的经验教训，对于创造一个鼓励讨论的环境、推动相关领域的进展至关重要”。② 因此，它会发布与其改善低收入家庭生活状况的使命相关的报告。斯科尔基金会（Skoll Foundation）有一个网上“社区”，主要和社会企业家精神有关。巴尔基金会（Barr Foundation）则发布与其提高波士顿居民生活质量的使命相关的信息。③

最后，志同道合的资助方构成的所谓亲密团体也彼此分享知识。例如，艺术资助者协会（Grantmakers in the Arts）、教育资助者协会（Grantmakers for Education）和明智增长与宜居社区资助者网络（Funders' Network for Smart Growth and Livable Communities）就通过知识分享改进会员的工作。

与其他资助者合作

慈善家所在的社会领域和经济领域有许多其他参与者——受助组织、政府、企业和其他慈善家。即便是拨款资助这种典型的慈善活动，也是与受助方并往往加上其他资助者通力协作的过程。

仅仅是意识到本领域还有其他资助者这一点，就能给您提供整合资源实现共同目标的机会。某些情况下，协作能极大增加参与者对社会问题的影响。资助者可以并肩工作，推出更好的点子，扩大支持者团体，并筹集更多可用来实现共同目标的钱。

---

① Annie E. Casey Foundation, “Knowledge Center,” http://www.aecf.org/KnowledgeCenter.aspx.（2008 年 6 月 30 日访问）

② Marguerite Casey Foundation, “Resources,” http://www.caseygrants.org/pages/resources/resources_index.asp.（2008 年 6 月 30 日访问）

③ Barr Foundation, “About Barr Foundation,” http://www.barrfoundation.org/about/index.html.（2008 年 6 月 30 日访问）

然而，要联系沟通，要跟合伙人一起决策，合作就免不了时间和精力上的先期投入。这个过程经常可能令人沮丧，很难保证能产生有益的结果。一位资助者曾评论道，“要是我停下来数数那些合作失败的例子，我会很沮丧，会离开这个行当。”① 到最后，只有当努力的结果推进了慈善目标的实现时，这些额外的付出才算得到了回报。

慈善家本质上是投资者，因此他们最根本的合作方式是汇集金钱做那些单个资助者做不成的事。一个组织可以向若干资助方申请一般运营资助或某个具体项目资助，一个资助者也可以向同行兜售自己的想法劝说他们合作。不管怎样，基金会之间的协作是大型慈善活动的核心所在，从保护大熊雨林的绿色革命到恢复旧金山湾盐池的努力都是如此。另一个例子是青年转变资助者小组（Youth Transition Funders Group），通过这个小组，几家基金会齐心协力来改善弱势青年的生活条件，方法是保证他们有机构和支持系统可以求助，让他们顺利成人。

慈善家也可以共同创立中介组织，进行拨款资助和其他活动。例如，能源基金会（Energy Foundation）是1990年由洛克菲勒和麦克阿瑟基金会以及皮尤慈善信托基金会发起的，现在有九家不同的基金会和越来越多的慈善家个人来资助它。能源基金会拟定战略来提高美国和中国的能源效率，对数十个非营利组织进行资助，另外还为政府提供技术支持。能源基金会的员工事实上就是资助方的项目官员，他们的专业技能即便大型基金会也会难以复制并将耗资巨大。

最近由麦克阿瑟基金会带头的一项慈善活动，是基金会与政府合作的一个例子。1999年，芝加哥市长理查德·M·戴利（Richard M. Daley）启动了一个项目，投入16亿美元建设或改造25 000套公屋。麦克阿瑟基金会称之为“提高公屋质量、削弱公屋及其居民的隔离状态、支持发展精心设计的混合收入社区的历史性机遇”②。基金会还创建了“新社区伙伴”（Partnership for New Communities）组织，并建立了一个捐赠人指导性

---

① Lucy Bernholz，Creating Philanthropic Capital Markets：The Deliberate Evolution（Hoboken，N. J.：Wiley，2004），100.

② John D. and Catherine T. MacArthur Foundation，“Affordable Housing Grantmaking Guidelines，” http://www. macfound. org/sit/c. lkLXJ8MQKrH/b. 943349/k. E82F/Domestic_Grantmaking__Affordable_Housing__Grantmaking_Guidelines. htm.（2008年6月30日访问）

基金，由芝加哥社区信托基金会（Chicago Community Trust）管理。[①]十来个其他基金会、银行和别的公司对此也纷纷解囊。[②]

除了向该项目投入超过5 500万美元之外，麦克阿瑟基金会还对随之出现的问题进行斡旋调解，例如帮忙解决租户的重新安置问题。它还提供资源协助精简管理系统，资助进行对项目得失的研究与评估，以迅速得出结论及时用于改善项目的实施与管理工作。迄今为止，该项目看来很有前途。[③]

要了解基金会在芝加哥公屋项目上的合作详情，请访问 www. smart-philanthropy. crg。

虽然基金会经常合作开展项目，但也有很少中途退出的情况——有时甚至不先打招呼。资助者兴趣转变的理由可能很充分。然而，除非情非得已，负责任的慈善家不会让受助组织或其他资助者措手不及，而总会发出合理的通知，让他们有个缓冲期。

虽然合作有种种潜在收益，我们也得回头说说合作的代价——这些代价有的不可避免，有的则可以避免——并想想怎样来减少这些代价。

➢**群体决策**。通过达成共识来决策，效率不高。所花费的时间是以下因素的函数：参与合作的资助方数量，参与共同事业的员工的数量，参与者就程序问题和实质问题妥协的意愿，以及组织的结构和领导状况。因此，合作者越多，就越需要注意组织的内部结构，并对督导委员会甚或最大的资助方给予一定的尊重。当然，在程序上达成共识也耗时费力，但是潜在的收益却是巨大的。如果没有协商好，程序问题就会一遍遍地出现，令人不胜其烦。

➢**任务分配**。拨款资助涉及很多劳动强度大的活动，如尽职调查、监督和评估。避免重复劳动能为资助方和受助方节省时间和金钱。要把责

---

① MacArthur Foundation，“Public Housing.”要了解更多关于新社区伙伴组织的信息，可以访问其网站：http://www. thepartnershipfornewcommunities. org。

② Partnership for New Communities，“Investment，”http:// www. thepartnershipfornew-communities. org/investment. html.（2008年6月30日访问）

③ J. Scott Kohler，“The Plan for Transformation of Public Housing in Chicago，”in Casebook for The Foundation：A Great American Secret，by Joel L. Fleishman，J. Scott Kohler，and Steven Schindler（New York：Public Affairs，2007），264-265；Susan Lloyd remarks，11/12/05；MacArthur Foundation，“Public Housing.”

任分配出去，基金会必须信任自己的伙伴——而这种信任最终只能在不断进行的业务合作中加强。

➢**公平对待受助方。**协同资助的目标是促进资助方和受助方使命的实现。可是，如果由若干资助方共同决定选择哪些人来资助的话，潜在的受助方会觉得风险更大，因为要么钵满瓢盈要么空手而归的可能性更大了。这种风险不可能完全消除，不过我们的经验是资助方都很在意自主性，他们在诸如选择受助方这种基本问题上会做出独立判断。

➢**组织文化。**参与机构的内部文化能够对合作产生巨大影响。这里的影响是不对称的：好的内部文化对共同事业的贡献远不如病态文化对它的破坏大。

最终，只有亲自跟诸多个体和机构的打交道，才能发现谁好合作、谁难对付。合作的潜在影响可能很诱人，但有时经验也表明，跟有些人玩实在是太没劲、太不划算。

召集受助方及其他利益相关者开会

基金会召集会议的能力很强。基金会员工召集大家开会时，出席率很高。这不仅仅是因为员工们聪明、体贴、迷人、机智；还因为吸引与会者的是钱，是声誉盛隆的机构，并往往是由于供见解不同的人坐下来解决问题的会场。慈善家召集会议，大家一般都来，而且通常表现极好。

在最好的情况下，资助方、受助方、决策者和其他利益相关者，通过分享最佳经验、协调项目、制定新战略、增加互信或调和争端，可以真正实现增值。例如，玛格丽特·凯西基金会就定期召集受助方开会以促进交流与合作。

➢基金会的两个受助组织，位于加州圣安娜市的拉美裔健康促进会（Latino Health Access）和全国拉美裔民选官员协会（National Association of Latino Elected Officials），合作发起一个项目，即促进圣安娜市拉美裔社区的选民教育、增加移民归化资源。这个项目，单凭任何一方都不会做得如此有效。

➢另外两个受助组织，即霍皮人基金会（Hopi Foundation）和美洲人争取印第安人机会组织（Americans for Indian Opportunity），计划以后召开美洲印第安人组织集会，结果成就了他们在各自社区关键问题上的合作。

➢基金会还以受助组织的区域会议为契机，请大家对它的评估框架和运动发起工作提建议。[①]

查尔斯·斯图尔特·莫特基金会（Charles Stewart Mott Foundation）定期把志同道合的受助组织集合起来开会。例如，它曾邀请一群劳动力开发组织讨论工作场所的窍门与禁忌，帮工人保住饭碗。知情的项目官员提到，受助组织觉得这种互动太有价值了，在资助基金用完之后，他们仍然留在“学习社区”里。[②]

1997 年，半岛社区基金会（Peninsula Community Foundation）[③]、索布拉托家族基金会（Sobrato Family Foundation）、查尔斯和海伦·施瓦布基金会共同启动“组织能力资助项目”，邀请了 16 家湾区非营利组织创建了一个学习社区，借此提高受助组织的组织效能。时任施瓦布基金会执行总裁的亚莉克莎·库威尔（Alexa Culwell）说，“我们一起解决问题，反馈意见，交流知识。”库威尔称多数参与者的能力和效率都有提高。“借由学习社区这一概念……我们能够从头至尾一起设计项目，21 个参与者全都参与了关键决策。学习社区对所有人一视同仁，因为它把所有人都召集到桌上讨论对彼此都很重要的问题，提出独特的观点和见解。”[④]

---

① 玛格丽特·凯西基金会 2006—2007 年度受助方地区会议的更多成果可见基金会网站：http://www.caseygrants.org.

② Grantmakers for Effective Organizations，“CEO Action Guide：Leading Change；Transforming Grantmaker Practices for Improved Nonprofit Results”（draft October 8，2007）.

③ 此后半岛基金会与社区基金会（硅谷）（Community Foundation Silicon Valley）合并，成立了硅谷社区基金会（Silicon Valley Community Foundation）。

④ Alex Cortes Culwell，“Building Stronger Grantee Relationships：How to Increase Impact”（Keynote address，Donors Forum of Chicago Member Luncheon，Union League Club of Chicago，January 29，2003），http://www.azgrants.com/articles/artdetail.cfm? ArticleID=49. 库威尔女士目前是斯图奇基金会的执行总裁。

慈善语言

每个领域都有独特的概念和参考速记用语。“变迁理论”和“逻辑模型”是慈善领域有用的概念。但它们很容易沦为越说越迷糊而不是越说越清楚的行话，或者让外人觉得神秘兮兮或者傻不拉唧。虽然动词“to convene”及其形容词、分词形式（如“convening power”）用得很普遍，一般人却不使用“convening”这个名词，而且据我们所知，这一名词形式并没有一般词汇如“meeting”“conference”或“gathering”所表达不了的意思。

我们给您推荐克拉克基金会委托托尼·普罗西奥（Tony Proscio）编写的三篇慈善用语概览——“In other Words”，“Bad Words for Good”和“When Words Fail”。您可以全心享受这些不那么做作的词汇。[①] 唉，他质疑的词汇之一是“strategy”。罢了，人无完人嘛。

以上都是很好的例子，说明了资助方是怎样有效利用召集会议的能力的。但实际上，多数会议都很浪费时间。很少有几个会议是真正精心设计或开得很成功的。而有意义的会后跟进也是例外，而不是常态。

要了解召集会议的基本原则纲要，可以访问 www. smartphilanthropy. org。

关于战略、资助和协作的警示故事

本着既从成功也从失败中汲取经验的精神，本章结束时我们会讲一个真实的故事。这个故事表明了与受助方接触以及与其他组织协作的复杂

---

① 这些出版物在克拉克基金会的网站上就有，http://www. emcf. org/pub/otherresources. htm。

性。本书的作者之一保罗要对这次失败负很大责任。①

1996—2006年，威廉与佛洛拉·休利特基金会共为“居民区改善项目”（Neighborhood Improvement Initiative）投入2 000多万美元。该项目意在改善湾区3个社区（西奥克兰、东帕洛阿图、东圣何塞的梅菲尔区）居民的生活条件。休利特基金会招募了3个社区基金会为“执行合伙人”，在联系社区既有组织之外还创立了新组织。项目的主要目标之一是“整合零散行动，解决贫困问题”，以及“开辟渠道，促进居民参与社区规划及改善战略，从而培养社区领袖”。项目试图为改善居民生活做出看得见的成绩，同时增强社区基金会和社区组织应对变化的长期能力。

西奥克兰项目早早就失败了，梅菲尔区和东帕洛阿图却比从前改善了很多。该项目还帮助创立了一些组织，持续为居民提供各方面的服务，如青年发展、教育、公共安全及其他领域。可是，尽管投入了大量财力和人力，结果离希望达到的明显改善居民生活条件的目标还相差甚远。虽然一些相关人士认为称之为失败太过严苛，但该项目确实是很让人失望。

在东帕洛阿图的工作颇能说明问题。东帕洛阿图是一个贫穷的城市，居民多为非裔、拉美裔、亚裔和太平洋岛国移民。就像该项目所服务的其他社区一样，基金会及其合作者没有具体说明要解决哪些贫困问题或希望取得什么结果，也没有制定识别并培养居民领袖的战略。相反，项目把形形色色的居民召集在一起，让他们来谈对社区的希望，并制定实现目标的一般计划。休利特基金会为此连续6年要每年投入75万美元。

居民们建立了一个新的组织“一个东帕洛阿图”（One East Palo Alto，OEPA），成立了工作队讨论各种问题，如为个人和家庭提供援助、邻里复兴和社区建设。社区领导不停在换。在接下来的3年内，“一个东帕洛阿图”开展了39个项目，涉及数十个当地组织。这些项目不停地调整，经常半途而废。没有一个取得显著进展。

社区改善项目开始时，休利特基金会曾聘请半岛社区基金会对东帕洛阿图的受助组织提供技术援助。在前3年，基金会越来越怀疑半岛社区基

① 见：Prudence Brown and Leila Fiester，Hard Lessons about Philanthropy and Community Change from the Neighborhood Improvement Initiative（Menlo Park，Calif.：William and Flora Hewlett Foundation，2007），http://www. hewlett. org/NR/rdonlyres/6D05A0B4-D15E-47FA-B62E-917741BB9E72/0/HewlettNIIReport. pdf.

金会的工作效能，于是基金会员工开始介入，直接与受助组织沟通。基金会和半岛社区基金会的关系闹僵了，结果分道扬镳。基金会员工在项目剩余期间一直和东帕洛阿图的受助组织工作在一起。

虽然基金会肯定应该由社区居民来决定要开展什么具体项目，但它却坚持认为社区需要集中于少数几个目标并坚持到底。“一个东帕洛阿图”认为这不但是高压而且是失信的表现，双方关系变得磕磕碰碰。基金会请了一些顾问来帮助明确目标、设定战略并设立成功的指标——此前的项目没有做到这一点。

新目标的关注点为：(1) 提高拉美裔学生的成绩，78％的拉美裔学生分数在标准化考试中低于中位数；(2) 教其父母英语，他们中有不少人大字不识一个。这样做的理由是让他们能够辅导孩子功课，以及更好地和老师及校方管理人员交流。具体的方式是：为孩子们提供课外辅导，为其父母开办夜校。

结果证明，多数参加课外辅导的学生学习技巧都有提高，1/3 的学生读写能力增强。参加夜校的成人多数基本掌握了英语，少数人的读写能力提高到能够继续在附近的社区大学学习英语二外课程，这颇有意义。针对青少年和成人的两个学习项目吸引的学生越来越多。

几乎可以断言，这些成果本来只要投入一部分人力、财力就可以获得，而且不必把关系搞僵。但是，从这个警示故事中得到的教训，却涉及整个资助过程几乎从头到尾所犯的错误。

➢它强调了有个牢靠的变迁理论，清晰的目标、战略和进度指标是至关重要的，而所有参与者在一开始就对上述事项达成共识也极其重要(这并不妨碍进行重大的中途校正——“中途校正”这个词本身就暗示有“途”可“校”，但在社区改善项目中这一点并不是总是很明确)。

➢在这个故事中，人们对组织风险和战略风险没有给予足够的关注；它还讲了专注和坚持的重要性。所有参与者，包括资助方和技术顾问，对于社区组织制定和坚持计划以处理复杂问题的能力培养这方面的难度都低估了。在这个方面，战略失败率很高；应该从一开始就对此有所警惕，但是这一点并没有引起充分的重视。

➢这个故事还强调了协作的复杂性，尤其是在各方权力有大有小的情况下。休利特基金会是东帕洛阿图受助组织的唯一资助方，对半岛社区基金会来说也是一个重要资金来源。基金会以为是负责任、有礼貌的行使权力的做法，在别人眼里却成了颐指气使。不管这里有没有客观事实，实际上大金主的即使一个建议或暗示都可能被受助方过度阐释。当休利特基金会发觉项目没有进展时，它做的远远不止暗示或建议修正了。基金会的本意是进行有益的介入，但有时却被看成任意的干涉。至少，基金会在改弦易辙时，对社区组织或半岛社区基金会的感受都不够敏感。

➢故事还凸显了从一开始就建立良好的评估体系的重要性。社区改善项目长于“过程”评估，关注社区组织怎样联系社区、苦练内功。等它关注结果评估的时候为时已晚。这不仅仅是因为在工作都已经开展了再来修正评估标准是很难的，而且因为它没有从一开始就迫使参与者问这么一个根本问题：成功是什么样子的？如果当初问了这个问题的话，就会暴露出大家看法的分歧。

本着分享知识、改进实践的理念，休利特基金会出版了一个关于社区改善项目的详细报告，可以在基金会的网站上看到。[①]

要　点

➢慈善家所处的社会、经济空间里有许多其他行为体——受助方、其他慈善家、政府和企业。要适当警惕令人疲倦的目标不清、议程不明的大会小会；这样，协作性战略关系就能够结出硕果。

➢组织并传播基金会的知识有助于产生社会影响。

---

① William and Flora Hewlett Foundation，*Special Projects*：*Neighborhood Improvement Initiative*，http://www.hewlett.org/NR/rdonlyres/D5CEA1CA-7EE0-4140-9AE6-3472A3D13918/0/NII04.pdf.

第 7 章 资助形式

本章集中探讨拨款资助可以采取的不同形式及战略规划和实施的责任如何在您和受助方之间分配。这些问题很大程度上取决于两点：

第一，您的慈善目标和战略外延有多宽；

第二，有没有活动范围与您的目标及战略相契合的组织。

怎样的资助形式合适，对这个问题的讨论已有很多，但仍没有讨论清楚。有人断言，唯一负责的慈善是对一个组织的全部活动加以支持，而不是只支持特定的项目；另外一些人则辩称这种一般运营资助天生没有战略可言。我们的观点很明确：这得看情况。资助形式取决于您和受助组织的契合度。解释这个简单的结论之前，先来看看慈善资助的主要类型。

资 助 形 式

一般运营经费资助——慈善家是公共投资者。一般运营经费资助，也叫“核心”资助或“非限制性”资助，类似于营利公司的投资；二者的显著区别在于慈善家寻求的是社会回报而不是财务回报。

每年给大学、交响乐团、博物馆和各种慈善团体和环保团体的非限制性赠与资金就是典型的一般运营费用资助。此类资助允许受助组织把资金用于自己最重要的事务，也可以用于后勤办公、办公用品支出等等诸如此类。

跟财务投资者一样，资助一般运营经费的慈善家必须信任受助方的总体业务技能、战略、管理和判断。理想状态是，这种信任的形成乃是基于对对方领导力、管理架构、战略等的全面评估。但是，慈善家无需在受助方的业务领域具备深入而实质性的或战略性的技能。他们可以让受助组织自己决定怎么开展工作。

《退场、发声与忠诚》（*Exit*，*Voice and Loyalty*）是阿尔伯特·赫希曼（Albert O. Hirschman）极富洞见的一本书。该书简洁地描述了人们在利益相关组织内解决问题的基本方式。就像营利公司里典型的小股东一样，多数资助一般运营费用的捐赠者在决策过程中是失声的，而只能在忠诚和退出中二选一。他们跟受助组织的互动也是典型的被动式——开支票、看简报、在筹款晚宴上听人演讲。根据在以上经历中的满意程度，他们可以选择增加、减少、继续或终止财务支持。

对一个组织自成一体的单位、分部或项目给予资助，跟提供一般运营经费资助有很多相似之处。如果您是耶鲁管理学院的毕业生，您可能会倾向于对管理学院而不是对整个耶鲁大学提供非限制性资助。同样，特别热衷于城市环境问题的慈善家可能对自然资源保护委员会（Natural Resources Defense Council）的城市项目而不是其整个组织提供资助。这些单位自身运营着很多项目，有自己的日常管理费用和行政开支，为其提供非限制性资助就很像提供一般运营费用资助了。[①]

协商性一般运营经费资助——慈善家像大股东或风险资本家。打算提供大笔经费的慈善家，特别是这笔经费在受助组织预算中占很大比例的话，就不需要在忠诚和退场中二选一了；而可以通过协商性一般运营经费资助发出自己的声音。受助组织对资金的使用仍然是非限制性的，但是在

① 然而，如果该单位或项目涉及游说活动的话，根据财政部的规定，对它的资助就可能带来跟一般运营费用资助不同的结果。

资助到位之前，资助方要进行尽职调查。调查终结时会签订协议，说明该组织计划取得的成果、要采取的战略和如何评估并汇报其进展。

用商业用语类比的话，此时的慈善家就像一个大股东或风险资本家——拥有大量股份，也可能具有专业技能或管理技能。

休利特基金会有很多此类资助，覆盖教育、环保、家庭计划和表演艺术等组织。这种资助表明基金会相信受助组织知道怎么花钱最好，同时也能保证其工作契合基金会的目标。如果该组织有多个项目，基金会可能只要求它详细报告被视为对基金会的目标而言特别重要的领域的情况。

项目资助——慈善家像服务购买方或建筑师或总承包商。您若是想资助一般意义上的医疗教育或研究，可能会为斯坦福医学院提供非限制性资助。但要是想帮助开发治疗某种癌症的药物的话，您则有可能选择资助斯坦福或其实验室中的特定研究者。沿用私人市场的类比，我们会说您不是投资于某个公司，而是在购买服务。

提供一般运营经费的资助方关心的是受助组织的整体或长期影响；与此不同，提供项目资助的人一般是对某个特定项目的成功感兴趣——不管是研究开发出某种新的抗生素，还是新交响乐的作曲及表演，或者是对卡特里娜飓风的受害者提供援助。

一个机构会经常为启动的项目寻求资助。很多时候，该机构都有知识和能力来设计、执行项目，不需要资助方任何指导。您只要给钱就行了，其中一部分可以用于日常开支。或者您可能脑子里想到什么项目，可以通过口头宣传、专业网络或正式的方案征集过程，来选定落实项目的专家。

有时候，慈善家想到的项目需要几个不同的行为体合力才能完成。在这种情况下，您可以把慈善家想象成建筑师加总承包商，他们雇用不同的分包商，如木匠、电工和水管工，从中协调调度、把工作做好。例如，休利特基金会环保项目的目标之一是减轻重型建筑设备的污染。单个的非营利组织要么不把这个当成主要目标，要么没有能力单独承担此项工作。因此，项目主任（何豪）就资助了多个不同的组织，各有技术、健康或联邦管理规定方面的专长；希望能劝说相关工业部门和环保署削减有害排放。这些努力获得了成功。在（第4章提到的）“环境新选区”项目中，休利特基金会也发挥了建筑师加总承包商的作用，只不过给了受助组织更多自主权。第1章讲过的林德与哈里·布拉德利基金会对教育券的资助也是类似的例子。

碰巧，以上例子中提到的受助方都是非营利组织，但这里没有什么魔法。充当建筑师加总承包商的基金会可能会发现，能带来巨大社会影响的某项服务的最佳承办人选是一家企业。例如，一家公关公司能有效传递关于青少年肥胖问题的信息。只要具体是为了实现慈善目的，国税局就允许基金会通过任何中介（包括企业）从事它所谓的“直接慈善活动”。西贝尔基金会降低蒙大拿州甲基苯丙胺滥用运动的一个关键活动就是以传统媒体为主开展的。

慈善目标和受助组织的契合度

如果您的目标和兴趣领域中某个组织的目标高度吻合，那么，一般运营经费资助几乎总是最佳选择。能够找到与自己高度契合的强大组织的慈善家真是幸运——就像接受资助的组织很幸运一样。

但是，您的慈善兴趣的范围会影响双方契合的可能性，从而关系到哪种资助形式最合适。假定有两个基金会——泛光灯基金会和太平洋聚光灯基金会，它们都关心国内环境问题。其中，泛光灯基金会的使命是维持并改善美国西部环境，其兴趣涉及土地和水资源保护、濒危物种、国家公园、渔业、空气污染和水污染，而太平洋聚光灯基金会只对一个领域感兴趣：保护西北太平洋的鲑鱼。

为了说明基金会和兴趣领域的关联，试想一下以下受助组织：

➢野生鲑鱼中心：致力于保护西北太平洋鲑鱼渔区。

➢资源传媒（Resource Media）：着手于许多环境问题的公关公司。

➢环保协会（Environmental Defense Fund，EDF）：一家全国性组织，其西部办公室处理整个西部地区的空气质量、清洁水资源、能源、开阔地带和水坝等问题。

西北商会（Northwest Chamber of Commerce）和西北垂钓协会（Northwest Sport-fishing Industry Association）：关心鲑鱼垂钓问题，但还有更多其他议题。

现在想象一下这两个基金会怎么寻找兴趣领域的受助组织。泛光灯基金会宽广的光波投射到前三个组织上：为野生鲑鱼中心及资源传媒提供一般运营经费资助，并为环保协会的西部工作提供非限制性项目资助。总之，泛光灯基金会对环境问题的广泛兴趣有利于各种各样的环保组织获得一般运营经费资助。事实上，兴趣广泛的基金会除非有大把的员工，否则最好提供一般运营经费资助，相信受助组织的战略，因为它缺少在多个兴趣领域独立设计和评估战略的技能。西部商会和西北垂钓业协会不太可能受到泛光灯基金会的关注。

相反，由于太平洋聚光灯基金会仅仅关注太平洋的鲑鱼，所以它只会给野生鲑鱼中心提供一般运营经费资助，也会支持其他组织有助于鲑鱼保护的特定项目，包括西北商会和垂钓协会。

聚光灯基金会的专一使其员工能够积累所关注领域的知识。他们了解有关鲑鱼的生态系统，鲑鱼渔业经济，以及对鲑鱼有影响的管理规定和法条。他们认识主要的利害相关方，如商业捕捞渔民、钓鱼者和土著部落，也认识能够影响相关政策的特定官员，还知道怎么去影响他们。实际上，聚光灯基金会的员工在这些领域掌握的知识可能至少不亚于他们所资助的非政府组织。因此，他们对受助组织的拨款资助会涉及相当程度的协作。

聚光灯基金会有时也可能扮演建筑师加总承包商的角色，设计一个总战略，然后资助一些组织去落实特定的内容。例如，它可能聘请大学里的研究者去研究大坝对某品种鲑鱼产卵的影响，也可能与公关公司签约来传播研究发现，或者资助某个公司或非营利组织游说反对重新发放大坝许可证。①

要指出的是，太平洋聚光灯基金会虽然聚焦于鲑鱼，但这不是说它绝不会对目标多元化的组织给予一般运营经费资助。它也许会明白，鲑鱼的生存能力取决于它们产卵、生活所在的更广阔的生态环境；如果该领域有强大的环保组织，鲑鱼会得到更好的保护。但是，这些组织在聚光灯基金会战略中的地位不同，而且对它们的资助要受制于不同的考虑。

同一个基金会，不同的资助形式

由于资助方目标与受助方活动的契合度发挥着极其重要的作用，我们

① 这里的例子主要讲的是持联邦许可的大坝。财政部管理规定禁止基金会游说支持某项立法通过，但并不限制对行政机构的游说。

会发现不但不同的基金会采取的资助方式不同，在同一个基金会的不同项目之间、甚至同一个项目中都有不同的资助形式——这一点并不奇怪。

扮演建筑师加总承包商的角色耗时费力，所以即便是目标集中的基金会也会欢迎能够提供一般运营资助的机会。很多情况下，在资助特定项目的同时，它还会找一家定锚机构，比方说同时资助美国癌症学会和某个实验室。休利特基金会对家庭计划和生殖健康的特定项目资助之所以成功，最终靠的是构成该领域基础的那些组织，如人口理事会（Population Council）、人口咨询局（Population Reference Bureau）、家庭计划联合会（Planned Parenthood）等。以上组织既有一般运营经费资助，也能获得对特定项目如防治艾滋病项目的资助。①

支持提供可靠的一般运营资助的假说

围绕“怎样最能实现目标”这个核心战略问题，我们考察了慈善资助的各种形式。在继续围绕这一问题的前提下，我们来看看资助形式对受助组织产生了什么影响——战略慈善家真正在意这个问题，因为他们希望工作领域充满活力。正是慈善家对这个问题的在意，才有了支持提供一般运营资助的假说。

非限制性资助是非营利组织的命脉。运转良好的组织有自己的战略规划。它的创新能力和完整性都有赖于对大量预算的控制权。但是，脑子里另有特定项目的金主们往往会要求受助组织从事对其使命不甚重要的活动。特定项目资助者越来越多，该组织自己的计划就会变得支离破碎、面目全非。严重依赖项目支持的组织不得不四处筹款，把特定金主感兴趣的项目归拢在一起，同时还要尽力维持一个貌似连贯计划的东西。许多组织都发现很难对哪项大笔资金来源说“不”。

非限制性资助能增强一个组织自身面对不测的复原力，同时使其灵活应对不断变化的需求。例如，三角洲企业社团（Enterprise Corporation of the Delta）这个社区发展金融机构之所以能对2005年卡特里娜飓风之灾

---

① 休利特基金会内部称之为“一般运营资助补充”，这里的“补充”是帮助定锚组织增加对特定领域介入程度的项目资助。

做出快速反应，就是因为海龙基金会（F. B. Heron Foundation）和其他资助方给了它灵活资助。① 在飓风受害者等待慢腾腾的联邦应急管理局的官僚们和保险公司赔偿的时候，三角洲企业社区就已经利用灵活资金给个人和企业提供了过桥贷款。

同样，帮助各国制定法律、战略以削减轿车卡车污染的国际清洁运输委员会（International Council on Clean Transportation），在州长阿诺德·施瓦辛格开始对（将促进交通燃料减碳化的）“低碳燃料标准”发生兴趣的时候，能够迅速做出反应。国际清洁运输委员会利用非限制性资助帮助它分析政策提案。项目开始几周之后，欧盟也找上门来，要制定类似的政策。委员会就把员工派往欧洲，迅速分析了局势，大大充实了欧盟的队伍。要是只有项目援助的话，它就不可能对任何一方做出回应。

不光是一般运营经费资助，而且得是可靠的资助——持续数年并有望重续——才有助于一个组织的可持续发展。持续数年的可靠资助使受助组织得以制定长期规划——这对任何组织来说都是福音。② 相反，项目资助会要求受助组织不停地上马新项目或者新瓶装旧酒以便赢取资助。高效慈善中心的研究指出，限制性资金“造成了非营利组织有效运转所必需的基础设施匮乏这么一种环境；非营利组织的负责人普遍身心交瘁。”③ 正面说的话，亨氏捐赠基金会（Heinz Endowments）的格兰特·奥利芬特（Grant Oliphant）指出多年度资助“使资助方和受助方都能有预期，对于受助组织进行人员规划和项目规划而言，这至关重要……这有点像一个企业知道自己有相当可靠的收入源，而不是整整 3 个月都无人问津”④。

---

① F. B. Heron Foundation，*Core Support*（New York：F. B. Heron Foundation，2006），8，http://www.fbheron.org/documents/ar.2005.viewbook_core_support.pdf.

② Judy Huang，Phil Buchanan，and Ellie Buteau，In Search of Impact：Practices and Perceptions in Foundations' Provision of Program and Operating Grants to Nonprofits（Cambridge，Mass.：Center for Effective Philanthropy，2006），15，http://www.effectivephilanthropy.org/images/pdfs/CEP_In_Search_of_Impact.pdf.

③ Grantmakers for Effective Organizations，*General Operating Support*：*A GEO Action Guide*（Washington，D. C.：GEO，2007），13，http://www.geofunders.org/generaloperating-support.aspx.

④ Grantmakers for Effective Organizations，“GEO Action Guide：Leading Change；Transforming Grantmaker Practices for Improved Nonprofit Results”（draft October 8，2007）.

新大陆基金会（New-Land Foundation）每年有约 200 万美元的拨款资助，是落基山地区环保组织的主要靠山。该基金会不设员工。它发觉该地许多最重要的环境问题需要当地人组织起来进行评估，并（一个森林一个森林地）评点国家森林计划；需要提议联邦或州实施土地保护；需要官员负起责任。基金会的受托人于是花时间找到了落基山强大的当地组织。找到这些组织之后，基金会就一连数年甚至数十年支持他们。当然，基金会必须确保每个组织以后还得管理有力、计划周全。但是，由于资助的大头都是续约性的，所以基金会干起来很轻松。为了把文书工作减至最少，基金会不要求受助组织提交特别的申请报告或进度汇报，而是看他们为其他资助方提供的材料。哪家基金会目标明确、质量控制良好，而且成本最小。①

您也许会想确保某个组织不要对您过分依赖，所以设定拨付资金占其全部运营经费比例的上限。您也可能想鼓励竞争，以保证受助组织是同类中的佼佼者，并允许甚至鼓励新兴组织加入。但是，一个组织只要继续好好干，就有持续性资助可以倚赖——这一点好处巨大。

长期资助使受助组织能够雇用素质更高的员工，因为最好的员工总要求一定的工作稳定性。长期资助使这些组织得以深入研究选定议题，承担跨度更久、更有雄心的项目。几乎所有的重大社会变迁都耗时良久；对高素质组织的持续资助使他们能应对这个现实。因此，许多非营利组织都至少像关心能否得到一般运营经费资助那样关心能否得到长期承诺。②

高效慈善中心最近一项研究很肯定地指出，一般运营资助还有助于资助双方开诚布公、相互信赖。③ 关于为何如此，加州基金会主管们在访谈时提到了其中一个原因：“一般运营经费资助意味着基金会采取了伙伴模式，而不是特定项目的金主。基金会必须选定他们想培养的重点个人和组

---

① 何豪（Hal Harvey）是新大陆基金会董事会主席。

② Huang，Buchanan，and Buteau，*In Search of Impact*，19.

③ Grantmakers for Effective Organizations，*General Operating Support*，13.

织，然后确保他们继续做那些对基金会关键任务有重要意义的工作。”①

因此，在志同道合的情况下，提供一般运营经费资助对资助方、受助方及其最终施惠对象——个人和社区——都有利。实际上，这样做的好处非常大，以至于只有特定目标的资助方也得忍受向活动范围包括超过其特定目标的组织提供长期的一般运营资助——即使资助方的战略焦点相对于该组织的活动有所“滑移”。一般资助外加一个协议——受助组织需就资助方关注的特定活动进行汇报的协议——就是切实可行的折中方案。

作为事实协作的一般运营资助

第6章讨论了基金会之间的协作。许多联合资助行为都没有明确的协作意图，而仅仅是由基金会各自给予受助组织的核心资助导致的。例如，休利特基金会和许多个人捐赠者及其他基金会共同资助湾区的表演艺术组织。这种事实上的协作不是资助方而是受助组织本身建立的。如果可行的话，一般运营资助会是事实协作的高效方式，能节约成本，并减少第6章描述的可能弊端。

但是，许多基金会都不愿提供一般运营资助。以下是提到的几个理由以及我们的评论。

我的资助太少，对受助组织起不了什么作用。一般运营经费资助往往只占受助组织预算的一小部分，所以资助者会怀疑其资助能发挥什么作用。这就误解了资助在社会变迁中的作用。没有哪一个资助——不管是对具体项目的资助还是一般运营资助——在解决重要问题上起到的作用是让人一看就认出来的。您和受助组织很难——如果可以的话——为哪个成绩居功；您能指望的不过是位居胜利者之列而已。

一般运营经费资助不好评估，所以本质上不合适。对涉及面窄的项目

① Carol Silverman，Kevin Rafter，and Kathleen Fletcher，General Operating Support：Research on Grantmaker Policies and Practices (San Francisco：USF Institute for Nonprofit Organization Management，2006)，16，http://www.usfca.edu/inom/research/Fnd_General_Operating_Support.pdf.

的评估取决于项目自身的性质。如果您的目标是增加西北太平洋鲑鱼的数量，去数鲑鱼就好了。而提供一般运营资助的慈善家实际上是把受助组织的使命当成了自己的使命，他对结果成功与否的评估实际上就像受助组织的执行总裁和董事会评估自己的表现一样。

换言之，提供一般运营资助，就是在对受助组织的整体成功进行投资。以低收入社区的资产建设为关注点的海龙基金会指出，他们对核心资助的评估是基于受助组织的规划书①，所以基金会是根据受助组织自己的志向和规划来评估进度的。第5章也提到，爱德纳·麦康诺·克拉克基金会在对青年发展组织的一般运营资助中纳入了有力的评估举措，以此衡量项目对目标受益人的影响。②

您若是多目标组织的主要资助方，协商性一般运营资助可以提供足够的评估空间。即便资助是非限制性的，双方也可以商定以受助组织的特定活动为中心进行评估。

归根结底，我们要说的是，提供一般运营资助的基金会能够也经常进行严肃的评估。他们不认为此类资助不可评估，而是把它视为一个契机，一个与受助组织建立更深的信任关系并鼓励受助组织完善自身评估体系的契机。结果，一般运营资助也可以很合适并产生可以测量的结果。

一般运营资助使一些组织的地位牢不可破，不利于其他组织的发展。由于最有价值的一般运营资助跨越数年、可以重续，慈善家可能会担心提供一般运营资助相当于给予永久承诺。一些基金会的应对方式是将资助限定为固定的几年。但是，如果您是在协助一个成功的组织取得社会效益的话，这样做会适得其反。

解决这个难题的更好的办法是在基金会内部并对受助组织讲明白：一般运营资助在且只有在受助组织双方商定方面表现足够好的时候才能提供；而且申请续约的报告必须在与该领域其他组织可能的资助项目相媲美的时候才能被批准。

---

① F. B. Heron Foundation，*Core Support*.

② Neil F. Carlson，Making Evaluation Work，Youth Development Fund Learning Series No. 2 (New York：Edna McConnell Clark Foundation)，http://www.emcf.org/pdf/oldprog_ls2_makingevalwork.pdf.

总之，我们以“小人之心”揣测，之所以有人抵制可续性一般运营资助，是因为对于慈善家个人、基金会董事成员和项目官员来说，从一个项目转向另一个项目更好玩。不过，新鲜事物固然有趣，坚定不移却更可能取得成功。

要　点

➢ 慈善资助分为两大类：

——一般运营经费资助（也叫“核心”资助或“非限制性”资助）：让受助组织来决定怎么花钱实现目标。

——项目资助：金主资助受助组织部分而不是所有活动。

➢ 在以上两种情况下，资助者和受助组织都可以协商确定资助目标和进展评估指标。

➢ 慈善家对资助形式的选择，取决于其目标与战略和受助组织使命与活动的契合度——二者越是契合，一般运营资助就越有可能。

➢ 当双方高度契合时，提供长期可续性一般运营资助，让更接地气的受助组织享有权威并承担责任，对资助双方都有好处。

第 8 章
使命导向型投资：为社会影响而投资

上一章集中讲到拨款资助这种典型的慈善资助方式。这里我们考虑的是利用两种基本的商业资助工具——贷款和股权投资——来获得社会效益。我们先来看看它们可能的益处，然后再问您能不能克制自己不投资于您认为从事有害活动的企业。

慈善家可以使用的财务工具大概可以分为以下三类：

第一，拨款资助：旨在取得社会效益、不考虑财务回报。

第二，使命导向型投资：旨在同时获得社会效益和财务回报。(1) 低于市场回报率的投资：旨在以牺牲财务回报或接受更多风险而换取社会效益，主要表现为“项目相关型投资”(PRI)。(2) 风险调整市场回报率投资：旨在获取社会效益和市场回报率回报。

第三，常规投资：旨在获取财务回报而不是特定的社会效益。

拨款资助已经讨论过了。常规投资在本书中无需讨论，因为您已经知道为什么和怎么进行常规投资了。本章分析第二种类型：使命导向型投资。先讲讲低于市场回报率的投资，最后讲被设计来或被期望能获取市场回报率回报的有趣的社会效益投资类型。

低于市场回报率的投资

对许多具有社会使命的组织包括用服务换报酬的组织而言，拨款资助是常规慈善资金的唯一合理来源。然而，非营利组织有时也需要贷款。而且，如果一个组织的商业模式许可某种形式的所有权的话，也可以进行股权投资。多数情况下，和您对没有社会使命的交易的期望值相比，此类贷款或股权投资的风险更大或者回报更低。

这种投资的风险调整后市场回报与我们所谓的“普通”投资的财务回报之间的差额，在概念上相当于拨款资助额。美国《国内税收法典》规定，低于市场回报率的社会使命型投资的全部金额可以视为拨款资助额[①]；如果可算项目相关型投资的话，还可计入基金会的强制性5%支出之内。

要成为项目相关型投资，必须具备以下条件：(1) 主要意图是实现基金会的一个免税性[②]目标；(2) 不以财务回报为重要目标；(3) 禁止将资金用于政治目的。[③] 从项目相关型投资获得的所有收入都要与基金会的其他投资收入合并计算。但是，所有收到或自然增长的回报，如贷款的还款或因出售或赎回股权所得的收益，都必须在收款或款项自然增长的当年支出，不计入5%强制性支出之内。在法律的考虑之外，进行项目相关型投资反映了这样一种判断：先前可用于未来资助的收入（至少）因投资的社会效益而得到了补偿。

也许因为项目相关型投资既要社会回报又要财务回报，而且往往比常规资助需要更多的法律分析，所以它在慈善界相对少见。它们只占慈善资

---

① “支出责任”和许多其他行政要求仍然有此规定。

② 基本上是一个或多个宗教、慈善、科学、文学或教育性质的目标。26 U. S. C. § 170 (c) 2 (B)。

③ 26 C. F. R. § 53.4944-3。如果没达到项目相关型投资的要求，则要根据对不危害基金使命的投资的要求对其进行评估。具体要求包括：“基于投资当时所处的状况和条件，在预备基金会实现免税目标所需的长期或短期财务条件时，恪尽通常所需的关注与审慎之责。在尽必需之责时，基金会管理层可考虑预期收入（包括资本收入与增值）、价格涨跌的风险以及投资多样化的必要（如关于证券种类、行业类型、公司的成熟度、风险的高低和可能回报等）。特定数量的投资是否会危及基金会免税目标的实现，应根据投资个案逐个分析。”26 C. F. R. § 53.4944-1 (a) (2)。各州关于受托人审慎投资的法律对项目相关型投资也有约束性。

助的一小部分，绝大多数是由四个基金会操作的：福特基金会、大卫与露西·派克德基金会、麦克阿瑟基金会和另外一家基金会。[①] 项目相关型投资通常分为以下三类[②]：

➢直接贷款。贷款是项目相关型投资最常见的形式，用于典当融资及助贫型房产项目和企业项目的预开发支出。

➢股权投资。项目相关型投资也可用于购买（也是主要以扶贫为目的）企业和银行控股公司的普通股或优先股。

➢贷款担保。基金会为金融机构对非营利组织的贷款或信用额度提供担保，以减轻向此类组织借贷导致的真实风险或感知风险。

接受低回报

多数项目相关型投资都是贷款的形式（占项目相关型投资的 63.1%，相当于基金会项目相关型投资资金的 43.7%）。大量的项目相关型投资资金还用于房地产股权投资（36.2% 的资金，虽然只占个人投资的 5.2%）。[③] 例如，麦克阿瑟基金会进行了超过 2 亿美元的项目相关型投资，主要用于支持社区发展金融机构，如河岸银行（Shorebank），该银行发放房地产贷款帮助建设经济适用房，另外还向为服务匮乏社区创造工作岗位的小企业提供贷款。麦克阿瑟基金会最近的项目相关型投资有两笔，一是对旧金山住宅桥接公司（BRIDGE Housing Corporation）的 300 万美元投入，用于收购经济适用租赁房；另一笔是对卡尔弗特社会投资基金（Calvert Social Investment Foundation）的 200 万美元投资，为国际小额信贷组织提供新的贷款。

派克德基金会对保护地役权提供资助，以使大片土地免于开发，是另一个接受低回报的项目相关型投资。保护私人土地一般需要签署限制土地

---

① Sarah Cooch and Mark Kramer，"The Power of Strategic Mission Investing，" *Stanford Social Innovation Review* 5，no. 4（2007）：44. 第四家基金会要求本研究不透露其名字。

② Ford Foundation，*Investing for Social Gain*：*Reflections on Two Decades of Program-related Investments*（New York：Ford Foundation，1991），10，http://www.fordfound.org/archives/item/0198.

③ Sarah Cooch and Mark Kramer，*Compounding Impact*：*Mission Investing by US Foundations*（FSG Social Impact Advisors，2007），17，http://www.fsg-impact.org/images/upload/Compounding%20Impact(3).pdf. 第四家基金会要求本研究不透露其名字。

使用协议，需要对土地所有者限制性使用做出补偿，需要土地信托机构进行监管。这一过程需要进行大量的谈判，要跟政府部门打交道，进行私下或公开的筹款——所有这些可能要耗费大量时间。派克德基金会一般以优惠利率借款给土地保护团体如公共土地信托基金会（Trust for Public Land），在这些复杂的安排理出眉目并且资金到位达成永久性解决方案之前，提供过桥融资对土地所有者进行补偿。土地信托组织在成功募款或把保护地役权卖给政府机构或保护地买主后，把贷款还给派克德基金会，基金会由此资金回笼。然而，为了成就此事，派克德基金会必须以更低的利率贷款，牺牲财务回报。通过这样做，基金会放弃了市场回报率投资项目产生的回报和低利率贷款所得之间的差额，常规拨款预算就减少了。但是这些项目相关型投资却使基金会以相对较小的代价保护了大片土地——而且违约率很低。

纽约商机基金的项目相关型投资之道

这里讲的是一家开发导向型投资基金是怎样评价其低于市场回报率的投资活动的。纽约商机基金是一家非营利风险基金会，通过拨款、贷款和股权投资，支持企业向每日生活费低于 2 美元的人们提供医疗服务、水、住房和能源。纽约商机基金对投资的评估基于以下三个维度：社会效益、财务活力和突破性见解。

	社会影响	财务活力	突破性见解
差	不如其他可得社会选项实惠	给纽约商机基金的还款不足	投资没有引发额外的见解
良	每 1 美元产生的社会效益高于其他选项	还清纽约商机基金的款项	影响了基金会的其他投资活动
优	证明自己有扩展性（至少 10 倍）	在没有补贴的情况下，企业仍拥有核心运营现金流	它的独到见解在本领域中广泛流传
最佳	已服务于 100 万人以上并大大改善了目标群体的生活	企业能够打入商业资本市场（钱生钱）	引起外部模式复制或行为变迁

摘录并改编“Acumen Fund Metrics,”http://blog.acumenfund.org/wp-content/uploads/2007/01/Metrics%20methodology1.pdf.

以上仅仅是派克德基金会使用项目相关型投资的一个例子。根据基金会土地保护工作的例子，基金会主席卡罗尔·拉尔森（Carol Larson）给出了项目相关型投资之所以有效的七大理由[①]：

第一，获得融资。土地保护项目不易获得资金，对于小型信托机构更是如此。可以获得的商业融资又会比项目相关型投资昂贵得多，往往高得令人望而却步。

第二，商业贷款条件。商业性出借方一般会要求以信托契约的形式抵押土地保护组织所购保护地。丧失土地赎回权的风险让土地保护组织感到不安。但是对抵押给派克德基金会，他们觉得可以接受。由于其社会使命，基金会更可能努力确保该项目成功，所以丧失赎回权的可能性就更小。例如，在项目合理延迟或形势变化的情况下，基金会会和借款方合作，使贷款展期，或者修改偿款计划。

第三，拨款会取代公募资金。许多保护地收购活动只是在从土地收购到公募资金期间需要过桥融资。在此类情形下，拨款资助不会是对基金会资产的最佳处置方式，因为它会取代公募资金。

第四，项目相关型投资所涉超过拨款预算覆盖的范围。项目相关型投资为基金会提供了额外的工具和资金源来实现其项目目标。例如，对生态信托基金的项目相关型投资为阿拉斯加小型渔业社区提供了贷款，使其得以通过社区配额实体购买配额，即取得一部分许可捕捞量的权利。

第五，项目相关型投资可以带来其他融资，包括商业融资和私人融资。在商业性出借方眼中，贷款给上述新成立的社区配额实体太冒险也太昂贵。而派克德基金会的项目相关型投资提供的贷款使社区配额实体能够保留自己的社区渔场，并逐渐使配额增值，以至于能够支持派克德基金会提供贷款的商业性再融资。随着时间的推移，该项目还能够为该行业带来更多的商业信贷，为渔业社区带来更大的发展潜力。

第六，项目相关型投资资金回笼。由于项目相关型投资贷款会被偿还，所以它们可以被重新借出，以支持其他重要的土地保护项目。因为贷款会被偿还而且资金接着又被借出，所以派克德基金会认为它们没有减少

---

① 卡罗尔·拉尔森 2008 年 2 月 24 日的来信。本书作者存档。

拨款预算资金，而是使资金更加宽裕。

第七，项目相关型投资增强了组织能力。和初次借贷的小型保护组织合作，一般会涉及组织能力建设。派克德基金会比多数商业性出借方更了解保护组织，能够提供更有用的建议，制定反映保护协议需求的承保条件。在项目的各个环节，包括尽职调查、文件起草、贷款融资及贷款监督等方面，基金会和借款方员工都密切合作，明确交易问题并提出解决方案。

派克德基金会的项目相关型投资并不局限于土地保护。例如，它购买的预期债券票据，使加州再生医学研究所（California Institute of Regenerative Medicine）能够在官司缠身的情况下资助加州干细胞研究。派克德基金会的这种投资还为紧急避孕措施在美国的推广发挥了关键作用。这种所谓的事后避孕药用于防止因无保护性行为导致的怀孕。1977 年，莎伦·坎普（Sharon Camp）博士建立了女子投资公司，以“B 计划”为商标名称，试图将紧急避孕药推向美国市场，并希望可以作为非处方药销售。围绕紧急避孕药产生了各种政治问题争论，所以该公司得不到商业融资。华莱士全球基金（Wallace Global Fund）首先为它提供了 45 万美元无息贷款，此后派克德基金会又为它陆续提供了共计 850 万美元的无息贷款。贷款资金使 B 计划得以从药监局获批为处方药——这是迈向非处方药必需的一步——并开展市场营销活动。2004 年，该公司被卖给巴尔药厂（Barr Laboratories Inc.），后者还清了贷款。两年之后，尽管保守势力反对，药监局还是批准了 B 计划作为非处方药销售。

短时期冒大险

以上有些例子表明，早期投资有可能创造社会效益，但私人投资者会认为它太冒险。以小额信贷为例，投资者不相信能够通过借钱给穷人来赚钱。但是，福特基金会和其他捐赠者却给了孟加拉乡村银行（Grameen Bank）所需的资金，证明了小额信贷的活力。[①] 一旦银行获利，投资界就接受了乡村银行和新兴小额信贷产业，投入了大笔资金。

---

① Ford Foundation，*Investing for Social Gain*，34.

高风险的慈善投资能支付具有重大社会效益的新技术开发产生的费用，否则这些技术不可能走向市场。例如，休利特基金会加入了资助超级汽车有限公司（Hypercar Inc，现为 Fiberforge）的若干“天使投资者”行列。该公司试图开发高效、低耗、先进的汽车复合材料。由于每单位重量的碳素纤维比钢或铝结实很多，该公司认为有可能造出比现在的汽车轻得多的汽车，而且更节能，还不影响安全和功能。[①]

最近，谷歌公司在着手开发比煤炭便宜的可再生能源。该计划号称 RE<C，既吸引了投资也得到了拨款资助，目的是开发最终能在非补贴情况下与煤炭进行市场竞争的技术。例如，谷歌公司对 eSolar 公司进行了投资，该公司开发装置、维护和扩展起来都不贵的模块化太阳能发电设备。另一家公司 Makani Power 开发的则是高纬度风能技术。谷歌的创始人之一拉里·佩奇（Larry Page）希望，如果 RE<C 能达到目标，“并且大规模的可再生能源设备比煤炭便宜的话，可再生能源将满足世界上很大一部分电力需求，大大减少碳排放”[②]。

多数高风险慈善性研发投资试图证明这样一些概念——它们最终能够进入传统市场，并吸引非慈善性投资者。

获得市场回报率回报的投资

能取得市场回报率回报的使命型投资是一种双赢战略，通过财务投资您可以获取社会回报而不必牺牲任何财务回报。下面我们来分析这是否可能、何时可能（我们不知道答案）；并分析一下这种说法——有时您可以既夺得跑赢市场的骄人业绩，同时又能影响社会（我们对此表示怀疑）。

一般来说，获取市场回报率回报的投资不会对任何投资所含有的社会效益有所增益。您由于丰田生产混能车（且不管它生产的油老虎）而对它做出的边际投资，不会对混能车的数量或其成本产生影响。至少对上市公

① 一些非慈善性天使投资者或许期望得到有竞争力的市场回报率。即便如此，如果公司缺少用于有效研发活动的资金，并且如果基金会合理认为其投资可能产生外部社会效益的话，那么这在社会意义和法律意义上都是一笔合适的项目相关型投资。

② Google，“Google's Goal：Renewable Energy Cheaper than Coal，” http://www.google.com/intl/en/press/pressrel/20071127_green.html.

司而言，基金会的投资只有象征性价值；因为如果基金会不投资给某个公司，别人就会投。虽然象征也被会用来促进社会变迁，但是在这种情况下，象征性投资更可能导致自得自满而并非世界的改变。

在我们看来，产生市场回报率回报——或更好的情况，还能获得社会效益的唯一途径是要对投资的价值有独到的认识。对一些私募股权投资来说这似乎可行。但是对于公开交易的证券投资而言，我们看不出有什么理由怀疑有效市场假说——该假说认为个人投资者缺乏独家消息（除非他们非法利用“内幕”信息）。[①] 下面我们会详细分析这些问题。

市场回报率投资和私募股权

对私募股权来说，有效市场假说可能不如对公开市场那样适用，特别是对地方或区域企业投资而言更是如此。例如，新循环资本有限责任公司（New Cycle Capital LLC），这家早期风险投资公司就投资于它所谓的“国内新兴市场”，即要么关注低收入群体或有色人种群体，要么缺乏传统风险资本渠道的企业。新循环资本有限责任公司是 Sneaker Villa 的主要投资者，这是一家在贫民区经营的都市风服装和鞋类产品专营零售商。在雇用当地员工之外，它还从事一些社会项目，如“交枪吧”（Turn in Your Guns），用商品换枪支；学生成绩单上每得一个 A，就能享受打折优惠。新循环资本有限责任公司为它提供资金和管理技能助其发展。

也有其他寻求市场回报率风险资本回报的社会导向型基金。太平洋社区管理基金（Pacific Community Management）致力于发展加州造福于中低收入社区的小型企业。[②] DBL 投资公司（DBL Investors）投资给“促进旧金山湾区中低收入社区的社会和经济环境改善”的公司。[③] 巴尔的摩

① 有效市场假说认为，金融市场“在信息上是有效的”，或者说交易资产（如股票、债券或产权）的价格已经反映了所有已知信息，反映了所有投资者对前景的集体信念，因此具有无偏性。见：Eugene Fama，“The Behavior of Stock-Market Prices,” *Journal of Business* 38，no. 1（1965）：34-105.

② Pacific Community Ventures，LLC，http://pcvfund.com.（2008 年 6 月 30 日访问）

③ DBL Investors，“About DBL Investors,” http://dblinvestors.com.（2008 年 6 月 30 日访问）

基金会（Baltimore Fund）着力于为巴尔的摩中低收入工人提供就业机会。[①] 慈善团体，包括开放社会研究所（Open Society Institute）、安妮·凯西基金会、凯洛格基金会都是此类资金的主要投资者。使命导向型投资能否获得市场回报率回报，看来取决于基金经理的专业知识。他们对社区非科技类企业的熟稔程度，堪与风险资本家在生物科技、电子媒体等类似领域的专业知识相媲美。

果真能通过市场回报率投资创造真正的社会效益的话，那么您和您所支持的企业就会有更大的能量。然而，为评估是否真正获得了市场回报率，您需要对此类投资组合总体上的表现加以评估，而不是单挑那些成功的说事。在计算回报时，您应考虑——像在项目相关型投资或拨款资助的情况下——投资花费的信息成本和交易成本。这不是要贬低投资的价值；即便算上成本的话回报比市场回报率低了，但仍然可能获得了社会效益。不过，为了您自己也为了慈善界，准确报告您的收益还是很重要的。

公开市场中的市场回报率投资

在投资界，阿尔法代表投资超出预期市场回报率回报的额外回报。一些投资组合经理认为他们既能跑赢市场又能创造社会效益。可能吗？我们有点儿怀疑。许多一心追求财务回报的经理一直都孜孜于捕捉公开市场上的阿尔法。大多数情况下，他们都没有胜过基于市场指数的被动投资组合——至少没有长时间得胜。[②]

虽说如此，一些聪明人还是认为考虑进社会因素从长远看能获得高于市场的回报率。例如，前副总统阿尔·戈尔（Al Gore）和高盛资产管理公司（Goldman Sachs Asset Management）前执行总裁大卫·布拉德（David Blood）建立了一家新的投资公司——世代投资管理公司（Generation Investment Management LLP），因为他们认为传统市场没有充分考虑公司长远的可持续性。该公司采用正面筛选法，基于环境、社会和治理因素（ESG）——从气候变化到人力资本到公司治理到股东参与——筛选

① 见：Open Society Institute，"OSI Announces Baltimore Venture Fund，" http://www.soros.org/initiative/baltimore/news/venturefund_20020716.

② Rex A. Singuefield，"Active vs. Passive Management"（1995 年 10 月 12 日旧金山嘉信机构投资者服务部大会开场陈述），http://www.dfaus.com/library/articles/active_vs_passive.

投资对象，认为这样能够降低投资及获得超市场回报率的风险。

创新投资战略价值咨询公司（Innovest Strategic Value Advisors）是另一个例子。该公司成立于1995年，宗旨是为投资者找出非传统风险源和潜在价值，将可持续性纳入财务分析。它的一项研究将公司的财务表现与其应对与气候变化相关的风险和机遇的能力联系在一起。[①] 它还推出了“获取医药指数”，帮投资者分析制药公司为发展中国家提供关键药物的行为及其盈利性之间的关系。[②]

寻求阿尔法的使命导向型投资背后是这样一种普遍存在的观念：“可持续性”或“社会责任”实践从长远看会为企业带来更多利润。寻求阿尔法的投资组合本身产生的社会效益微乎其微；但如果市场认识到环境、社会、治理因素的重要性了，那么资产经理可能会更加关注长期评估和非财务因素，而这会使企业更多考虑诸如环境风险管理、员工留任和社区关系此类实践的价值。然而，究竟是社会责任带来了利润还是利润导致了社会责任，就有疑问了。[③] 每有一个成功捕捉到阿尔法的投资者，就有许多其他（不论是否为社会使命导向型）投资者失败的例子。

负面筛选投资：社会责任投资

现在来看一下追求社会效益的肯定性财务投资的对立面。您能否通过避免某些投资来推进慈善目标的实现或至少避免损害这些目标？强烈关注环境议题的慈善家能在纽蒙特矿业公司（Newmont Mining Corporation）持股吗——该公司每年采矿都会排放数百万磅的三氧化二砷，对环境造人惊人的破坏？关心发展中国家儿童福利的慈善家又该不该持有使用童工的

---

① Innovest Strategic Value Advisors，*Carbon Beta™ and Equity Performance：An Empirical Analysis*（2007），http://www.climateactionproject.com/docs/carbonbetaequityperformance-delivered.pdf.

② “获取医药指数”意在判断制药公司无法适当应对世界各地的健康危机是否会损害其声望及其在特定市场的营业许可——最终是否会伤及其底线。Innovest Strategic Value Advisors，*Access to Medicine Index Scoping Report & Stakholder Review* February（2007），http://www.innovestgroup.com/images/pdf/atm%20index%20scoping%20report%2022-02-07.pdf.

③ David Vogel，*The Market for Virtue：The Potential Limits of Corporate Social Responsibility*（Washington，D. C.：Brookings Institution Press，2005），29-33.

服装公司的股份？

许多基金会，包括我们自己的在内，都被批评在金融投资中漠视以上问题。[①]《洛杉矶时报》一篇文章指责盖茨基金会前后矛盾，说它一方面资助尼日利亚儿童接种脊髓灰质炎和麻疹疫苗，一方面又在一家公司持股——该公司炼油厂的烟气危害的正是这些儿童的健康。[②]

2007 年，休利特基金会和盖茨基金会各自检视了自己的投资活动。由于实施有意义的负面筛选很复杂，开支也大；同时他们也怀疑这对改变企业行为是否有效[③]，所以他们决定把范围限定为营利模式维系于特别有害的活动的公司，如烟草公司（有些公司因在苏丹的活动被哈佛、耶鲁与斯坦福大学点名并遭到撤资，盖茨基金会也不再持有它们的股份[④]）。

也确实有其他一些基金会检查了自己的投资行为，如美国教育基金会（Educational Foundation of America）、默克家族基金（Merck Family Fund）、长老会基金集团（Presbyterian Foundation Group）、新约共同基金（New Covenant Mutual Funds）和潮汐基金会（Tides Foundation）。[⑤] 2000 年，经过社会责任检视的资金——分别剔除了造酒、防务、赌博、枪支、污染、色情和烟草等领域的公司——达到 2 万亿，占机构基金的 20%。[⑥]

那么，社会责任投资是否有助于慈善家增进人类福祉呢？以下是和您制定政策相关的要素。

---

① Harvy Lipman，"Meshing Proxy with Mission，" *Chronicle of Philanthropy*，May 4，2006，http://philanthropy. com/free/articles/v18/i14/14000701. htm.

② Charles Piller，Edmund Sanders，and Robyn Dixon，"Dark Cloud Over Good Works of Gates Foundation，" *Los Angeles Times*，January 7，2007.

③ 关于社会责任投资表现及影响的一个有批判但不失公允的学术评论，可见：Michael L. Barnett and Robert M. Salomon，"Throwing a Curve at Socially Responsible Investing Research：A New Pitch at an Old Debate，" *Organization & Environment* 16，no. 3（2003）：381-389.

④ Bill & Melinda Gates Foundation，"Our Investment Policy，" http://www. gatesfoundation. org/AboutUs/OurWork/Financials/RelatedInfo/OurInvestmentPhilosophy. htm.（2008 年 6 月 30 日访问）之所以留意这些大学的决定，是因为它们具备投资检查的基础设施。

⑤ State Street Global Advisors，"A Case for Socially Responsible Investing，" *Council of Michigan Foundations* 2004 *Conference Recap*（2006），3.

⑥ Bernell K. Stone et al.，"Socially Responsible Investment Screening：Strong Evidence of No Significance Cost for Actively Managed Portfolios"（paper，Moskowitz Prize Competition，2001），http://www. socialinvest. org/resources/research.

筛选的本质

不同的指数剔除公司的根据也不同。例如，最早实施投资筛选的基金会之一柏斯全球基金（Pax World Fund），由联合卫理公会的路德·泰森（Luther Tyson）和杰克·科比特（Jack Corbett）创建于1971年，建立伊始就筛除了为越战提供军事装备的公司。KLD研究与分析有限公司（KLD Research & Analytics Inc.）广为流传的多米尼400社会指数，囊括了大多取自标准普尔500指数的大市值公司，但筛除了在造酒、烟草、枪炮、赌博、核电或军用武器等指标上超过特定门槛的公司。对在社区关系、多元性、员工关系、人权、产品质量与安全、环境、公司治理等方面具有正面社会记录和环境记录的公司给予正加权。塞拉俱乐部股票基金（Sierra Club Stock Fund）的筛查涉及20多项社会、环境标准。万福玛利亚共同基金（Ave Maria mutual funds）进行的投资要求不违背天主教会核心教义，它筛除了与堕胎、色情有关或为员工非婚伴侣提供福利的公司。

有些筛查的漏洞很大。例如，道琼斯可持续发展世界指数，根据可持续性和环保实践，筛选出每个行业排名前10%的公司。[①] 入选的包括纽蒙特矿业公司、巴里克黄金公司（Barrick Gold Corporation）和惠好公司（Weyerhaeuser Company）——这些公司经常受到环保活动分子的猛烈抨击。在更一般的意义上，保罗·霍肯（Paul Hawken）这位知名的环保活动分子和公司治理积极分子写道：

> 由于社会责任投资共同基金没有共同的标准、定义或者实施准则，许多投资者都对自己的投资表示担心、失望。他们之所以失望，不是因为投资组合遭受损失，而是对投资组合中列出的公司名单本身（安然、通用电气、洛克希德·马丁和麦当劳，等等）感到失望……社会责任投资共同基金总体累加的投资组合事实上跟传统基金的总投资组合没有什么区别……多数社会责任投资共同基金的筛选办法和例外规定实际上使任何一家上市公司都能被选作社会责任投资的目标公司……基金的名字和文献可能有欺

① Investopedia，s. v. "Dow Jones Sustainability World Index," http://www.investopedia.com/terms/d/djones-sustainability-world.asp.（2008年6月30日访问）

骗性，不能反映基金经理真正的投资战略。[1]

投资筛选的财务后果

没有确切的证据表明投资筛选是产生了低于、等于还是高于市场回报率的回报。一些研究指出投资筛选带来接近或超出市场回报率的回报。1990—1998 年，3 家最大的筛选性指数基金——多米尼 400 社会指数[2]、公民指数[3]和 CREF 社会精选账户[4]——的表现都超过了标普 500。[5] 由于剔除了有关企业，筛选性基金可以说避免了因烟草诉讼可能引发的责任，避免了超级基金污染场址的清理工作，也躲开了持冲锋枪故意伤害罪引起的产品侵权损害赔偿责任。而且，有“社会责任感”的公司可能在品牌经

① Paul Hawken，Socially Responsible Investing：How the SRI Industry Has Failed to Respond to People Who Want to Invest with Conscience and What Can Be Done to Change It (Sausalito，Calif.：Natural Capital Institute，2004)，5，http://www.responsibleinvesting.org/database/dokuman/SRI%20Report%2010-04_word.pdf.

② 1990—2006 年间，KLD 研究与分析公司的多米尼 400 社会指数是一个浮动调整的、市场股本加权后获得的普通股股票价格指数。入选的都是那些“在环境、社会和治理（ESG）方面表现良好的”公司。ESG 表现评估考虑的问题有替代能源、气候变化、社区关系、人权、财会和透明度等。KLD，“KLD's Domini 400 Social Index，” http://www.kld.com/indexes/data/fact_sheet/DS400_Fact_Sheet.pdf. 2006 年 11 月，多米尼 400 社会指数更名为多米尼社会股票基金（Domini Social Equity Fund），以转向更为主动的管理战略。见 http://www.domini.com/domini-funds/Domini-Social-Equity-Fund/index.htm.（2008 年 6 月 30 日访问）

③ 公民顾问公司（Citizens Advisers）开发和维护的公民指数是市场加权普通股投资组合，“约三百家公司因其行业代表性、财务稳健性和企业责任心而入选”。Steve Schueth，“Social Investing，” Social Funds Learning Center，http://www.socialfunds.com/education/article.cgi?sfArticleId=1.（2008 年 6 月 30 日访问）

④ CREF 社会精选账户是一个变额年金账户，旨在“寻求反映金融市场投资表现的良好的长期回报率”。它将“大约 60%的资产投资于股票和其他股权证券，约 40%投资于债券和其他固定收益证券。”在选择股权和公司债券时，投资管理团队会剔除从造酒、烟草、赌博、武器制造或核电获得收益的公司，并根据环境管理、人权、社区关系、员工关系、员工多样性、产品安全与质量和公司治理等标准来评估可能的持股人。Teachers Insurance and Annuity Association—College Retirement Equities Fund (TIAA-CREF)，“CREF Social Choice Account，” http://www.tiaa-cref.org/pdf/fact_sheets/cref_social_choice.pdf. /2008-06-30

⑤ 3 家基金从一开始到 1998 年的回报率如下：多米尼 400 社会指数 333.03% vs. 标普 283.77%（从 1990 年 5 月 1 日起），公民指数 176.26% vs. 标普 139.23%（从 1994 年 12 月 31 日起），CREF 社会精选账户（股权或股票部分）290.18% vs. 标普 274.05%（从 1990 年 4 月 1 日起）。Steve Schueth，“Social Investing，” Social Funds Learning Center，http://www.socialfunds.com/education/article.cgi? sfArticleId=1.（2008 年 6 月 30 日访问）

营、环境风险评估或人才招聘方面具有竞争优势。商学院毕业生说他们宁愿放弃可观的报酬也不在漠视社区和环境的公司工作。[①]

然而，不同基金的表现差别很大，就像某一个基金在不同时期的表现不同一样。社会投资论坛（Social Investment Forum）是一个全国性的会员制协会，致力于在社会和环境方面负责任的投资这一概念、实践的推广和发展。论坛报告说，10家最大的社会责任共同基金年均回报率在24.68%（康桥超小盘税收优惠基金，Bridgeway Ultra-Small Company Tax Advantage）到−7.30%（德莱弗斯第三世纪基金，Dreyfus Premier Third Century）之间。[②]

圣塔克拉拉大学利维商学院的梅尔·斯特曼（Meir Statman）写道，“（多尼米400社会指数的）收益在1990年5月至2004年4月之间总体上高于标普500。总体来看，在20世纪90年代末的繁荣期，社会责任投资指数的表现比标普500指数要好；但在21世纪初的萧条期，又落在它后面了。”[③] 同样，加州大学伯克利分校哈斯商学院的大卫·沃格尔（David Vogel）注意到，“20世纪90年代后期，许多社会基金大力投资于金融、‘清洁’技术、医疗、媒体和通讯领域，获得了相对较高的回报。但是，当这些公司价值缩水后，基金的表现也遭受负面影响。”[④]

无论如何，一些筛选性基金的更好业绩到底是其“道德”的管理哲学直接造成的还是不过是华尔街随机游走的表现，现在还不清楚。如果说企业社会责任带来了竞争优势，那么这有可能反映在当前的股票价格上。除非筛选性基金考虑到了市场失察的因素，否则就说不清为什么这些基金就能打败比如标普500。[⑤]

---

① David B. Montgomery and Catherine A. Ramus，“Corporate Social Responsibility Reputation Effects on MBA Job Choice”（Stanford Business School Research Paper No. 1805，2003），https://gsbapps.stanford.edu/researchpapers/library/PR1805.pdf.

② Vogel，*The Market for Virtue*，37.

③ Meir Statman，“Socially Responsible Indexes：Composition，Performance，and Tracking Errors”（paper，Leavey School of Business，Santa Clara University，2005），http://www.haas.berkeley.edu/responsiblebusiness/documents/SociallyResponsibleIndexes_Statman.pdf.

④ Vogel，*The Market For Virtue*，36.

⑤ 见：CharitySRI，“Financial Returns，” http://www.charitysri.org/for_charities/financial_returns.html#studies.（2008年6月30日访问）

投资筛选的成本

社会责任投资基金的管理成本及其他相关成本并不比传统共同基金更大。① 然而，对雇用基金经理投资上市证券的基金会来说，社会责任投资战略确实限制了投资范围。至少在目前，既擅长财务管理又精通社会责任投资细节的公司很少见。

投资筛选的社会影响

负面筛选的原理，是对其实践、产品或服务与您的使命相悖的公司取消财务支持。避免“肮脏的手”，可能在本质上或象征意义上对您、受托人或外部拥趸都很重要。撤资行为如果再与第 13 章讲到的强大的公司形象广告相结合，就可能改变许多公司甚或整个行业的行为。

但是，个别机构的撤资行动不可能对一家公司的股价产生影响，更不用说影响与其业务相关的现金流了。② 一般来说，其他不受任何筛选限制的钱就会一拥而上填补空白。没有拒绝持股的大量投资者协调一致共同行动，社会变迁则欲动乏力。

要　点

➢使命导向型投资是既要社会效益又要财务回报的财务投资。

➢使命导向型投资一般在私募市场上操作，形式有直接贷款、股权投资和贷款担保。

➢一些使命导向型投资称得上“项目相关型投资”，并按照美国《国内税收法典》的规定可以计入基金会必需的 5%资产支出。

➢避免投资于从事您所憎恶活动的公司，也许有助于机构价值的实现，但这种实践对于产生社会影响基本无益。

---

① 见：John B. Guerard，Jr.，“Is There a Cost to Being Socially Responsible in Investing?” *Journal of Investing*，Summer 1997，31-35；David Diltz，“Does Social Screening Affect Portfolio Performance?” *Journal of Investing*，Spring 1995：64-69；and J. David Diltz，“The Private Cost of Socially Responsible Investing，” *Applied Financial Economics* 5 (1995)：69-77.

② 达特茅斯学院的经济学教授安德鲁·塞姆维克（Andrew Samwick）2005 年 10 月 26 日在博客 Vox Baby 里贴的帖子“撤资经济学”清楚地概括了这个问题，http://voxbaby.blogspot.com/2005/10/some-economics-of-divestment.html。

第 9 章
过程与影响评估

在第 4 章，我们发现一个慈善项目往往需要一群或一套彼此协调的拨款资助。第 5 章，我们又讨论了单项拨款的过程和影响评估。本章我们要把以上两个过程结合起来，问问慈善家是怎样评估整个项目的过程和影响的。这既涉及定性也涉及定量的方法。把评估分为以下三类是有帮助的：

➢ 业绩监督

➢ 过程跟踪

➢ 影响评估

业绩监督和过程跟踪是手段，为了获得中途校正战略所必需的反馈。理论上说，影响评估也有助于中期校正，虽然需要的时间往往很长。

业 绩 监 督

拨款协议本质上是个契约：受助组织通常承诺从事某些活动或提供特

定交付成果。假定拨款战略建立在可靠的变迁理论之上，那么，实现承诺本质上就等于产生了影响。通过监督受助方的业绩，资助方能够保证受助方在做商定要做的事。

资助方对受助方活动的了解主要是通过书面报告，同时辅以交谈和实地考察。报告可能既包括定量信息，又包括对定量数据未涵盖或未解释的事项的陈述性描述。例如，对课外辅导项目的拨款可能会设定目标，如报名学生、聘用辅导老师以及每个学生上的辅导课的数量。报告除了汇报所达到的具体数量之外，还可能包括执行董事对项目本身更多的思考，如项目面临的机遇和挑战；报告还会解释目标数量和实际数量的差别是什么原因造成的。

如果您不相信受助组织可能落实项目的话，通常就不会拨款资助。但是组织问题可能在拨款过程中出现。可能是一开始没有充分估计到工作的要求；也可能组织遭受意外的挫折，如执行董事离职。一个组织不能实现商定目标可能就是因为此类问题。如果资助方与受助组织建立了相互信任、彼此坦诚的关系，并对组织动态了然在心的话，就不会非得坐等正式报告不可。

在（第 4 章）休利特基金会的“环境新选区”项目中，项目官员对拨款项目群的密切监督所提供的反馈信息导致了多方面的中途校正。在减少青少年肥胖项目实施过程中，位于亚特兰大的亚瑟·M·布兰克家族基金会（Arthur M. Blank Family Foundation）每 5 周就召集受助组织开会，讨论共同面临的问题。一位员工说，到头来，“您绝对找不到存在 5 周以上的问题……这样的话，一旦意识到有问题存在的话，我们就会进行调整，以便取得更好的成绩。”①

过程跟踪——以及战略规划的修正

对慈善项目而言，战略规划是必要的出发点。但是当规划拿到现实世

① Mark Kramer et al.，*From Insight to Action*：*New Directions in Foundation Evaluation*（FSG Social Impact Advisors，2007），24，http://www.fsg-impact.org/app/content/ideas/item/488.

界中的时候，几乎总不可避免地需要修正。跟踪战略规划的实施过程，可以为中途校正提供必要的反馈信息。我们来看一下宝儿基金会（Ball Foundation）的一个项目，该项目意在提高芝加哥落后中学的成绩。项目的首席评估师斯里克·戈帕拉克里斯曼（Srik Gopalakrishnan）解释说：

> 开始我们采用的是业务进修的“级联模式”——从几个学校选择40名主导教师参加业务进修，然后让他们把新的技能带回学校，培训其他教师。遗憾的是，我们发现这种模式行不通。这些主导教师学习了，进步了，但是返校后并没有传播得来的知识。通过调研和焦点小组的讨论，我们认识到需要重新思考级联模式——主导教师说，在每天工作之外再去传播知识是非常难的。有一些问题我们起初没有想到，比如替补老师和工会合同的问题。后来我们重新设计了项目。在新的学校里，我们在整个学校层面进行培训，将主导老师所接受的业务进修加以复制扩展。①

同样，马萨诸塞州中部的健康基金会（Health Foundation）发现，教师对家长签字许可条的忽视，妨碍了一个校内口腔健康项目的进行。②在解决普吉特湾区游民家庭问题时，盖茨基金会认识到住房单元缺少玩耍空间是孩子们闯祸的原因之一，而这反过来又导致这些家庭被赶出租赁房屋。③

在实际每个方面，对一个大项目或拨款资助项目群的过程跟踪都和对单项拨款资助的过程跟踪相同。一个拨款申请书需要说明目标、战略和进度指标；同样，一个项目的战略规划也要如此——当然，不同的只是规划要在单项拨款资助之前就要做好。在第4章，我们总结了“环境新选区”的规划，其中包括了进度指标。我们还描述了前几年的反馈是如何影响了

---

① Mark Kramer et al., *From Insight to Action*: *New Directions in Foundation Evaluation* (FSG Social Impact Advisors, 2007), 24, http://www.fsg-impact.org/app/content/ideas/item/488.

② Mark Kramer et al., *From Insight to Action*: *New Directions in Foundation Evaluation* (FSG Social Impact Advisors, 2007), 25, http://www.fsg-impact.org/app/content/ideas/item/488.

③ Mark Kramer et al., *From Insight to Action*: *New Directions in Foundation Evaluation* (FSG Social Impact Advisors, 2007), 26, http://www.fsg-impact.org/app/content/ideas/item/488.

后续的拨款资助。

仪表盘这个工具对过程跟踪很有用。它可以捕捉到特定拨款项目群的信息，或者是基金会整体工作的信息。为评估盖茨基金会在全国 50 个学区开展的中学改革项目，FSG 社会影响顾问公司创建了仪表盘，使基金会能识别出有进步的学区。[①] 这些按种族和族群跟踪学生群体的指标，包括进步率、辍学率、阅读能力和数学能力，以五年为时间段，按地域排列显示。在整个基金会的范围内，仪表盘可以捕捉以下信息[②]：

➢特定战略或拨款项目群的进展指标；

➢资助区国家指标（如健康、就业、住房等）的变化；

➢提供直接服务的基金会服务对象的数量；

➢收到、批准和拒绝的拨款申请报告；

➢行政开支；

➢投资业绩；

➢员工报酬和满意度；

➢外部利益相关者的满意度。

对作为进展评估方法之一的聚类评估的介绍，请访问 www. smart-philanthropy. org。

影 响 评 估

首先，我们来看一下获得战略规划所欲结果与产生影响之间的区别；这个区别是技术性的，但却至关重要。回想一下第 1 章群狼吠月的漫画，然后想想这么一个老故事：一个人每天都在第五大道乘坐巴士去上班。每一天，当巴士在四十二街停下时，他就会打开窗，把报纸的体育版扔进垃圾筐。多年之后，巴士司机问他为什么这么做。此人答曰："我这是为了

① Mark Kramer et al. , *From Insight to Action*: *New Directions in Foundation Evaluation* (FSG Social Impact Advisors, 2007), 45, http://www. fsg-impact. org/app/content/ideas/item/488.

② Kristen Putnam, *Measuring Foundation Performance*: *Examples from the Field* (Oakland: California HealthCare Foundation, 2004), 11, http://www. chcf. org/documents/other/MeasuringFoundationPerformance. pdf.

不让大象靠近第五大道。”“但是第五大道上没有什么大象啊，”司机说。“瞧，管用吧！”他回答道。

这个行人不停地实施某种战略以取得某种结果，而所欲的结果也总是出现了。我们承认没能完全理解此人行为背后的变迁理论，然而，我们却对此人的战略是否产生了影响表示怀疑。影响涉及因果关系——就是说，如果不是他的干预，那种结果就不可能发生。

那么，怎么对影响进行测试？答案很简单，但却令人遗憾：如果与战略规划相关的指标没有进展迹象的话，您就不可能得到预定结果，更不用说取得影响了。但有希望的另一面是，显示进展的标志、甚至获得所欲的结果，都可能表示您已经取得影响了。且不管大象，不经某种评估的话，通常不可能证明影响是否存在；而评估可能既费时又耗钱。

避免评估成本的一种方法是，根据在类似情形下别人已证明行之有效的战略来进行干预。然而，有时难办的是判断怎样才算“类似”情形。例如，对富裕的郊区儿童很成功的预防物质滥用项目，可能在贫困城区收效甚微；或者相反。这看起来显而易见；但是，在您试图影响的人群中或实施过程中往往看似无关紧要的差异，都意味着南橘北枳之别。

评估方法

影响评估方法中共同的一点是都要证明：（1）某种干预与结果**相关**，并且（2）这种干预**导致**了该结果。例如，要证明（1）**当**居民使用蚊帐了，并且（2）**由于**他们使用蚊帐了，村子的疟疾感染率才下降了。

要证明结果实际如何及其与干预的关系是什么，往往很难。例如，可能难以搜集必需的数据来描述疟疾感染的基线，并且难以跟踪感染率随时间发生的变化。而证明因果关系往往难上加难，因为即便变化发生了，也可能是由使用蚊帐之外的因素造成的——也许是天气比往常干燥，蚊子生得少了；或者是同时引入了其他抗疟疾干预措施。

随机对照试验是进行评估的最佳方法。观测研究和计量经济学的研究也颇能解释社会干预的结果，但它们鲜能证明因果关系。

随机对照研究

在随机对照研究中，来自兴趣人群的参与者被随机分配到治疗组（接受干预的小组）或是对照组。① 在收集两组的结果数据后，再来看两组之间是否存在足够大（即统计意义上显著）的差别。统计显著性是差别大小和小组规模的函数。样本太小的话，可能不易得出结论。但如果发现统计意义上显著的差别，就能下结论说干预取得了影响，因为随机分配控制了其他变量。

美国食品药品监督管理局要求新生产的药剂制品在上市之前都要进行随机对照研究。参与临床试验的人或者拿到了新药（治疗组用药），或者是对照药品（安慰剂或常规治疗药品——如果有的话）；然后研究者和对照组相比，分析拿到新药的病人是更健康了还是相反。随机对照研究不是社会干预所必须的，而且也很少这样做。但一旦可行的话，却能让我们对社会项目的实际效果有更好的了解。②

观测研究或准实验研究

观测研究主要有两种。一种是看同一组在干预**之前**与**之后**的表现。另一种是采用横断面研究，将治疗组和类似的小组对照，后者是在现实世界里选定的而不是随机抽取的。

两者共同的缺点是，都不能控制干预项目之外的因素，这些因素可能会同时发生改变。所谓的破窗理论就是说明这个问题的一个著名例子：20世纪90年代纽约对破坏行为和其他轻微罪行的零容忍政策号称大大减少了各种罪行包括重罪的发生。但结果是，其他没有采取这种办法的美国城市也同时下降了，而且比例差不多。犯罪率的下降可能是可卡因吸食潮衰退的结果，也可能是因为锒铛入狱的贩毒犯增多（所以不能跑到大街上了），又或者是男性青年人口普遍减少的结果。③

这是一个横断面比较与事前—事后研究结果相悖的例子。但是横断面研究也有自身的问题。例如，20世纪90年代一个大规模的横断面研究发

---

① 随机分配能够消除不同群体间的系统性差异，此差异有可能以与本项目无关的方式影响结果数据。

② 关于行之有效的社会项目，证据本位政策联盟（Coalition for Evidence-Based Policy）有个很棒的网站，见：http://www.evidencebasedprograms.org.

③ 维基百科对破窗理论文献做了很好的概括，见词条："Fixing Broken Windows," http://en.wikipedia.org/wiki/Fixing_Broken_Windows.（2008年6月30日访问）

现，更年期女性接受荷尔蒙补充疗法能大大降低心脏病的风险。[①] 可后来的一个随机对照试验发现这种疗法实际上增大了心脏病风险。[②] 后面的试验将 16 608 名更年期女性随机分配到规模类似的小组中，然后给一个小组荷尔蒙组合，给了另一个小组安慰剂。结果表明，以前的试验没有控制这个情况：接受荷尔蒙补充疗法的女性“也更可能去看医生（这也是为什么她们会首先接受荷尔蒙补充治疗的原因），也许更可能运动、饮食健康——和没有接受治疗的女性相比的话。”[③] 所以，不是接受荷尔蒙疗法让女性更健康，而是健康的女性接受了荷尔蒙疗法。

准实验研究也有一些变异形式，如将治疗组在项目前后的数据差距与没有参与项目的类似小组的数据差距作对比。[④] 而且，有时也可以通过统计分析验证一些相关关系，再加上关于世界运行方式的知识，至少能强烈暗示出某种因果关系。畅销书《怪诞经济学》（*Freakonomics*）很大程度上就是基于这种分析。[⑤] 我们不再深究理论和方法了，而要给出几个例子，说明这些方法可以怎样用于慈善。

评估的利弊

这里我们先看一下通过评估能够断言某种干预措施管用或不管用的情况；然后，再讨论无法定论这个普遍存在的问题；还要问所有这些对您作为慈善家的工作意味着什么。

评估之利

阿卜杜勒·拉蒂夫·贾米尔（Abdul Latif Jameel）贫困行动实验室

---

① Jane Brody, “New Therapy for Menopause Reduces Risks,” *New York Times*, November 18, 1994.

② Gina Kolata with Melody Petersen, “Hormone Replacement Study: A Shock to the Medical System,” *New York Times*, July 10, 2002.

③ Susan M. Love, “Preventive Medicine, Properly Practiced,” *New York Times*, July 16, 2002.

④ Joshua Graff Zivin, Harsha Thirumurthy, and Markus Goldstein, “AIDS Treatment and Houshold Spillover Benefits: Children's Nutrition and Schooling in Kenya,” February 2007.

⑤ Steven D. Levitt and Stephen J. Dubner, *Freakonomics: A Rogue Economist Explores the Hidden Side of Everything* (New York: HarperCollins, 2005).

(J-PAL) 是马萨诸塞技术研究院的一个研究中心，专门在发展中国家进行随机对照研究。J-PAL 将一些肯尼亚女孩随机分配到一个组，许诺说如果她们学业考试成绩好的话就会获得学习优秀奖学金和购买学习用品的现金补助；有的则分配到对照组。结果，仅仅是能够获得奖学金这一点就令这些女生认为自己是“好学生”，而且果真考得了更高的分数。实际上，在有资格获得奖学金的学校，学生和老师的出勤率都提高了，甚至连男孩子的考试成绩也提高了。①

2004—2005 年，斯坦福国际研究所（SRI International）用横断面研究方法对湾区 KIPP（知识就是力量）特许学校的表现做了评估。这些学校的“支柱”有：高期望值、父母选择权、学习时间长、校领导自主权和始终专注于结果。（现在正在进行一个随机对照研究，KIPP 及其赞助者也希望对其影响的早期形成性评价能发现明显的进行中途校正的需要。）试验者以 SAT 10 和 CST 两种标准考试为依据，跟踪了 KIPP 学生 2 年的成绩，并将之与具有可比性的加州学校学生的成绩相比。报告解释了这种方法的局限性：

理想情况下，我们会做两种比较来判断 KIPP 学生的成绩是否比他们不上 KIPP 学校要好。第一种是将 KIPP 学生的成绩状况和没上 KIPP 学校之前的状况进行对照。但是，这需要获得单个学生在上 KIPP 学校之前连续几年的数据，而这些数据不能从公开渠道获得……第二种是把 KIPP 学生的成绩和对照组学生的表现作对比。对照组学生或者是（目前还不存在的）KIPP 学校候补名单上的，或者是在本区根据人口特征选出来的合适的学生。而这种比较同样需要获得学生个人的数据，既包括 KIPP 学生

① Michael Kremer, Edward Miguel, and Rebecca Thornton, "Incentives to Learn" (NBER Working Paper No. 10971, National Bureau of Economic Research, 2004), http://www.nber.org/papers/w10971. J-PAL 做的另一个试验则显示干预未能取得预定目标，虽然在实施过程中确实也做了一些好事。关于降低儿童寄生虫发病率是否会导致更高的出勤率从而带来更好的成绩，J-PAL 做了一项随机对照研究。J-PAL 把便宜的驱虫药发放给随机选择的学校的孩子们。这些学校位于维多利亚湖附近一个人口密集的贫穷农垦区。药很见效：1 年后，治疗组学校只有 27%的孩子得了中到重度寄生虫感染，而对照组学校的感染率却高达 52%。然而，这对学业的影响却微乎其微：虽然治疗组学校的出勤率比对照组高 7%～9%，两种学校孩子的考试成绩却没有明显差异。

也包括非 KIPP 学生的数据。①

在存在以上限制条件的情况下，报告指出：

2005 年春季 CST 数据显示，达到熟练或以上水平的 KIPP 学生总体比例比本区对照组学校的高——有些情况下还高很多。同样，在把 KIPP 学生和本州所有学生相比时，研究发现在 5 所 KIPP 学校中有 2 所，ELA（英语语言）考试达到熟练或以上水平的五年级学生的比例高出全州水平；在 3/5 的 KIPP 学校，数学成绩达到熟练或以上水平的五年级学生的比例高于全州水平。同样，在 4 所设有六年级的 KIPP 学校中的 3 所，数学和 ELA 考试达到熟练水平的六年级学生的比例高于本州总体水平。在唯一一所设有七年级的 KIPP 学校中，ELA 和数学考试达到熟练水平的学生的比例也超过了全州水平。

虽然结论还不是最终的，但两种学校的差距之大足以有力支持这一假设：KIPP 的方法真正改变了学生的学业表现——足够证明在从事更多精确研究的同时，应该继续进行甚至扩展 KIPP 项目。

评估之弊

知道某种社会干预成功了，这是很好的事；仅次于它的是能够下结论说社会干预没有成功——这样资助方就会去想更好的办法而不是把钱扔进下水道。一个著名案例是“药物滥用防治教育”（DARE），该项目试图通过课堂教学预防青年人的物质滥用，结果明显不成功。对该项目的随机对照研究一直显示治疗组和对照组学生的长期及短期药物滥用率都相同。②

还有一个例子：数学政策研究公司（Mathematica Policy Research Inc.）受托对意在预防青少年怀孕的联邦禁欲教育项目进行随机对照评估。该公司跟四个不同的州合作，将学校随机分配到接受禁欲教育组和未

① SRI International，*Bay Area KIPP Schools*，*A Study of Early Implementation*：*First Year Report* 2004-05（Menlo Park，Calif.：SRI International，2006），http://policyweb.sri.com/cep/publications/KIPPYear_1_Report.pdf.

② Cheryl L. Perry et al.，“A Randomized Controlled Trial of the Middle and Junior High School D. A. R. E. and D. A. R. E. Plus Programs，” *Archives of Pediatrics and Adolescent Medicine* 157（2003）：178-184.

接受禁欲教育组，然后对学生自己报告的性行为发生率加以分析。2007年公布的结果显示，接受禁欲教育的学校的学生跟没有接受禁欲教育的学校的学生在性活跃程度上是一样的。[①]“青年之声”的会长詹姆斯·瓦格纳（James Wagoner）评论说，“在花费10年时间投入15亿美元公共资金后，这个失败的婚前禁欲项目将作为史上罕见的意识形态领域的浪费被人铭记。”[②]

无法定论

1997年，纽约市教育券试验项目将2 000个有K-4年级学生的家庭随机分配到干预组或对照组中。干预组里的家庭收到私立学校教育券，每个孩子1年1 400美元，连续4年。[③] 对照组则没有拿到教育券。3年之后，研究者对每组的学生进行数学和阅读测试并分析了考试结果。结果表明，除了对非裔学生的成绩有很小的积极影响之外，教育券总体上没有显著影响孩子们的考试分数。其他关于教育券项目的研究也大多显示了类似的结果。[④]

教育券试验没有显示教育券无效。试验的方法问题，特别是样本量小，使结论不好下。[⑤] 由于设计、实施社会干预研究有难度，多数情形下都得准备接受无法下定论的结果。例如，样本原来大小合理，但后来由于损耗而变小了——比如对照组里的家庭有的搬走了，试验者跟他们失去了

---

① Christopher Trenholm et al.，Impacts of Four Title V，*Section* 510 *Abstinence Education Programs*：*Final Report*. 数学政策研究公司2007年4月为美国卫生及公共服务部准备的报告。

② Advocates for Youth，“10-Year Government Evaluation of Abstinence-Only Programs Comes Up Empty，”2007年4月13日的新闻稿，http://www.advocatesforyouth.org/news/press/041307.htm.

③ Social Programs That Work，“New York City Voucher Experiment，”http://www.evidencebasedprograms.org/Default.aspx? tabid=143（2008年6月30日访问）。

④ 见Alan Krueger and Pei Zhu，“Another Look at the New York City School Voucher Experiment，”American Behavioral Scientist 47，no. 5（2003）：658-699；and Institute of Education Sciences，National Center for Education Evaluation and Regional Assistance，“Evaluation of the DC Opportunity Scholarship Program：Impacts After One Year，”http://ies.ed.gov/ncee/pubs/20074009（2008年6月30日访问）。

⑤ William G. Howell，book review，“Data Vacuum，”*Education Next* 2，no. 2（2002），http://www.hoover.org/publications/ednext/3366891.html.

联系；又如对照组碰巧受到其他渠道的干预，这些干预也许跟干预组的相同也可能不同。[①]

遗憾的是，许多负面的和无法下定论的结果从来都没有见光出头之日。前者是相关人士的动机使然，后者则是由于人们不感兴趣——尽管无法下定论的结果也有用，能够为后来的研究提供经验，弥补那些妨碍更清晰结果出现的缺陷。

所有这些对慈善家意味着什么？有时，不用什么复杂方法您也可以评估拨款资助的效果，特别是如果变迁理论相当简单的话。捐款给赈济厨房能让一些人获得饱足，否则他们很可能挨饿。如果您捐款给交响乐团，让年轻人不花钱就能去听的话，只要把他们听音乐之前和之后的表现一比较，就能得到所有您需要的信息。大自然保护协会对生物多样性的复杂评估方法（见第 4 章）尽管很重要，可是，捐赠者从其早先更原始的“资助款数额和栖息地面积”标准中也能得到有价值的信息。

但是，正式评估往往是证实某种促进社会变革的努力确实取得成效的唯一方法。但日常的慈善工作常常难以做到这一点，原因如下：

➢ 慈善干预所处的环境经常不适于试验检测，甚至不适于收集能够回答问题的数据。

➢ 随机对照研究，甚至观测研究，都会耗费不少财力。

➢ 即使设计周全的试验也可能难以得出定论。

➢ 通常不可能把您的慈善贡献与其他力量包括其他慈善家的贡献剥离开来。多数旨在促进社会变革的努力就像一场拔河比赛：绳子的一头是促进变革的力量，而所有导致问题的力量则在另一头拉。您所在的一方赢了没有就往往很难判断，而您要是不参加拔河的话比赛会不会赢这就更难说了。

变迁理论或战略评估

好消息是，只要评估表明某种变迁理论可靠而稳健——即该理论可推

---

① 如见 Paul T. Decker, Daniel P. Mayer, and Steven Glazerman, *The Effects of Teach for America on Students: Findings from a National Evaluation* (Princeton, N. J.: Mathematica Policy Research Inc., 2004), http://www.mathematica-mpr.com/publications/pdfs/teach.pdf.

广至其他人群和地点，并在特定情境之外的情况下也适用——那么，您就能有把握认为基于该理论的干预将会取得预期效果。有时候，结果会很容易测量或者非常显著，不经正式评估您也能理所当然地感到放心。至少，如果某种战略在经过评估之后证明**不能**取得所欲结果，那么您也没有必要在这上面浪费资金了——这可不是小事儿。

影响评估的费用和复杂性也许会诱使您举手投降，靠直觉了事。但是，在放弃之前，想想犯罪学家琼·麦考德（Joan McCord）博士对问题青年项目的评估吧。[①] 她最知名的工作是一项纵贯研究：把为高风险男孩提供辅导、卫生保健和夏令营活动的项目参与者和由类似青年组成的对照组加以比较；结果发现，和对照组相比，参加项目的人更容易成为罪犯、遭遇就业和婚姻问题和酗酒。这些证据不但和预期结果相反，而且和参与者本人的看法也不一致，这些人认为参与项目对自己有好处。（麦考德博士猜想，治疗组的男孩们可能觉得自己之所以受到关注是因为自己有问题，结果导致了自我实现的预言。）从“就说不”毒品防治教育和旨在吓阻年轻人走上犯罪道路的“直接惊吓”项目中，她也发现了类似的矛盾结果。

总之，如果您是一个要长期投身于某个领域的慈善家，那么，把资金——而且是很多资金——花在评估上是很值的。在任何情况下，如果您打算资助某个项目的话，得看看其战略得到了何种经验验证。

要　点

➢在拨款资助或战略实施之后，慈善家要

——监督受助方的表现，确保受助方在做双方商定要做的事；

——对受助方及慈善家本身的进展加以跟踪，并进行适当的调整；

——试图评估战略的影响。

➢影响评估往往复杂且昂贵，但是判断慈善干预到底有没有产生效果是很必要的。试图说明某项战略有影响、适用于其他情境的评估工作，对其所在的领域会很有价值，值得进行慈善资助。

---

① Douglas Martin，“Joan McCord，Who Evaluated Anticrime Efforts，Dies at 73，” *New York Times*，March 1，2004.

第 10 章
影响升级：慈善投资的社会收益评估

在第 1 章，我们提到爱因斯坦的妙语名言："不是所有重要的东西都可以计量，不是所有能计量的东西都重要。"这里我们想起它，是因为本章全是关于计量的——讲的是有关定量影响评估前沿的工作。有些工作也许超出了被认为可以计量的范围，不过我们先来看一个可以计量的例子。

假设都市社区基金会资助了 2 家赈济厨房，它们所处社区的人口特征和救济对象类似。2 家厨房供应同样的食物，为社区中最穷的居民提供热气腾腾的营养午餐。其中，西北厨房每年的预算是 32.5 万美元，1 年中每天救济 200 人。南部厨房年度预算为 25 万美元，服务对象为 100 人。

不用多少数学知识就可以算出来：西北厨房每年的人均成本是 1 625 美元，或每人每天花费 4.45 美元左右；而南部厨房的人均成本是 1 年 2 500 美元，或每人每天约 6.85 美元。基金会及其受助方都想弄明白为什么南部厨房的人均成本会比西北厨房的高。是南部厨房效率不高？还是西北厨房救济对象更多所以产生了规模经济效应？又或者是南部厨房提供了食物以外的其他服务？如果南部厨房仅仅是效率不高，那么它可以向西北厨房学习。如果两者的差别是由于规模经济的影响；那么，或许是城市的人口分布导致这一结果不可避免，又或者南部厨房应该扩大救济范围。

在考虑以上选项后，都市社区基金会也许最终会接受南部厨房救济饥饿人群的成本。不过，假设南部厨房人均 6.85 美元的成本包括了其他服务如就业咨询，那么，基金会就会理所当然地询问就业咨询的收益是否与其成本相称。这就需要估算收益的美元价值。

“太无情了吧?”您也许会问。“这是难免的,”我们会这样回答。至少，您难免会凭直觉做一个测算；您也会推断说，在需要**一定程度**成本的情况下，预期收益不值得进行投资。如果这样，为什么不用真正的评估来检验您的直觉呢？评估可以帮助您：

➢ 制定新的拨款战略或项目战略；

➢ 评估项目成果以改进工作，或者根据评估结果决定是否继续资助；

➢ 基于对预期成绩或过去成绩的评估，决定投资于几个项目中的哪一个。

我们先来看看以前提到的都市社区基金会资助北部居民区中心疫苗接种项目的例子，再来看看真实的基金会的资助案例。我们假定的疫苗接种项目中的数字并非真实的；这个模式只是用来说明预期收益分析的根本路径或方法。

北部居民区中心的疫苗接种项目

在第 3 章描述的疫苗接种项目中，都市基金会和北部居民区中心共同努力检视疫苗接种项目的价值。其中，他们与公共卫生和劳工专家进行了会谈，从雇用社区卫生员改善公众健康状况的人那里也了解了一些情况。最后他们得出了以下估算：

➢ 未接种疫苗的成人中 15%左右今年会感染流感。

➢ 平均下来，得一次流感会使 1 名工人矿工 5 天。以目标社区工人的一般工价来算，这相当于 480 美元的实际损失。

➢ 如果没有某种服务扩大项目，目标工人中几乎没有人会接种疫苗。

➢ 虽然项目计划通过社区卫生员拜访 3 000 人，但由于它刚刚实施、未经检验，所以可能只会覆盖目标人群中的75%。

➢在卫生员拜访的工人里，大约80%的人会报名接种疫苗。

➢在报名的人里，只有大约60%的人实际会接种疫苗。

➢所用疫苗在预防流感上的有效率为90%。

➢根据以上事实，他们计算了项目的可能收益：

➢社区卫生员将拜访3 000名目标工人中的75%或说2 250人。

➢在拜访的工人中，80%或说1 800人会报名接种疫苗。

➢在报名的人中，60%或说1 080人会接种疫苗。

➢预计接种疫苗的人中的90%或说972人能有效预防流感。

➢在得到流感疫苗保护的人中，估计有15%或说146人如果不接种疫苗的话就会感染流感。

➢这146人原本可能损失共计70 080美元的工资收入。

那么，成本又如何？制定和执行北部居民区中心的服务扩大计划，需要招聘、培训并雇用足够的社区卫生员，以便联系这3 000名工人。招聘费用和工资会达到3.5万美元，培训又得花费1.5万美元。中心管理成本是直接成本的15%，或说7 500美元。这样，固定成本就达到了5.75万美元。而注射流感疫苗的成本，包括护士花费的时间和中心的管理成本，人均约为15美元。疫苗只要需要就能供给。由于预计1 080人会接种疫苗，所以接种疫苗的总成本为1.62万美元。所以，整个项目的总成本为7.37万美元。

无需金融奇才您也能推算出疫苗接种项目的成本超出了70 080美元的收益，虽然超得不多。也许差距很小，以至于您认为这些钱花得值，因为这避免了把流感传染给其他人，也避免了感染流感带来的痛苦和医疗成本——这些成本并不小，即使不好估算。由于培训项目的成本绝大部分是固定的，所以可以通过扩大项目的覆盖范围来降低成本。但是，对于一个已经够有雄心的试点项目来说，这显得不太切合实际。令人有点失望的估算结果，会促使社区基金会和居民区中心考虑替代战略来鼓励流感疫苗接种——例如，尝试一下宣传项目，这比个人拜访的成本要小；或者为工人提供保险。

当然，决断所依据的数字都是推测出来的；有些误差幅度可能很大。但是，没有理由认为这些数字低估而不是高估了影响。实际上，人们往往过分乐观地认为此类复杂项目能取得成功。我们刚才所做的这种一步一步地分析，需要您明确自己的假定，根据能获得的最好证据检验您的直觉，并且要跟别人对话。

预期收益的概念

都市社区基金会和北部居民区中心所做的分析可以用成本收益率来表示，它是预期收益计算中的根本要素①：

$$\frac{\text{收益}}{\text{成本}}$$

收益——更准确地说是**预期**收益，因为我们估算的是未经检验的项目的可能结果——是项目的目标或说所希望的最终结果的价值，是考虑到可能会妨碍目标实现的影响因素并经此调整过的价值。这些因素通常包括每个计划步骤产生的中间结果。例如，如果保护一个工人不感染流感所得的价值为 480 美元，那么收益则是实际避免感冒的人数乘以 480 美元。我们在上一节看到，要估算避免了流感的人数，要用目标人群的总数（这里是 3 000 人）乘以那些剔除了没有受益于该项目的人数的因素。结果就是如果不是疫苗接种项目本来会得感冒的人数。

重复一下刚才的分析，您可以在计算器里将以下因素相乘：

$$\underset{(3\,000)}{\text{目标}} \times \underset{(0.75)}{\text{拜访}} \times \underset{(0.80)}{\text{报名}} \times \underset{(0.60)}{\text{接种}} \times \underset{(0.90)}{\text{接种有效}} \times \underset{(0.15)}{\text{本来可能感染流感}}$$

结果是估计有 146 个避免流感的案例，总收益为 70 080 美元。由于项目成本为 73 700 美元，所以项目的成本收益率率稍稍小于 1，即每花 1 美元只得到 0.95 美元的收益，也就是说收益稍低于成本。（由于上述原因，这并不意味着都市社区基金会不该资助该项目——虽然应该鼓励寻找更便宜的方式来达到同样的目标。）

下面还会讨论，预期收益是预期收益的成本收益率折去成功的几率之

① 和成本收益率不同，预期收益率公式的分子是净收益（减去成本的收益）：

$$\text{预期收益率}=\frac{\text{收益}-\text{成本}}{\text{成本}}$$

公式里的“收益”部分降低，实现收益的几率小于 100%。

后得到的结果。

$$预期收入=\frac{(收益\times几率)}{成本}$$

REDF：投资社会收益分析的先行者

在转向下面的案例分析之前，关于投资社会收益分析（SROI）的先行者 REDF（罗伯茨企业发展基金），我们想说两句。在第 5 章，我们提到它为多个员工培训组织建立了管理信息系统。REDF 于 20 世纪 90 年代在 SROI 方面的探索，对该领域所有以后的工作都有深远影响。

REDF 在 SROI 分析上显著而特别的地方之一是它对社会收益中“社会”的界定——它不是经过培训转向效益好的工作岗位的个人获得的收益，而是这些人由于缴税额增加和对公共福利与服务的需求减少所节约的成本。[①] 这些方面的估算使 REDF 得以说明其社会投资对私人投资者、慈善家以及政府的价值。REDF 还推断说，和衡量个人收益相比，这些数字是反映社会投资价值的更可靠、连贯和适中的评估方法。由于 REDF 的受助组织很大程度上倚赖其员工服务挣来的钱和基金会的拨款，所以，受助组织的成本包括运营净损失和拨款金额。[②] 虽然只有少数几个组织在财务上收支相抵，但所有或说多数组织都取得了净社会收益。

由于种种原因——例如受助组织更关心个人及其家庭收益而不是公共成本节约——REDF 已经放弃了它分析社会收益的这种方法。但是，REDF 是该领域的开路先锋，而且它仍然是湾区员工培训项目的一个的重要战略性投资者。

---

① 关于以公共部门节约的资金作为衡量成功的标准的分析，以及对 REDF 的 SROI 分析方法的其他批评，可见：Cynthia Gair，A Report from the Good Ship SROI（San Francisco：REDF，2005），http://www. redf. org/publications-sroi. htm.

② REDF，“REDF's SROI Analysis：The Process，” Chapter 3 in *SROI Methodology*（San Francisco：Roberts Foundation，2001），30，http：www. redf. org/download/sroi/sroi_method_3. pdf.

国内反贫困项目的影响评估与比较：罗宾汉基金会的“度量”分析

罗宾汉基金会建立于 1988 年，目标是通过拨款资助和管理援助降低纽约市的贫困率，项目领域有四个：幼儿及青少年时期发展、教育、工作培训和经济安全、基本的生存援助如健康援助。①

2003 年，罗宾汉基金会开始通力评估受助组织为贫困的救济对象带来的个体收益，目的是对同一个项目领域中拨款资助对受助组织产生的影响进行比较；以及更理想的是，对不同的项目领域进行比较。② 但就像基金会所说的，问题是“怎样对苹果（特许学校）和橘子（家庭保健护理）的反贫困影响进行比较?”解决之道是建立一个系统来评估资助对每个受助组织产生的社会影响。

和 REDF 不同（但和我们假想的都市社区基金会相似），罗宾汉基金会是根据贫穷的救济对象及其家庭所得的个人收益进行影响评估的。例如，在为刑满释放人员创办的工作培训项目中，基金会评估了工作安置对受训者重犯和未来收入的影响。对于幼儿项目，它评估的是阅读预备度对中学毕业率以及个体未来收入的影响。对治疗肝炎的诊所，基金会将接受诊治的成人数量换算为整体福利的美元价值。

虽然罗宾汉基金会没有发布关于特定受助组织的信息，但却通过一个虚构的例子“鲍勃的工作”（Bob's Jobs）说明了自己的评估方法。“鲍勃的工作”是针对女性的员工培训项目。它使用的数据是对基金会真实项目的数据的综合。

以下是罗宾汉基金会计算“鲍勃的工作”收益的方法。在 150 名受训者中，有 72 名完成了培训。这些建筑新手中有 51 人在 3 个月（但不是一整年）结束时仍然没有下岗，另外 31 人在 1 年结束时仍然留在了工作岗位上。

---

① 以下行文多数都是参考了 Michael M. Weinstein 在 Cynthia Esposito Lamy 协助下所著的 *Measuring Success: How The Robin Hood Foundation Estimates the Impact of Grants*，（New York：Robin Hood Foundations，2008）一书。

② Robin Hood Foundation，*Quarterly Update*，4th quarter 2004，4-7，http://www.robinhood.org/images/results/updates/Q4_2004.pdf.

该项目给受训者带来了多少收益？罗宾汉基金会比较了每个受训者在参与项目之前和毕业之后的工资。41 个短期就业的女性工资平均增长了 2 900 美元，或总体增加了 12 万美元。而 31 个受雇至少 1 年的女性年均工资增长约为 1.2 万美元。为计算项目给这 31 名女性带来的价值，罗宾汉基金会做了如下假设：

➢ 她们会继续被雇用 3 年。

➢ 她们的年薪会增长 1.5%，除去通胀因素。

➢ 根据每人平均 1.8 个孩子和关于父母就业影响的研究成果，每个家庭的代际收入将增长 5.6 万美元。

➢ 计算所有收益的现值的贴现率为 3.5%。

基于以上假设，罗宾汉基金会估计这 31 个长期工的收益净现值为 910 万美元。加上 41 个短期工以前的收益，项目创造的总价值为 920 万美元。

但是，罗宾汉基金会只给该项目提供了大约一半资金，还有其他公、私捐赠者参与了资助。所以，罗宾汉基金会在总收益中所占份额是 460 万美元。

那么，成本又是多少？该项目得到的拨款为 20 万美元。罗宾汉基金会没有计入拨款的管理成本；这些成本不高，跟基金会其他反贫困项目也没有太大的差异。分子 460 万美元除以分母 20 万美元，所得成本收益率（或每美元预期收入）为 23。换言之，罗宾汉在项目上每投入 1 美元，受训者及其家庭就能赚进 23 美元——非常好的投资收益。

罗宾汉基金会在其他反贫困项目上也做了类似的计算，如帮人管理预算、银行账户和贷款的项目（成本收益率为 1.9），还有一个治疗哮喘、肝炎和癌症的诊所（成本收益率为 12）。①

① 计算诊所的收益特别有趣而复杂，因为要把健康收益转化为美元。罗宾汉基金会以品质调整生命年数（QALYs）为单位，将每个质量调整生命年赋值为 10 万美元，这和某些联邦机构的评价方法是一致的。品质调整生命年是医疗经济学里经常使用的单位。一个品质调整生命年相当于身体健康的 1 年，而低于 1 的品质调整生命年则代表生活在痛苦、不适或残疾中的 1 年。见：Implementing QALYs，What is…？Series 2，no. 1（Hayward Medical Communications，2004），http://www.evidence-based-medicine.co.uk/ebmfiles/ImplementQALYs.pdf；and Maria Segui-Gomez，“Overview of Preference Based Health Status Measures”（2000 年 5 月 15 - 16 日在马里兰州巴尔的摩“Measuring the Burden of Injury”第三届国际会议上的主旨发言），http://ntl.bts.gov/lib/11000/11400/11433/keynote_4.htm.

虽然成本收益分析渗入罗宾汉基金会工作的方方面面，但是基金会也意识到计算结果并不精确。所以，它还进一步将度量结果与该领域项目官员和专家的敏锐直觉彼此验证；同时诱导项目官员和专家们面对成本收益分析所得的数字来证明自己直觉的合理性（关于纽约商机基金利用 SROI 分析来评估国际开发中的投资机会的个案研究，可访问 www. smartphilanthropy. org）。

利用预期收益评估所提战略：休利特基金会的全球发展项目

成本收益分析或说预期收益分析有助于对特定的拨款资助项目加以指导，它同时也可以帮助制定慈善战略，即拨款资助的框架。在与红石战略集团（Redstone Strategy Group）的协作下，休利特基金会将传统的 SROI 分析中的成本和收益与预估的成功几率结合起来，以比较其在全球发展新项目中可能战略的预期收入。

全球发展项目的目标是“为每日生活费用低于 2 美元的人增加收入、改善福利”。为了实现目标，项目员工考虑了很多在发展中国家实施的战略，最终选了三个：第一，提高政府的透明度和问责度，以改善公共服务供给状况；第二，提高农业市场的可及度，改善农村贫困人口的经济条件；第三，提高教育质量。在任何一个项目所涉发展中国家，每一个战略都有无数种实施方案。

我们利用在尼日利亚提高透明度和问责度以改善治理的例子来阐明评估方法。[①] 尼日利亚每年石油收入为 500 亿美元，还能得到 10 亿美元的援助，但还是有 62%（1.2 亿多人）的人生活在赤贫中。人们普遍认为腐败是造成这种状况的罪魁祸首。有研究表明，减少腐败能够提高政府效能，增加人均国民总收入，提高最贫困的人的福利水平，而且改善幅度很大程度上可以预知。

以预期收入分析为指导在不同投资选项中进行抉择，需要一个共同的

① 该例取自：Redstone Strategy Group，*Making Every Dollar Count*：*How Expected Return Can Transform Philanthropy*.

度量标准。基金会的做法很简单：它以每日生活费用低于 2 美元的人收入翻番为度量标准。下面总结的预期收入计算，给出了一个大致的估算范围，让基金会明白 8 年内先在尼日利亚投入 3 000 万美元能带来什么结果。3 000 万美元中涵盖了一套提高政府透明度和问责度活动的拨款资助，这些活动包括支出跟踪、预算监督和关于公共服务质量的“公民报告卡”。

在计算预期收入时，员工们考虑到了以下因素：投资彻底成功的话将带来多少可能收益，预计成功率，基金会的贡献比重以及成本。所有这些评估依据的都是开发专家和基金会在墨西哥资助类似工作的一线经历。基金会用以下公式计算预期收入：

$$\frac{\text{理想的收益}\times\text{成功几率}\times\text{休利特基金会的贡献份额}}{\text{成本}}$$

➢**彻底成功情形下的收益**是当提议的变迁理论取得完美成功之后将会实现的社会收益。基于研究和专家访谈、基金会在墨西哥的经验和尼日利亚的发展趋势，估计在没有风险的情况下，休利特基金会和其他捐赠者在提高透明度和问责度方面的投资将会使 800 万每日生活费用不足 2 美元的尼日利亚人的收入翻番。

➢**成功几率**反映了一个现实：几乎所有的慈善变迁理论都面临战略、组织和外部风险，而尼日利亚的腐败历史则加大了这些风险。在计算这些风险时，基金会再次咨询了专家，并借鉴了它在墨西哥进行类似资助的经验。员工们意识到，变迁理论的实现有赖于不断变化的许多要素的完美协同，所以，对于改善尼日利亚治理状况的成功几率，他们给出的估算是 25％。

➢**休利特基金会的贡献比重**，是对大功告成后的军功章里有基金会多少比例的一个估算，依据的是投入资金的**数额**及其产生的**影响**。由于变迁理论的实现还有赖于其他基金会的捐赠和许多非慈善性投资的注入，所以休利特基金会的贡献显然只是更大努力的一部分而已。考虑到这些因素，基金会的资金投入可能会小于 5％。不过，由于它能催生其他投资，所以在估算预期收益时，基金会估计它的贡献将达到 10％。

➢与所讲的收益相伴的**成本**涉及支持非政府组织进行预算和收益监管、支出跟踪、在落实信息自由法时对政府官员进行培训。成本还包括在拨款、监督和评估等环节的管理费用。前面提到，基金会的变迁理论要实现的话，需要在 8 年内投入 300 万美元。

将收益要素综合起来考虑，休利特基金会和红石战略集团最后认为，基金会在尼日利亚透明度和问责度上的 3 000 万美元投资将使 20 万每天生活费用低于 2 美元的人收入翻番。

$$\underset{(800\text{ 万穷人收入翻番})}{\text{大功告成后的收益}} \times \underset{(0.25)}{\text{成功几率}} \times \underset{(0.10)}{\text{休利特基金会的贡献}}$$

$$=\frac{\text{预期收益}}{(20\text{ 万穷人收入翻番})}$$

将预期收益除以成本得到的预期收入如下：

$$\frac{8\ 000\ 000 \times 0.25 \times 0.1}{30} = 6\ 667$$

所以，预期收益计算结果显示，休利特基金会在尼日利亚透明度和问责度改进上每花 100 万美元，就有望使 6 700 个穷人的收入翻番。

用同样的分析方式计算一系列可能的投资，最后得出了一系列结果：从资助公共服务影响评估产生的很高的预期收益，到发展中经济体的贸易改革带来的很低的预期收入，各种结果都有。基金会知道这些估算并不精确，所以最终决定只关注那些预期收益高的战略，包括提高尼日利亚和其他地方的透明度和问责度，公共服务影响评估、改进农业市场、在某些发展中国家开展教育。目前，休利特基金会正运用这种分析来确定在非洲的什么地方实施这些战略中的哪一些。

计算每投入 1 美元能产生多少美元的预期收益

全球发展项目在实际估算时包括了未用美元计算的福利因素，所以休利特基金会没有计算其决策带来的以美元计算的预期收益。但这样的计算是可能的。可以按下面的方式来算。

数据表明尼日利亚每天生活费用低于 2 美元的人平均年收入为 644 美元；所以，一个人收入翻番意味着每年增加 644 美元。我们（保守地）假定 1 个人连续 10 年维持这个收入，那么他的总收入会增加 6 440 美元（不计贴现率）。所以，1 美元投入带来的预期收入算起来就是：

$$\frac{800\text{ 万人}\times 25\%\text{的成功几率}\times 10\%\text{的比重}\times 6\,440\text{ 美元收入}}{3\,000\text{ 万美元}}$$

结果，1美元投入产生的预期收益是43美元左右，相当可观。但是，考虑一下投资风险可能也未必不合理。

关于预期收益分析的一点技术性说明，可见 www. smartphilanthropy. org。

关于预期收入的总结

拨款资助的预期收益和管理成本

以上概括的进行预期收益分析的基金会之所以那样做，是因为他们相信预期收益分析既能改进其资助工作，也能为更大的慈善领域贡献有益的知识。我们认为这种做法不错，虽然不好说一定会成功。虽说如此，战略规划、尽职调查、监督与评估——当然还有预期收益分析——花的钱要比不经这些程序而直接资助要来得多。① 管理费用每花掉1美元，用于拨款的钱都会少一些。这是不是说您应该尽量降低管理成本？我们的答案毫无疑问是“不”。您不应尽量减少而是要尽量本着取得影响的意图来**优化**管理成本。

所以，预期收益分析的价值实际上取决于在取得影响方面的预期收益。即便分析的误差幅度很大——就像休利特基金会在全球发展项目上的战略规划一样——预期收益也是我们可能做出的最好的猜测：不应先验地认为估算结果要么低于要么高于实际结果。同样重要的是，正如纽约商机基金的首席投资官员所言：预期收益分析的价值“不在于数字……数字最终自会出来；而是在于它迫使我们的团队通过边际分析来思考这个问题：和一般的方法相比，我们的方法究竟是不是真的使慈善资金取得了大得多

---

① 国际项目、对个人的资助和直接慈善活动以及更大的员工规模都增加了独立基金会尤其是小型基金会的开支。Elizabeth T. Boris et al., *Foundation Expenses and Compensation: How Operating Characteristics Influence Spending* (Urban Institute, Foundation Center, and Philanthropic Research, 2006), http://www. urban. org/UploadedPDF/311281_Foundation_Report_final. pdf.

的社会影响？"[①]

一败涂地的风险

一些慈善投资的预期收入可能是正的，而且实际可能非常高；但是也有完全失败的可能。事实上，失败的几率可能要大于成功的几率；但是，预期收益却能证明投资的合理性。许多倡议性项目都属于这种情况。

例如，我们可以考虑一个环保倡议项目：它有 40%的几率获得 5 000 万美元的国家资金兴建新的公园，也有 60%完全失败的可能。如果项目运转需要 25 万美元，那么

$$\text{预期收益}=\frac{(5\,000\text{ 万美元}\times 40\%)}{25\text{ 万美元}}=80$$

对于您 25 万美元的投资来说，可能的收益非常大——但也有 60%失败的可能性。预期收入分析根本上不太关心风险。这个 25 万美元的倡议项目，预期收益率高达 80；而该项目也有 88.9%的几率赢得 2 250 万美元的公园建设资金。要不要做这个高风险投资，取决于您对风险的容忍度有多大。[②]

影响与归功

许多有思想的影响评估评论者告诫说，要把某种结果归功于某个捐赠者，通常是徒劳无功的。[③] 社会变迁的原因通常太复杂，而参与者也太多，所以很难说某一项甚或一系列资助扭转了局势。无疑，也有例外——特别是干预行为发生在当地，而且目标高度明确，就像一些工作培训项目一样。但在另一个极端，如果您是支持民权运动或在某个发展中国家做减贫工作，您就忘记数算功劳这码事儿吧。

---

① 2008 年 1 月 5 日与保罗·布雷斯特的电邮通信。

② 我们的例子没有考虑取得国家资金的机会成本。它可能是从其他有价值的项目中剥离出来的资金，也有可能导致税负提高从而抑制经济增长。考虑这些事情，需要明确所欲结果是什么，以防一个项目的成功以另一个项目的失败为代价。然而，我们看不出基金会有什么理由在拨款资助时选择风险中性以外的行为。

③ Mark Kramer et al.，From Insight to Action：New Directions in Foundation Evaluation（FSG Social Impact Advisors，2007），http://www. fsg-impact. org/images/upload/From%20Insight%20to%20Action(3). pdf.

即便您的变迁理论及其可靠且有经验支持，您的边际贡献也往往是微不足道的——至少是在其他人也在为共同目标努力的情况下。这是否推翻了本书的主题——战略慈善讲的就是影响？当然不。预期收益的概念表达的是一种更加细致入微的观点，即战略慈善是关于**预期影响**的。它是要确保您的慈善干预有可能产生影响——即便实际上您可能永远也不清楚您的特定资金产生了什么效果。边缘地带的资金足够多的话，就能累积出绝对不边缘的东西。

预期收入分析的风险和价值

布鲁斯·西弗斯（Bruce Sievers）曾是沃尔特和伊利斯·哈斯基金会（Walter and Elise Hass Fund）的执行董事，现在是斯坦福大学的访问学者。他对预期收益分析提出了直言不讳的批评。他主要批评的是如果强调“可度量结果……可能会扭曲组织项目，或事实上导致更加重要但无形的目标被置之不理”①。这种担忧有例可证：一个资助表演艺术的基金会在评估受助组织的表现时，只看他们观众有多少、票房成绩如何，而不考虑表演的质量。西弗斯接着指出：

> 环保运动、美国政界保守议程的兴起、为男女同性恋群体争取平等权利的运动，背后都有重大的慈善资助，它们改变了美国人的生活，但任何“投资收益”分析都很难评估其影响。当然，我们相信在这些问题上的投资**产生了**可以计量的收益，但关键是这些运动重塑了美国人的道德图景，极大改变了社会运行和自我理解的方式，还导致了政策变化。在这些问题上投入慈善资源，不仅仅是分析投入和产出的增值，而是对混沌不明、不可预料、需要深刻变革的问题的道德介入。②

对此我们完全赞同。一些项目比其他项目更适于度量，一些项目则完全难以计量。慈善家如果歪曲自己的使命追求仅仅可以度量的结果，将是一个悲剧性错误。而且，即便预期收益分析看似有价值，其误差幅度也可

---

① Bruce Sievers, “Philanthropy's Blindsports,” in *Just Money*: *A Critique of Contemporary American Philanthropy*, ed. H. Peter Karoff (Boston: TPI Editions, 2004), 132.

② Bruce Sievers, “Philanthropy's Blindsports,” in *Just Money*: *A Critique of Contemporary American Philanthropy*, ed. H. Peter Karoff (Boston: TPI Editions, 2004), 132.

能很大。

告诫言犹在耳，但我们仍然认为预期收益分析是帮助明确而不是扭曲了罗宾汉基金会、休利特基金会和其他基金会的工作，而它对您也可能有益。一方面，预期收益分析迫使您明确自己的目标和假设，让您切实理解慈善导致社会变迁的力量，让您清楚一路伴随的风险。它可以让您了解特定战略或资助的效能并检验您在这方面的直觉。而且，它还使您和同事们讨论问题有了焦点。

总体而言，我们猜预期收益分析更适于相对成熟或完善的领域，而不是刚刚起步的领域。但是预期收益分析本身还在起步阶段，我们希望资助者能继续在许多资助领域发展和应用分析模型，并把发现告诉大家。

要　　点

➢慈善投资的成本收益率是社会收益与拨款额及相关成本的比率。

➢收益不明确时，预期收益公式会考虑收益无法实现的可能性。

➢在个人生活和业务工作中，人们会直觉地预测预期收益。即便不可能精确估算预期收益，预期收益分析也能使您的直觉更敏锐。

第2篇

行业工具

第1篇有许多例子，讲的是慈善家怎样与受助组织合作来达到共同目标。以下3章将非营利组织及一些企业从事的不同活动分为三类：

➢ 开发知识和传播知识（第11章）

➢ 帮助提供产品和服务（第12章）

➢ 改变个体、政府和企业的行为方式（第13章）

以上是您和受助组织可以用来实现共同目标的工具。不同的战略自然需要不同的方法组合。试想一下关注本城穷人困顿生活的慈善家可以采取的方法。根据穷人的状况、他的时间范围及兴趣，慈善家可以选择以下手段来落实相应的战略：

➢ 提供直接服务，满足对食品、衣物、住房或医疗的迫切需求。

➢ 资助培训工作，使人们能够在私营部门找到工作。

➢ 改变造成贫困的个人行为，如减少吸毒或青少年怀孕现象。

➢ 通过倡导建立扶贫系统改变当地政府或产业的行为，如发放房屋代金券、提高最低工资标准、增加对穷人的政府支出或出台更多能够改善穷人生活的管理规定。

和工匠做决定一样，您对工具的选择取决于您认为哪些工具或工具组合能把工作做得最好。目标决定工具的选择，而不是相反。牢记这一点之后，下面几章要集中讲讲工具本身。可以使用的工具有哪些？不同工具的特点和局限是什么？工具选定后，怎样确保能好好利用这个工具？

在考察以上方面之后，第14章分析了慈善家在发展慈善领域和促进社会运动中的作用——这样的活动一般需要使用不同的工具。

第 11 章 传播知识

至少有两种根本不同的知识类型：一类是基础的理论知识，没有立竿见影的实际效果，只是满足我们永恒的好奇心；另一类是具备有益用途的实务知识。在其经典著作《创新的扩散》一书中，埃弗雷特·M·罗杰斯指出二者的关系是：

> 多数技术革新是由科学研究造就的，虽然技术革新往往是科学方法论和实际问题互动的结果。技术的知识基础通常源于基础研究。而基础研究旨在促进科学知识发展的原创性考察，没有将知识应用于实际问题的具体目的。①

① Everett M. Rogers, *Diffusion of Innovations*, 5th ed. (New York: Free Press, 2003), 135.

对开发、保存和传播知识与文化的机构加以资助

英国数学学会的一个祝酒词是这样说的："纯粹的数学；愿它对任何人都没有用！"[①] 在资助大学、博物馆和其他致力于开发、保存、传播和教授知识与文化而不管其实际用途的机构的过程中，慈善发挥了关键作用。

艺术、社会科学和自然科学的进步有赖于许多不同的实际工作者、学者、艺术家和思想家的创造性。创造性被描述为"重组式增长"或"有效惊奇"[②] ——把既有知识转化为始料未及的东西的过程。创造此类知识是大学、艺术组织和其他学术及文化机构的核心使命。

观念的丰富和持续发展，单靠资助那些有预定结果的特定项目是不成的，还需要给有创造性的个人以按照自己的想法做事的自由。为此，慈善家资助了艺术家、学者、大学和其他促进并培育创造性的机构。根据这种设计，他们产出的多种结果难以事先界定，更别说度量了。短期内的效率损失是不可避免的。不是所有的艺术家和学者都勤奋，不是所有勤奋的人都有创意，不是所有的创意都值得投入。但是，随着时间的推进，慈善家对这种结局未知的创造性的支持会带来极大的回报。[③]

下面几个例子说的是学者追求自己的兴趣，最终导致了有巨大实用价值的进展——有些是预先追求的，有些是意外收获。他们的研究所倚赖的

---

① "Scientific Men and Their Duties," Science, December 10, 1886, 543; Fred M. Shapiro, ed., *The Yale Book of Quotations* (New Haven: Yale University Press, 2006), 715; Fred Shapiro, e-mail to the Math Forum @ Drexel mailing list, October 8, 2004, http://mathforum, org/kb/message. jspa? messageID=3226528&tstart=0.

② Martin L. Weitzman, "Recombinant Growth," *Quarterly Journal of Economics* 113, no. 2 (1998): 331-360; and Jerome S. Bruner, *On Knowing: Essays for the Left Hand* (Cambridge, Mass.: Belknap Press, 1962), 18.

③ 要注意不确定的结果未必伴随不确定的战略。例如，学界有一套旨在促进创造性和用来评估结果价值的程序——包括学术自由、休假、终身教职和同行评议——虽然没人能事先说清结果会怎样。

机构基础设施得益于对大学及其院系的捐助。①

➢克劳德·香农（Claude Shannon）在密歇根大学和麻省理工学院关于信息理论的研究，对所有现代电子技术都至关重要。②

➢加州大学洛杉矶分校的免疫学者迈克尔·戈特利布（Michael Gottlieb）寻找“有趣的教学案例”的过程，最终导致了人类免疫缺陷病毒（HIV）的发现。③

1995 年诺贝尔化学奖授予了麻省理工学院的保罗·克鲁岑（Paul J. Crutzen）和马里奥·莫利纳（Mario J. Molina）和加州大学欧文分校的F·舍伍德·罗兰（F. Sherwood Rowland），奖励他们在大气化学领域的开拓性工作，他们的工作最终导致了“关于消耗臭氧层物质的蒙特利尔议定书”的签署。

➢伊西多·艾萨克·拉比（Isidor Isaac Rabi）在哥伦比亚关于核磁自旋的测量工作获得了 1944 年诺贝尔物理学奖，他的工作导致了核磁共振成像和原子钟的出现。

在特定的科学和人文发现之外，整个科学和人文学科领域领域——从冲突解决到行为经济学——都是这样演化的，都是从没有预定目标或实用

---

① 我们也可以举出类似的例子，那些美国以外的、更多倚赖政府资助而不是私人慈善的大学的例子。例如，阿玛蒂亚·森关于发展经济学的研究，见：“Amartya Sen：Autobiography” in Tore Frangsmyr，ed.，*Les Priz Nobel*，*The Nobel Prizes*，1998（Stockholm：Nobel Foundation，1999）；还有艾尔伯·费尔和彼得·格林贝格获得诺贝尔奖的关于巨磁阻效应的独立研究成果，它引致的技术使大量信息得以存放在笔记本电脑和 iPod 小硬盘上，见：John Johnson Jr.，“Two Europeans Share Nobel in Physics，” *Los Angeles Times*，October 10，2007，http://articles. latimes. com/2007/oct/10/science/sci-nobel10/2008-07-02；以及导致 DNA 发现的研究。多年来关于 DNA 的研究的多数研究都是在大学里进行的，从剑桥大学詹姆斯·沃特森（James Watson）和弗朗西斯·克里克（Francis Crick）的团队和罗莎琳德·富兰克林（Rosalind Franklin）与莫里斯·威尔金斯（Maurice Wilkins），到加州理工学院的莱纳斯·鲍林（Linus Pauling）都是这样，见：Ralf Dahm，“Discovering DNA：Friedrich Miescher and the Early Years of Nucleic Acid Research，” *Human Genetics* 122（2008）：565-581，http://springerlink. com/content/8uuk483j11t513t6/fulltext. pdf.

② “MIT Professor Claude Shannon Dies；Was Founder of Digital Communications，” Massachusetts Institute of Technology News Office，February 27，2001，http://web. mit. edu/newsoffice/2001/shannon. html.

③ Elizabeth Fee and Theodore M. Brown，“Michael S. Gottlieb and the Identification of AIDS，” *American Journal of Public Health* 96（2006）：982-983，http://www. ajph. org/cgj/content/extract/96/6/982.

目标的基础研究起步的。

慈善资助不仅涉及科学技术，还惠及艺术、音乐和文学的生产制作。在各种艺术组织之外，教授的职位也往往为艺术家提供了追求激情的财务稳定性。有些作家和诗人，如华莱士·斯特格纳（Wallace Stegner）、托尼·莫里森（Toni Morrison）、乔伊斯·卡罗尔·欧茨（Joyce Carol Oates）和谢默斯·希尼（Seamus Heaney），都有大学教职。一些作曲家如罗杰·塞欣斯（Roger Sessions）、艾略特·卡特（Elliott Carter）、莫顿·费尔德曼（Morton Feldman）、约翰·哈比森（John Harbison）、约翰·科里利亚诺（John Corigliano）和建筑师如路易斯·康（Louis Kahn）和贝聿铭（I. M. Pei）也都如此。①

在大型教育机构和文化机构之外，慈善家还资助了许多其他创造和传播知识的组织，从思想库（如布鲁金斯学会和美国企业研究所）到行业组织（如美国政治学学会）再到兴趣团体（如北美简·奥斯丁协会）。

慈善资助还面向迅速增加的通过网络在线传播知识的组织，包括大学，其网络存在扩张迅猛。麻省理工学院的公开课项目使公众可以获得它的所有课程②；德州大学奥斯汀分校的世界讲座学术馆提供从世界各地大学搜集的免费材料③；加州大学伯克利分校提供流式音频、视频格式的课程及特别活动网络广播④。网络知识开发基础设施也得到了慈善资助，如Creative Commons（知识共享），它推出了对传统版权的替代选项，让音乐、艺术、教育内容和其他可以申请版权的材料的创作者可以使其作品在慷慨的授权许可下为公众获得。

---

① 在至少整个19世纪中期，资助分别来自教会和赞助人——从美第奇家族到艾斯台尔哈奇亲王（Prince Esterhazy），弗朗茨·约瑟夫·海顿（Franz Joseph Haydn）曾在后者的城堡里作曲。虽然艺术家有责任聚会见面——约翰·塞巴斯蒂安·巴赫（Johann Sebastian Bach）必须为每个星期天的教堂礼拜仪式写一首合唱曲——也经常有特定的委托作业，但他们的赞助人给他们足够的时间追逐自己的灵感。

② Massachusetts Institute of Technology，MIT OpenCourseWare，http://ocw. mit. edu（2008年6月30日访问）。

③ World Lecture Hall，http://web. austin. utexas，edu/wlh（2008年6月30日访问）。

④ 见：Adam Hochman，"Webcast. Berkeley Is Growing，" iNews，September 13，2007，http://istpub. berkeley. edu:4201/bcc/Fall2007/1114. html。2006年有1 000万多用户从这个网址下载内容，使其成为访问量最大的教育网站。

支持应用型实践知识开发：战略性概览

有些知识从一开始就追求实际用来解决某一问题，不管是贫困问题、恶劣健康状况、优质教育需求还是环境恶化的问题。而慈善在这些知识的开发中也发挥了重要作用。然而，在对此类知识进行投资之前，您需要了解它在整个战略中的地位。我们建议您在投资于有特定目的的研究之前先考虑考虑以下几点：

➢ 确保该研究对于解决手头的问题来说很关键。

➢ 琢磨一下这项研究，保证您有能力支持它。

➢ 准备应对失败。

➢ 准备迎接成功。

确保该研究的重要性

有时候，做更多研究是因果链上的必要环节。但有时候需要知道的我们都已经知道了（或者和学习付出的代价相比，我们学到的东西已经够本了）；实现目标的障碍不在于了解不够而是在于执行不力。虽然防治许多疾病所必需的知识还有很大不足，但数百万非洲儿童却是死于我们知道如何防治而且防治费用并不特别昂贵的肠道疾病，只因为现有药物没有有效发放。虽然关于 K-12 学校最有效的教学技巧是什么还存在巨大的未知数，但知识的欠缺并不是向贫民区学生提供充足资源的主要障碍。关于全球变暖的科学知识决不完备——而且急需更多实用性的技术方案——但当务之急是在更大范围应用既有的清洁能源技术，而在此掣肘的是政治担当不足，不是知识欠缺。

华盛顿思想库：应用研究还是提出倡议？

在《华盛顿研究团体兴盛》一文中，《纽约时报》的记者伊丽莎白・布米勒（Elisabeth Bumiller）描绘了近年来华盛顿特区政策研究组织或谓思想库的预算增长现象。这些机构从偏左的美国进步中心(Center for American Progress) 到偏右的卡托研究所 (Cato Institute)、美国企业研究所 (American Enterprise Institute) 和传统基金会 (Heritage Foundation) 都有，还有立场中立的布鲁金斯学会(Brookings Institution)、卡内基国际和平研究院 (Carnegie Endowment for International Peace)、全球发展中心 (Center for Global Development) 和战略与国际问题研究中心 (Center for Strategic and International Studies)。

思想库的发展很大程度上是因为慈善家重新认识到这一点：政治，尤其是外交政策，对他们追求的目标来说很重要。比如，布米勒报道说，盖茨基金会“向战略与国际问题研究中心投入 200 多万美元，资助由两党成员组成的艾滋病研究小组，其任务是研究布什政府承诺用于防治艾滋病的数十亿美元应该怎么花”。然而，像纽约外交关系协会 (Council on Foreign Relations) 的主席理查德·哈斯(Richard Haass) 指出的那样：“这样的机构没有权力。你不过是政治市场上诸多声音中的一个。是政治市场上拥有权力的人——议员、行政机构人士——来决定采纳你的某个观点。”①

与此相关，在《保守主义法律运动的兴起》一书中，史蒂文·特里斯 (Steven Teles) 指出，“这个运动非常重视观念，其赞助人花重资来开展最重要的严肃讨论，这些讨论关注根本问题，短期收益如果有的话也很少。在许多当代自由主义者似乎沉迷于创建思想库以产生‘快速反应’的时候，保守主义者则意识到了回归‘头等大事’的必要性。”②

---

① Elisabeth Bumiller, “Research Groups Boom in Washington,” *New York Times*, January 30, 2008, http://www.nytimes.com/2008/01/30/washington/30tank.html?_r=2&ref=us&oref-slogin&oref=slogin.

② Steven M. Teles, *The Rise of the Conservative Legal Movement: The Battle for Control of the Law* (Princeton, N. J.: Princeton University Press, 2008), 279.

琢磨一下该研究及对它的资助能力

如果该研究对实现您的目标很关键，您可以用以下几步来确定其范围：

➢从一开始就要了解该领域专家的观点，这里专家说的不仅仅是研究人员，还包括在一线工作、要最终应用该研究成果的人。比如，在对应用于发展中国家的疫苗开发拨款资助之前，先咨询一线的健康专业人士，了解疫苗储存和派给过程中的实际问题是什么。在资助（为老师持续提供关于学生表现的反馈意见的）数据管理工具开发之前，先问问老师和校长哪些硬件和软件确实对他们有用。此类咨询能帮助制定规定以保证产品可应用于实际环境。

➢借助独立的同行评议对研究计划进行评估，评估专家应该不受您可能的受助者的影响。同行评议不必慢工出细活，不必过分正式或官僚化。有时候，给您信任的专家打几个电话就能解决问题。不同领域的专家聚在一起开一天的研讨会，可以为开展有效项目出谋划策，也可以对其进行审核。①

➢医疗研究和社科研究项目通常会花费数百万美元，还要历时数年才能完成。发起研究项目的资助者应该准备善始善终。要仔细琢磨整个项目——费用、时间、技能和制度支持——并不管是独力承担还是与人合作，都要确保有必需的资源来支持研究及其传播。

准备面对失败

推进人类知识进步是很难的，一将功成万骨枯。多数研究项目都失败了，原因各种各样：

➢研究结果不能得出定论。可能影响（或样本）太小了，难以说明是不是某个特定药物控制了青少年糖尿病的发展，或者是否某种幼儿指导方法提高了孩子的阅读技巧或社会技能。或者，即便结果令人鼓舞，但可

---

① 希望较少投资于研究的慈善家可以和已有同行评议程序的更大的资助方合作。如果后者已经花钱考察了受助对象的研究重要性，前者可以分享这个信息，成本很小或没有成本，但收益却很大。

能是其他原因导致的。

➢数据可能断定干预无效。在这种情况下，就又回到了原点重新开始，希望能找到另一种可能的解决方案。最近许多研制艾滋病疫苗的有前景的方法都遭遇了此类问题。

➢干预可能真的强大有力，但在实际执行时可能会遇到经济的、政治的或者实践的障碍。例如，教育干预可能需要老师一对一的高度关注；或者疫苗的贮藏寿命很短，需要特别关照。

研究中失败的次数远远大于成功的次数。但许多人，也许包括您和您的受助者在内，都往往过分乐观。要为研究失败做某种规划。要准备重新集结、寻找解决问题的其他办法，而且务必要想想怎样通过失败促进知识积累。

准备迎接成功：应用与推广

终于，梦想成真，成功到来了。在投入大量精力与财力之后，研究者发现，一个合格的营养学家定期对墨西哥移民家庭家访，可以大大降低青少年肥胖率以及未来治疗的附随成本。很自然，该发现会立刻引致立法拨款支持，还会被州及地方医疗机构的工作所吸纳。拉美裔组织会因此发现团结起来为该项目提供文化支持。移民局则会宣布，该项目没有任何研究发现支持搜寻并驱逐没有合法居留权的人。您对该项目的慈善资助对以上结果而言是必要而充分的条件。

一个新的重要发现，即便花费很少就能拯救生命，也只是迈向成功的第一步。研究产生的任何知识都要想办法走向社会。一些新知识具有商业可行性，能借助市场的魔力迅速为社会吸收。其他洞见则有赖于决策者开明的行动才能发挥作用。还有一些发现需要改变个人行为——例如科学发现吸烟致癌，但该研究的社会价值要充分实现的话，就需要数亿人以很大毅力来戒烟。所以，为成功做准备，需要事先考虑好：一旦研究证实了您希望它证实的结果，接下来该怎么办。

示范项目是检验一个概念的有效方式。但您得为项目一旦成功后要发生的事做好计划。许多示范项目似乎建立在这样的假想之上：项目本身就能说明问题，会形成燎原之势。虽然人生春常在，但如果示范项目还有旨在获得影响的总战略中其他步骤相配合的话，研究成果得到应用的机会则会大大增加。这可以让您考虑如何分配每个步骤必需的资源，或者如何从别处获得资源，以及如何接近那些在研究结果推广中发挥关键作用的人或机构。如果找不到广泛应用的可行路径的话，您至少得想想开展这个项目究竟值不值。如果一个示范教育项目需要的师生比是目前学校的两倍，推广该项目就需要大大提高该区的教育预算。这可能吗？如果不可能，您也许就得试试其他模式。

因此，在支持一个研究项目或示范项目之前，应该就以下问题获得满意的答案：谁来应用和推广？他们的资金从哪里来？项目一旦成功，我能做什么来鼓励其应用推广？世界上到处都是证明了一个概念但从未被推广的项目，因为没人事先为其推广做准备。

促进应用知识的开发：策略

在确信某种新知识能够改善世界之后，您要怎么来推广它呢？试想这么一个项目，它想通过一种高效低耗烹饪炉来改善一个贫困农村地区居民的生活。您可以把项目想象成三个阶段——虽然在实践中各阶段并不总是界限分明：

➢ **形成根本想法或设计方案。**毕竟，有许多可能的高效烹饪炉模式。

➢ **在实验室或实地检验设计模型。**先制造一个炉子样品，检验其效能和抗冲力；再看它在实际应用中表现如何——技术维度和社会维度都要看。这个炉子可能确实比明火更节省燃料，但它经摔吗？好携带吗？传统的锅能用它吗？适合小火慢炖吗？在当地能制造、修理吗？实惠吗？有配送站或能建立配送站吗？符合该地烹调传统吗？

➢ **应用推广。**人们获得并使用这种炉子的障碍是什么？

慈善家可以在以上任何一个阶段介入。例如，发明可能已经有了，而且经过了实验室检验，现在需要的是实地检验资助。

形成根本想法或设计方案

设计某种解决方案的任务可以交给专家。例如，ApproTEC（现在叫KickStart）公司注意到肯尼亚的许多小农户不给庄稼浇水，因为他们买不起灌溉水泵。在仔细调研之后，该公司认为便于使用的水泵必须具备以下条件：

➢使用人力，光脚也能用；

➢花费在150美元以下；

➢经得起恶劣环境的考验；

➢小而轻，可用自行车或公共交通工具携带；

➢使用肯尼亚常见的材料（如尺寸不一的研磨或电镀钢管和塑料管）和生产技术（如焊接）；

➢无需特殊知识或工具就能安装使用，不需要或需要很少的维修费用。

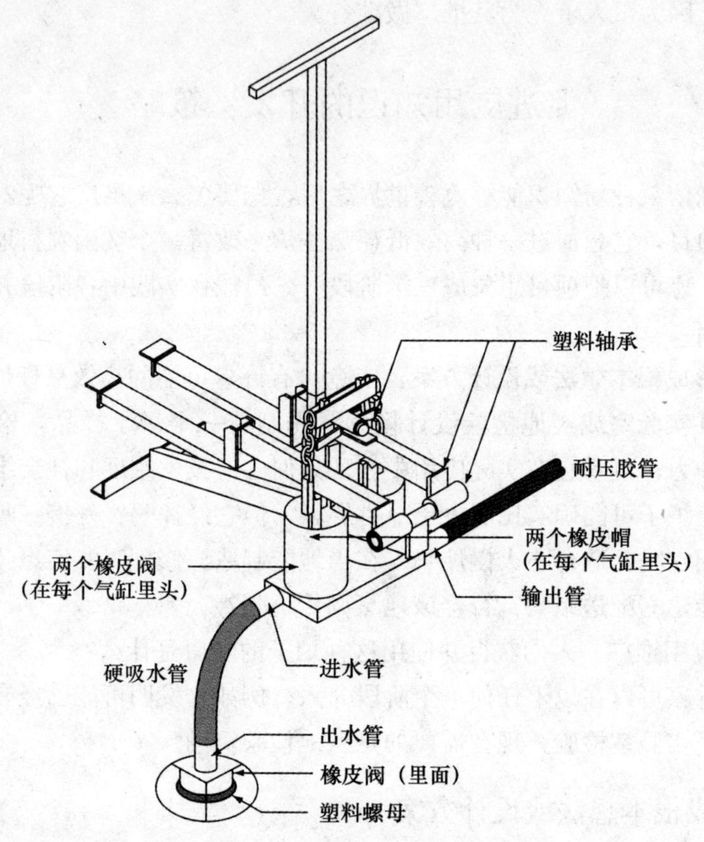

为了设计这样一种装置，ApproTEC和产品设计公司IDEO携手合作，后者设计了计算机鼠标和一次性胰岛素注射器等。结果，IDEO的设计专家在这些限制条件下发明了SuperMoneyMaker牌水泵。这是一种深井泵，农民操作这种水泵的动作类似于在踏步机上运动。[①] 这种特别设计的水泵取得了巨大成功，为使用它的农民带来了 3 700 多万美元的收入。[②]

最近，IDEO 还在与纽约商机基金合作解决为发展中国家提供清洁用水的问题。这两家组织把非营利和营利的全球水资源专家集合起来，以开发可行的产品样品和服务以及发展中国家企业家可以采用的经营模式。

重奖出创新

许多基金会和其他一些组织都颁发诱勉奖（inducement prize），鼓励对某个领域的新贡献；颁发成就奖（recognition prize），奖励曾经做出贡献的人。这里我们的主要兴趣在于诱勉奖，但也会讨论成就奖。承认本身也可以看作目的，它也能间接激发未来的活动。

诱勉奖

可以为推出特定产品或结果而资助某项研究，而一个替代办法是向做成这件事的随便什么人提供诱勉奖。诱勉奖背后的逻辑和锦标赛是一样的：不是付钱让人比赛，而是付钱给赢家。在适当条件下，这种竞赛能激励出解决问题的新举措。

英国议会 1714 年设立了一个奖项，要授予能用实用方法测定船只所在经度的人，这是一个早期诱勉奖的例子。[③] 随后几百年里，有数千个奖项被设立来激励技术进步，如跨大西洋飞行、人力飞行和纳米技术。

X 大奖基金会（X PRIZE Foundation）致力于通过诱勉奖激励创新性方案的推出，涉及领域从基因组测序到汽车节能都有。[④] 1992 年，多家公用事业公司联合悬赏 3 000 万美元，要求制造出不使用（破坏臭氧层的）

---

① IDEO，“MoneyMaker Deep Lift Pump，” http://www.ideo.com/portfolio/re.asp? x=50167（2008 年 6 月 30 日访问）。

② KickStart，“Micro-Irrigation Technologies，” http://www.kickstart.org/tech/technologies/micro-irrigation.html（2008 年 6 月 30 日访问）。

③ See Dava Sobel，*Longitude: The True Story of a Lone Genius Who Solved the Greatest Scientific Problem of His Time*（New York：Penguin，1996）.

④ See X PRIZE Foundation，http://www.xprize.org（2008 年 6 月 30 日访问）。

氟氯化碳制冷剂的最节能的冰箱。这是一个既有好消息又有坏消息的例子。[①] 为了既激励设计又激励分销，资助团发放奖金的形式是给每台卖出的节能冰箱提供返款。14 家制造商提交了参赛申请。最终胜出的是惠而浦公司（Whirlpool Corporation）。和联邦规定的新冰箱节能标准相比，它设计的冰箱耗能还要少 40％。然而，为了把奖金装进口袋，惠而浦必须在 1997 年 7 月前卖出 25 万台冰箱。这种特殊的冰箱每卖 1 台，就会有少量奖金发放给该公司。但是，销量很低，据报道比 25 万台的目标少 30％～35％。在时间截止之前，惠而浦终止了这种模式。至少在当时，消费者不愿为非常节能的产品付更多的钱。[②]

近年来，诱勉奖既用来奖励解决技术问题的方案也用于奖励解决社会问题的对策。例如，在罗伯特·伍德·约翰逊基金会和其他各方的赞助下，爱创家（Ashoka）的“变革者”（Changmakers）举办竞赛来解决从家庭暴力到改善医疗再到减轻腐败等各方面的问题。[③] 麦克阿瑟基金会提供了高达 25 万美元的奖金来改善学习的新数字环境。[④]

诱勉奖能鼓励私人部门在没有奖金时可能不会介入的领域中的思考和研究。[⑤] 它也能鼓励研究方法的多样性。和拨款资助不同，诱勉奖不需要慈善家事先考虑谁最有能力实现目标或明确指出受助方应该怎么做。但是，它确实要求研究者从别处争取工作资助，这就使在研发费用极高的领域，用奖金作为创新工具显得不太合适。用高纬度风力涡轮机开发能源就

---

① Foresight Nanotech Institute, “Feyman Grand Prize,” http://www. foresight. org/GrandPrize. 1. html（2008 年 6 月 30 日访问）（见题为“Super Efficient Refrigerator Prize”的那一部分）。

② See EcoMall, “The New Wave of Energy Efficient Refrigerators,” http://www. ecomall. com/greenshopping/iccbox2. htm（2008 年 6 月 30 日访问）。

③ Robert Wood Johnson Foundation, “New Competition to Showcase World's Most Innovative Domestic Violence Prevention Programs,” 2007 年 1 月 17 日新闻稿，http://www. rwjf. org/newsroom/newsreleasesdetail. jsp? productid＝21933；及 Changemakers, “Welcome Letter from Robert Wood Johnson Foundation,” http://www. changemakers. net/competition/endabuse/framework（2008 年 6 月 30 日访问）。

④ http://www. macfound. org/site/c. lkLXJ8MQKrH/b. 1053853/apps/nl/content2. asp? content_7d＝%7BCB00292A-1602-403E-9FE9-5F392B5274F4%7D¬oc＝1.

⑤ 此处讨论大多借鉴了：Thomas Kalil, “Prizes for Technological Innovation”（Hamilton Project Discussion Paper 2006-08, Brookings Institution, 2006）, http://www. brookings. edu/~/media/Files/rc/papers/2006/12heathcare_kalil/200612kalil. pdf.

是一个例子。奖金只是其他研究资金的一个补充，而不是替代品。无论如何，在设立诱勉奖之前，您应该想一想怎样应用或传播该项创新成果，包括谁拥有新技术的知识产权。

不同的奖项：对疫苗的事先市场承诺

2007 年，为激励为发展中国家儿童开发抵抗肺炎链球菌疾病的疫苗，盖茨基金会和一些发达国家斥资 15 亿美元，将用于购买符合发展中国家配送效率及安全预定标准的疫苗。露丝・莱文（Ruth Levine）和迈克尔・克莱默（Michael Kremer）写道：

这些国家（在盖茨基金会的支持下）事先承诺：救命的疫苗生产出来之后，它们就会购买——这就激励生物科技公司和制药公司生产适于贫困国家应用的疫苗，并以人们可以支付的价格销售。

与捐赠国密切合作设计出这种创新性融资项目的世界银行和全球疫苗免疫联盟（Global Alliance for Vaccines and Immunizations）估计，对肺炎链球菌疫苗事先市场承诺到 2030 年将挽救预计 540 万儿童的生命。

为什么需要事先市场承诺？美国目前有一种有效的疫苗（Prevnar 的牌子），但需要打 3 针，每针 60 美元左右。对最穷的国家而言，这太贵了。而且，疫苗还需要加以改良，用以防治发展中国家常见但发达国家不常见的疾病菌株。通常，美国使用的疫苗需要 10～15 年才能广泛应用于发展中世界。虽然市场承诺的效益最大化有赖于重要的合同细节，但“见货付钱”的方式能够缩短疫苗推广时间，并有助于确保疫苗适应穷国的疾病类型和医疗系统。①

① Ruth Levine and Michael Kremer, “Increasing for Better Health Around the World,” 2007 年 2 月 12 日在（全球发展中心）全球健康政策博客上的帖子，http: blogs. cgdev. org/globalhealth/2007/02/incentives_for. php.

成就奖

涵盖从物理到和平等领域的诺贝尔奖大概是最有名的成就奖。虽然其主要目的是向获奖者致敬，但它也能有更深远的影响。例如，诺贝尔奖也许能使获奖者继续从事有价值的工作，也能凸显某个新兴领域的重要性，鼓励其他人参与进来。

毫无疑问，赢取诺贝尔奖的愿望使一些科学家更有动力开辟新领域。也许普利策奖有同样的效果。高曼环保奖（Goldman Environmental Prize）[①] 不仅使获奖者能继续善工，而且在公关宣传的协助下，它还让人集中关注到全球那些在充满挑战或受压迫的环境中工作的环保领袖。除了激励其他在类似环境工作的人之外，该奖项还可能鼓励其他慈善家资助环保事业。

其他成就奖不下几十万种——全国性的、地方性的，还有您家孩子五年级班的成就奖。它们的主要价值不在于发放的现金，而是在于给予的承认。五年级奖除外，其他奖项本身都需要大众或某个领域的认可。这反过来需要相关群体坚持工作并进行宣传；除了奖金，还需要为此投入时间、精力和金钱。结果，管理和宣传该奖项的费用经常比奖金本身高得多——如果增加了效益的话，就绝不是坏事，但也要考虑这个因素。[②]

虽然奖项在战略慈善中起到一定作用，但其收益并不确定，而其他工具往往能产生更大的影响。奖项是为某个项目或个人的工作一次性注入资金。而社会影响一般需要耐心资助正在进行的活动。对通过奖项刺激创造性的一个替代方案是把资助对象挑出来并持续加以资助——资助某个领域中最为出色的那些个人或研究机构的工作。把奖项用作战略慈善的一种工具是恰当的，但问题永远在于：在实现慈善目标上，奖项是否能够取得和资金的另一种使用方法至少同样的影响。

---

① Goldman Environmental Prize，http://www.goldmanprize.org（2008 年 6 月 30 日访问）。

② 如果奖项是通过基金会管理的，则其程序须事先得到财政部的批准，被认定符合国税局关于向个人提供拨款资助的规定，这些规定包括进行客观提名和甄选过程等。

在实验室或实地检验设计方案

一种想法不管肇始于何处，都可能需要检验，不管是通过第 9 章讲到的随机对照试验这种正式途径，是通过工作台上的试错法，还是通过示范项目来看某种想法在实施时是否确实管用。像烹饪炉这样的产品相对容易检验，但要评估健康、教育和其他领域的许多干预措施是否成功却非常难。

假如您想知道：

➢某一毒品防治项目是否确实让孩子们远离了麻烦；

➢向非洲小村子发放的蚊帐是否减少了疟疾；

➢学时延长是否提高了学生的成绩；

➢性教育是否降低了青少年怀孕率；

➢公共服务公告是否降低了肥胖率。

示范项目有助于回答以上问题——但只有在项目一开始就设计检验一项干预举措是否真正产生了影响才行。如果评估表明变迁理论有效并可以推广——就是说可以应用于其他人群或地点——那么可以充满信心地去实施这个理论。否则，就回到原点从新开始。

促进应用

促进目标受益人应用一项创新性观念或技术，有几种不同途径。

市场

就像商业市场可用于传播传真机、计算机和手机之类的创新产品一样，它也可以用来传播基金会和非营利组织资助的创新产品，如防治艾滋病的避孕用具、防治疟疾的蚊帐和（如果成功的话）我们的低耗烹饪炉。有时候，无需进一步的慈善干预，市场就能吸纳一项创新成果。但在其他情况下，慈善家必须提供持续的补助才能让最需要的人应用创新产品。

政府项目

政府已经在资助特许学校以提高贫民区孩子的成绩，资助制定医院协议来减少开药失误，资助减少吸毒和青少年怀孕现象的项目。但是，虽然市场往往会摒弃无用的想法，政府可不一定这么做。政府有时会坚持资助无效的艾滋病防治项目和计划外怀孕项目，尽管失败的证据就摆在眼前。

政府政策

政府政策和规定会以复杂而充满争议的方式影响私人选择。[①] 它们还有助于从光电池到安全带到健康生活方式的创新和观念的扩散。

第 2 篇其他部分阐述创新传播的所有方式。

要　点

➢在资助非实用知识和解决特定问题的研究方面，慈善发挥了重要作用。

➢在资助研发之前

——确保问题在于知识的欠缺而不是既有知识应用不利；

——在其他人的协助下，确保具备让项目善始善终的资源；

——准备面对因无法下定论或结果负面而导致的失败；

——准备迎接成功，考虑成果如何应用推广。

① Richard H. Thaler and Cass R. Sunstein，*Nudge：Improving Decisions About Health，Wealth，and Happiness*（New Haven，Conn.：Yale University Press，2008）.

第 12 章
提供产品和服务

在实地测试低耗烹饪炉之后，您断定它确实可能改善数以万计的非洲农民的生活。那么，怎样让他们用上这种炉子？有两种根本不同的方法，分别代表两种极端做法。

一个极端是**私人市场**。多数产品和服务——从衣服到食物，从保健到修车——都是逐利公司通过私人市场销售的。

另一个极端是由**慈善救济团体和政府**免费供应产品和服务。美国和世界各地的多数非营利组织都提供产品和服务，使命各不相同：从为无家可归的人提供食宿，到照顾学龄前儿童，再到拯救人的灵魂。一些组织如教会，提供的服务是私人部门不去提供的；而其他组织如诊所，也可以选择逐利。有些组织与政府协作，或充当其代理。例如，许多传统的慈善救济团体在和政府签约后提供福利。政府本身也提供许多必要的产品和服务，如公共教育、公共图书馆、消防、警卫、国防等。

处于二者之间的是程度不同的补助举措，以及应对市场失灵的补救措施——引致市场失灵的原因有很多，如产权不明晰，信息成本高或不对称，交易成本高，或市场上的一些参与者将很多成本转嫁于人，或参与者不能取得回报。

为说明最后一种情况，我们来想想这样一些例子：非营利组织帮助企业采用具有外部效益的技术，使用这种技术的财务回报本身也许不值得企业投入自己的资源。

➢ 20 世纪 80 年代末，公众很担心垃圾填埋地垃圾外溢的问题。环境防卫基金会（Environmental Defense Fund）协助麦当劳公司逐步淘汰了聚苯乙烯蛤壳状容器，代之以更加环保的包装，如用再生纤维做的纸袋、纸盒和餐巾。[①] 麦当劳的纸质包装使其包装体积削减了 70%～90%，在垃圾填埋地占用的空间也极大缩减。从包装的整个生命周期来看，和替换掉的聚苯乙烯泡沫蛤壳状容器相比，新包装还大大节约了能源消耗，污染物排放也大大减少。[②] 其他许多快餐连锁店最终也效仿了这个行业领袖的做法。

➢ Benetech 的 Bookshare. org 项目帮出版公司把书籍送到盲人或视力受损人士手上。借助由数字扫描过的图书构成的网络图书馆，该项目使视力障碍人士得以阅读报纸和畅销书。

有时候，需要慈善投资帮助一种产品进入逐利市场。上一章讨论过的使用慈善资金促进创新的例子就是这种典型的投资行为。为什么需要慈善介入？通常是因为面向穷人的一些产品市场不确定性太大、风险太高，私人投资不愿进入，除非别人已经证明有利可图。所以，盖茨基金会资助非营利的制药公司环宇卫生研究所（Institute for OneWorldHealth），来开发测试治疗内脏利什曼病的实惠的治疗方案——该病是仅次于疟疾的第二大致命性寄生虫病。环宇卫生研究所的创始人维多利亚·黑尔（Victoria Hale）博士解释说：

新药的研发费用高达数千万美元。风险资本这种通向逐利实体的传统融资渠道对我们不管用。我们连对风险资本家说两分钟的话的机会都没

---

① Heather McLeod Grant and Leslie R. Crutchfield, "Creating High-Impact Nonprofits," *Stanford Social Innovation Review* Fall 2007，37，http://www. ssireview. org/images/articles/2007FA_feature_mcleod_grant_crutchfield. pdf.

② *McDonald's Corporation—Environmental Defense Waste Reduction Task Force Final Report*（1991），http://www. edf. org/documents/927_McDonaldsfinalreport. htm.

有。所以，先靠慈善资金启动才是办法。现在，还要仅仅做一个非营利制药公司吗？答案是：不知道。因为我们已经证明可以开发新药并将它投向市场了，所以现在有一些可能的投资者请我们考虑非营利以外的其他模式。我们愿意尝试其他可能性吗？绝对愿意。[①]

理想的情况是，一旦一个概念证明可行，就有市场来跟进支持。但有的时候，受益人太穷了，要持续使用这种产品或服务的话，得需要持续的慈善支持或政府支持。例如，在许多发展中国家，要获得治疗艾滋病的低价抗逆转录病毒药，仍然需要慈善补助或政府补贴。就像向世界上最贫困的孩子发放低价电脑的努力一样——该项目是通过“每个孩子都有一台笔记本电脑”基金会（One Laptop per Child Foundation）进行的。[②]

本章余下的部分考查了不同的组织方式。虽然一些慈善家和评论员断定某些方法本质上优于其他方法，我们却认为所有的方法都有价值。和以往一样，我们的看法是：对任何一种方法，都必须根据其相对于慈善目标产生影响的潜力来做出评估。

市场方案 vs 非市场方案

在所有条件一致的情况下，通过市场机制提供产品和服务更好，因为市场有追求高效配送和平衡供需的内置机制。不过，应该根据特定情形下的现实状况而不是先入为主的意识形态来做决定。

一些为穷人供给产品和服务的组织，如赈济厨房和无家可归者收容所，是免费提供服务的，因为其救济对象没钱买任何东西。其他组织，如医疗商店基金会（HealthStore Foundation）的儿童和家庭健康商店（Child and Family Wellness Shops），则通过市场机制配送商品和服务，一般会补贴一部分费用。结合小型信贷和既有的特许经营实践，儿童和家庭健康商店在偏远的肯尼亚社区也能提供保健产品。

---

① Eric Nee，“15 Minutes with Victoria Hale，” *Stanford Social Innovation Review* Winter 2007，22，http://www.ssireview.org/images/articles/2007WI_15minutes_hale.pdf.

② David Pogue，“Laptop With a Mission Widens Its Audience，” *New York Times*，October 4，2007.

爱创家通过它所谓的混合价值链①支持企业和非营利组织之间的创新性合作，使企业能在低收入市场上出售有用的产品。企业进入这些市场往往存在如下障碍：可能顾客的购买力，基于小规模个人交易之上的大笔生意的复杂性，以及企业对低收入社区人力资本和社会资本了解不够。然而，公民部门组织——这是爱创家对非政府组织或非营利组织的称呼——能帮企业进入这些市场，每个相关的人都会受益。在一个项目中，两位“爱创家伙伴”阿图罗·加西亚（Arturo Garcia）和胡安·何塞·孔赛舟（Juan José Consejo）帮助一个顶尖的拉美水里系统公司 Amanco 开发市场，向小农户提供如灌溉泵和技术支持之类的产品和服务。加西亚管理着位于墨西哥格瑞罗州的一家农民自有自营合作社，孔赛舟则是一家环保组织的负责人。借助两个组织构成的网络，二人利用与需求方农民和供应方商贩的联系，帮双方都认识到新的可持续的商业机会。结果，Amanco 公司拿到了有利可图的业务，农民们生产出更多的粮食最终获得更多的家庭收入，而爱创家伙伴也促进了组织使命的实现：改善灌溉条件、减轻环境危害。

经过处理的抗疟疾蚊帐就是一个关于在非洲是做社会营销还是免费分配的有趣例子。国际人口服务组织（Population Services International，PSI）和伊法卡拉健康研发中心（Ifakara Health Research and Development Centre）已经建立起包括批发商和零售商在内的配送网络。但是，即便政府大力补助，在疟疾肆虐的坦桑尼亚也只有不到 1/3 的人使用蚊帐。在肯尼亚，目标人口的 66%在领到免费发放的蚊帐后会使用蚊帐；而如果向他们出售蚊帐，即使以补贴价出售，也只有 7%的人会买来用。基于此类证据，发展经济学家杰弗里·萨克斯（Jeffrey Sachs）极力主张免费发放蚊帐。但是，纽约商机基金的首席投资官布莱恩·特莱思戴德（Brian Trelstad）则主张“刺激私人渠道，以公共免费发送为辅”。他声称免费发放不适合所有非洲国家，而且“在免费发放结束后，人们还是会需要蚊帐”。国际人口服务组织的简·米勒（Jane Miller）也表示了类似的担忧——大规模免费发放蚊帐会损害商业部门：“目前，捐赠者好像是

① Ashoka：Innovators for the Public，“Hybrid Value Chain，” http://www.ashoka.org/hvc.（2008 年 6 月 30 日访问）

说钱不成问题。但将来肯定成问题。”[①]

这让我们想到最后一点要讨论的问题——您也要考虑这种可能性：有时候，补贴会扰乱运转有序的市场，让您想帮的那些人或有类似处境的人生活更糟而不是更好了。原本旨在保护美国贫穷农户不受农作物价格变化影响的补贴，最后造成了灾难性的意外后果：国际市场上的商品价格被压低，许多发展中国家的农民因此生活难以为继。例如，美国对玉米种植农民的乙醇补贴，和对进口乙醇每加仑 54 美分的关税，就阻止了更便宜的、用蔗糖而不是玉米提炼的巴西乙醇进入美国，巴西农民的贫困状况也与此有关。[②]

慈善 vs 救济

由于我们关注的是影响，所以我们不同意对“救济”（charity）和“慈善”（philanthropy）的简单化区分。战略慈善关心的是在实现目标方面取得真正影响，这意味着要根据预期收益来考虑所有战略。假定您关注的是本社区无家可归者的困境；通常用来区分救济和慈善的方式认为：为无家可归者收容所捐赠钱物是救济，而拨款资助一个试图消除问题“根源”的组织则是（战略）慈善。

但是，如果捐赠钱物产生的影响是板上钉钉，而试图消除问题根源的努力却有很大的不确定性、预期收益更低，这又如何呢？在我们看来，没有哪种方法天生就是战略性的或非战略性的；战略性在于目标明确、清楚什么是最好的方法。虽然如此，旨在改变体系的高质量的战略，虽然比直接援助风险更大，但往往也有可能产生很多更广泛的结果。

捐赠收入 vs 经营收入

不少提供直接服务的组织在慈善捐赠之外还有相关的营业收入。救世军和善意实业国际（Goodwill Industries International）通过卖二手货来赚些钱。女童军卖饼干。博物馆通过收会费和礼品店获取收入。旧金山湾

① Eliza Barclay, “Charity vs. Capitalism in Africa,” *Business Week*, January 2, 2008.

② Gerrit Buntrock, “Cheap No More,” *Economist*, December 6, 2007.

区的卢比孔项目（Rubicon Program）为身体和精神残障人士开展劳动力开发项目，为付费客户提供食品、园艺服务等。小额信贷机构通过贷款利息维持运转。两家提供经济适用房的组织——“自助”（Self-Help）和“仁爱之家”（Habitat for Humanity），都有内在的收入，即贷款偿还和贷款利息。公立和私立大学很大一部分预算都来自学费。

但是也有许多重要的服务组织，它们赚来的收入如果有的话也很少。例如，美国第二次丰收（America's Second Harvest）就依靠捐赠产品和服务以及个人和团体财务捐助，每年为 2 500 万美国人提供食物。[①]

赚来的收入减少了一个组织对捐赠资金的依赖，对该组织的影响力、稳定性和发展潜力都有好处。不过，在特定情形下，该组织是否能真正获得以上效果，还取决于如下因素：该组织捐赠基础的宽度、和筹资相比赚钱所用的相对成本等。最好根据特定组织的情况来认识这些因素，而不是把经营收入看作成功的标志。

系统改变 vs 雪中送炭

在《资本主义、社会主义与民主》一书中，约瑟夫·熊彼特（Joseph Schumpeter）对新老企业组织的兴衰做了著名的论述。他提到企业家在启动一个“连锁反应”中的作用，这个连锁反应“鼓励其他企业家效仿创新，并最终将创新推广到‘创造性毁灭’（creative destruction）的程度，此时新企业和所有相关企业实际上使既有产品、服务和商业模式都变得过时”[②]。熊彼特的分析关注的是传统企业，但社会企业家在非营利部门也发挥了类似的促进创造性毁灭的作用。

近年来，**社会创业**（social entrepreneurship）这个提法激发了非营利部门的想象力，并充斥于其语汇，其中特别强调的是直接提供服务方面的创新。[③] 爱创家的创始人比尔·德雷顿（Bill Drayton）首创了“社会创

① Grant and Crutchfield, “Creating High-Impact Nonprofits,” 36.

② Joseph A. Schumpeter, *Capitalism, Socialism, and Democracy* (New York: Harper & Row, 1975), 82-85.

③ 见：Paul C. Light, *Searching for Social Entrepreneurship* (Washington, D. C.: Brookings Institution Press, 2008).

业”这个说法①，他说社会创业涉及大规模的系统的社会变革：

社会企业家的工作是发现哪个社会环节何时失灵，并通过改变系统、传播解决方案、劝说整个社会进行新的飞跃来解决问题。他们不满足于仅仅授人以鱼或授人以渔。他们要等彻底改造渔业后才肯停下来。发现和解决大规模的社会问题需要社会企业家，因为只有他们才有坚定的远见、不竭的决心坚持下去，直到他们改变了整个系统。②

与之相仿，罗杰·L·马丁（Roger L. Martin）和萨莉·奥斯伯格（Sally Osberg）也形容社会创业是成功改变社会均衡状态的努力。社会创业着手面对的是“一种不宜但稳固的均衡，它使一部分人遭到排斥、忽略、边缘化或是折磨”。这种均衡需要一个人，“他或她以自己的灵感、直接行动、创造性、勇气和坚毅精神对这种状态施加影响”。结果，最终“建立起新的稳定均衡状态，其中目标群体和整个社会的利益永远都有保障”③。

现被誉为社会企业家的人，较早的有创建了现代护理业的弗洛伦斯·南丁格尔（Florence Nightingale），创立了一种新的初等学校教育方法的玛利亚·蒙台梭利（Maria Montessori）。当代一个典型的例子是穆罕默德·尤努斯（Muhammad Yunus），他获得了 2006 年诺贝尔和平奖。尤努斯是孟加拉国吉大港大学经济学系主任，孟加拉乡村银行原型的创立者。孟加拉乡村银行通过小额信贷向孟加拉国农村地区最穷的穷人发放贷款。在服务于全国范围的穷人之外，乡村银行还成为整个发展中世界类似机构的典范。连传统银行都开始涉足小额信贷业务。

社会企业家的工作差别很大。我们已经提到几个例子，如马丁·费舍尔（Martin Fisher）的 Super MoneyMaker 水泵；尼克·穆恩（Nick

---

① 见：David Bornstein，*How to Change the World*：*Social Entrepreneurs and the Power of New Ideas*（New York：Oxford University Press，2004）.

② William Drayton，“Everyone a Changemaker，” *Peer Review* 7（2005）：8-12，转引自：Paul C. Light，*The Search for Social Entrepreneurship*（Washington，D. C.：Brookings Institution，2008）.

③ Roger L. Martin and Sally Osberg，“Social Entrepreneurship：The Case for Definition，” *Stanford Social Innovation Review* Spring 2007，29039，http://www.ssireview.org/images/articles/2007SP_feature_martinosberg.pdf. 罗杰·马丁是多伦多大学约瑟夫·L·罗特曼（Joseph L. Rotman）管理学院的院长，萨莉·奥斯伯格是斯科尔基金会的董事长兼执行总裁。

Moon）的ApproTEC（现更名为KickStart），温迪·卡普的“为美国而教”项目，这个项目汇聚了一批从大学或专业院校刚毕业的杰出毕业生到公立学校任教，并成为教育改革的支持者。大卫·格林（David Green）创立的非营利组织“冲击计划”（Project Impact）提供经济实惠的医疗技术和保健服务，以及包括便宜的助听器和折叠式人工晶体在内的产品。马克·弗里德曼（Mark Freedman）的“公民创投”（Civic Ventures）为上了年纪的美国人提供了退休之外的社会参与选项，以便“获取对经验的最大回报”[①]。贝尔纳·库什内（Bernard Kouchner）博士（现为法国外交与欧洲事务部部长）创立了无国界医生组织（Doctors Without Borders），对遭受武装冲突、流行病、自然灾害和人为灾难的人们提供援助。邦克·罗伊（Bunker Roy）的赤脚大学传授了各种技巧给那些文盲和半文盲的男男女女们：从安装和维修饮用水系统到收集雨水、建经济适用房、兴建太阳能电网。

创业的精确定义和特征，争论很多。例如，比尔·德雷顿断言，只有起初不属于任何组织的个人才能成为社会企业家；而纽约大学瓦格纳公共服务学院的保罗·赖特（Paul Light）发现受人尊敬的组织也能进行同样的创新。[②] 无论如何，您都有理由支持广义上的社会企业家，以下是几点理由和行动方案：

第一，您可以支持某些社会企业家及其组织，因为他们的活动有助于实现您的目标，如在健康、教育或国际开发等方面的目标。您可以通过普通捐赠或下文将讨论的风险慈善提供资助。

第二，您可以支持目前尚未成功的社会企业家，理由跟您支持研究型大学和思想库里进行自由研究的学者差不多——您相信虽然事先难以详细说明其价值所在，但重大的社会价值却会产生。这可能是慷慨资助爱创家的基金会和慈善家个人的前提假定，斯科尔基金会（Skoll Foundation）和施瓦布社会创业基金会（Schwab Foundation for Social Entrepreneurship）资助整个社会创业领域也许也是基于这个前提。

---

① Civic Ventures, “Civic Ventures Overview,” http://www.civicventures.org/overview.cfm.（2008年6月30日访问）

② Light, *The Search for Social Entreprneurship*.

第三，您可能特别热衷于支持贫困社区和发展中国家提出的想法，认为它们更可能满足当地人的真实需要，更能在当地条件下有效落实。在这方面，爱创家和斯科尔基金会也是很好的例子。另外，全球社会投资交流项目（Global Exchange for Social Investment）还帮社会企业家获得支持，扩大可推广的企业的规模，这些企业在世界贫困地区提供水、电力、通信和保健等基础商品和服务。

在每个做出社会贡献的组织背后都站着一位企业家——也许不止一位，因为老牌组织有时也会“再造”自己应对环境变化。但是，在企业家（无论是在企业还是非营利部门）创新之后，会带来组织的巩固、扩大和复制，它们需要创业技能，也往往同样需要管理有方。把童子军的创始人称为社会企业家也许是适当的，不过这样称呼您当地的童子军首领却未免牵强。但是，继承、加强甚至复制社会企业家创立的模式的那些组织也为社会贡献了巨大的价值。说这些无非是为了表明：虽然最好的新事物为人带来巨大的喜悦，但是支持稳定制度的日常运转也同样意义巨大。

服务 vs 倡议

为了便于分析，我们把慈善资助的活动分为三类：知识、服务和影响。但是，许多组织从事的活动都不止一种。作为下一章的前奏，这里先看一下一家服务提供商是怎样变成变革政府政策的倡议者的。①

“自助”是位于北卡罗来纳州的一家非营利组织，它为社区开发提供贷款，还开发房地产。这家组织向无法从常规市场获得市场利率贷款的人放款。在看到本州低收入居民因掠夺性放款人征收过高费用和利率而丧失抵押品赎回权、从而失去住所之后，该组织开始介入倡导性工作。在游说国会修改联邦法律失败之后，它建立了一个由 70 家不同盟友组成的全州联盟（包括教会、信用合作社、美国退休人员协会和全国有色人种协进会的地方分会），促使州议会于 1999 年通过了反掠夺性贷款的法律。② 2002 年，自助组织还成立了负责任借贷中心（Center for Responsible Lend-

①② Grant and Crutchfield, “Creating High-Impact Nonprofits.”

ing)，研究并倡导州和联邦层面的政策变革。它直接负责的项目继续支持发展自有住房，向 5.5 万户家庭发放了 50 多亿美元的贷款，此外还向全国范围内的小企业和社区机构提供了 3 000 项贷款。① 与此同时，它还成为促进全国政策变革的强大力量，帮助在 22 个州通过了反掠夺性贷款法，以保护全国最弱势的公民。②

"自助"的倡议功能是从其服务使命衍生出来的；而拉美裔全国协会（National Council of La Raza，NCLR）成立之初就致力于做一个倡议组织，同时提供草根服务以实现目标。拉美裔全国协会的使命是增加拉美裔的机会，方法包括公民权利倡议，对附属社区组织网络提供能力建设援助，以及在教育、卫生、住房、就业和经济开发等领域进行一线服务。③例如，当它的教育政策分析揭示拉美裔教育的问题时，该组织就开始为拉美裔社区的课外项目提供双语的公民学、数学和科学课程④，还为拉美裔学生建立了全国性的特许学校网络⑤。用该组织前董事长兼执行总裁劳尔·札奎尔（Raul Yzaguirre）的话说，"（服务）项目为您的公共政策提供信息支持，还给您提供改变政策的手段；而如果没有政策的话，您的项目也就不那么有效了。"⑥

加强和扩大组织：风险慈善

在个别拨款和捐赠之外，一些资助者还参与了**风险慈善**的实践，它关注的是组织的加强和规模扩大。风险慈善需要**资金及其他事项**，这里的"其他事项"包括战略援助和管理协助。它也需要**一般运营费用资助加其他事项**，其中一般运营费用资助虽然是资助的基本形式，同时却辅以项目拨款以帮助组织运转。

风险慈善的实践和洛克菲勒基金会的历史一样久远，但这个术语却是从创立了雅虎、谷歌、亚马逊和易趣等公司的投资者的实践中借用来的。

---

① Self-Help，http://www.self-help.org（2008 年 6 月 30 日访问）。

②③④⑥ Grant and Crutchfield，"Creating High-Impact Nonprofits."

⑤ National Council of La Raza，"Charter School Development Initiative（CSDI），" http：'' www.nclr.org/section/charter_school（2008 年 6 月 30 日访问）以及 Crutchfield and McLeod Grant，2008。

这些风险投资家提供早期和中期的风险资本、组织技能和网络接入，这些对每个公司的发展和成功都很有价值。被动的投资者远远地监督公司的业绩；但风险投资家与之不同，他们常常花费大量时间和受助组织一起工作，以确保获得最大的投资回报机会。

多数基金会都是提供拨款资助以维持既有组织的项目运转，但风险慈善家却是寻找潜力大的组织，并帮它们发展壮大。如彼得·弗鲁姆金（Peter Frumkin）所言，风险慈善相信“规模对非营利部门很重要，壮大规模是成功和有用的标志，创立成规模的组织是合理而有价值的慈善目标。”①

回想一下第 1 章提到的爱德纳·麦康诺·克拉克基金会对哈莱姆儿童地带的资助。克拉克基金会往往在潜力巨大的组织的生命早期就开始介入。其董事长南希·露波（Nancy Roob）对基金会的方法这样解释道：

> 克拉克基金会不是自己提出关于如何获得社会效益的观点，然后资助人去做，相反，她是去找那些已经存在并且已经在做事的最好的组织，然后问怎么能帮他们做得更好……。我们和受助方没有争执。我们支持他们的计划、他们的董事会所关注的一系列结果，从这里开始介入。我们提供“粘合资金”（glue money），这种钱很难筹集，却能帮您加强项目发展壮大所需要的能力。②

克拉克基金会对青年发展组织的资助是典型的风险慈善，包括要素：

➢ **可靠的资金。**虽然风险慈善家提供的资助未必比其他渠道的资助多，但他们一般提供长期资助，一般运营费用资助的比例也更大。这使受助组织可以聘用员工、制定规划，而不必担心资金会意外中断。

➢ **战略辅导和组织辅导。**风险慈善家会提供组织发展不同阶段所需要的技术支持。双方关系亲密、持久，能促进互信，有利于通过协作解决争议。

➢ **网络效应。**风险慈善家与所在领域联系密切，可帮受助组织进入

---

① Peter Frumkin, “Inside Venture Philanthropy,” *Society*, May/June 2002, 7-15.

② Nancy Roob, “GEO Action Guide: Leading Change: Transforming Grantmaker Practices for Improved Nonprofit Results” (draft October 8, 2007).

外部资源网络。

克拉克基金会对哈莱姆儿童地带的资助表明，风险慈善的资助方法多种多样。但是，风险慈善的哲学原理却和一般运营资助类似：找到那些使命与资助方相符的有潜力的组织，使其领袖能够去追求自己的使命。

看一下新学校风险基金的例子。这是一家位于旧金山的风险慈善公司，致力于改善为城市社区低收入和有色人种儿童提供的公立教育。[①] 它的投资组合包括特许学校管理组织、课程提供方和支持组织。它向受助组织提供财务援助和组织援助。其风险慈善实践在本领域很典型，分为五个阶段。

1. 确定目标、变迁理论和总体战略

新学校风险基金的工作源于这样一种信念：所有的孩子都有权接受优质教育；教育企业家通过找准在系统中慈善干预能够产生很大效果、改善公共资金使用的位置，就能够改变大型的复杂系统。其投资目的在于影响公立教育系统中的其他学校，让它们为学生提供优质教育——这个理论很大程度上有待证实。

2. 选择要资助的组织

作为尽职调查的一部分，风险慈善家通常会问到以下根本问题：

➢该企业符合投资目标吗？

➢该企业有没有准备好对目标人群产生重要影响？

➢该企业的影响能升级吗？有没有发展潜力？

➢该企业的发展能否具有财务可持续性，以致其影响能够与日俱增？

➢该企业的管理团队、市场和产品是否显示了获得成功和影响的巨大潜力？

以上是新学校风险基金在投资“新奥尔良新学校”（New Schools for New Orleans）组织时考虑的核心要素。在卡特里娜飓风之后，后者创立了新型公立教育系统，其中择校（包括特许学校在内）作用很关键。其战略是加强和扩张特许学校，同时开发维持特许学校和非特许学校的发展都必需的基础设施和人力资本。一旦成功的话，新奥尔良的这个试验将成为

---

① 朱莉·彼得森（Julie Petersen）对本部分提出了有益评论，我们对此表示感谢。

系统转向和变革的强大例证。

3. 设计战略、提供资源

一旦选定某个组织，真正的工作就开始了：通过制定全面商业规划、明确组织使命、战略和战术来扩大组织规模。

风险慈善家在核心的一般运营经费资助之外，还提供项目资助和技术支持。商业规划实施之后，他们还继续担任组织顾问，在治理、规划、管理和筹资等问题上提供建议。例如，罗宾汉基金会内部就有专家，帮助项目制定战略和财务规划，招募员工，处理法律、组织问题，解决资金需求。新学校风险基金通过对话和协作项目与教育领袖保持联系，帮助推动该领域前进。风险慈善家通常会在受助组织的董事会派驻代表，正式强化其顾问角色。

4. 估量业绩

风险慈善家在对慈善投资影响的评估上一直处于领先地位。例如，新学校风险基金对它资助的学校和服务于同样人群的“对照”学校进行了比较。其评估表明，在初中水平，和类似学校的学生相比，受助学校的学生在数学方面的成绩要高 23%，在语言艺术方面要高 44%；在高中水平，数学成绩要高 36%，阅读成绩高 52%。新利股份有限公司（New Profit Inc.）是一家为社会企业家提供支持的全国性的风险慈善公司，它也评估了投资对象组织的表现。例如，其受助组织“全球上进”（Upwardly Global）的使命是帮助技术娴熟但就业不足的外国移民找到技术工作岗位，其成功率高达 40%，为移民平均每年增加 15 650 美元的收入。

5. 退出

资助营利企业的风险资本家有两种可能的退出战略：一是通过首次公开募股使企业上市；一是让视其为战略资产的大公司收购。

对风险慈善家与其非营利受助组织而言，退出战略就是通过劳动收入、政府津贴和慈善捐赠等方法，找到有助于组织可持续发展的资助渠道。例如，“为美国而教”这家新学校风险基金投资的组织，它靠的是公司、基金会、个人的捐赠，同时也有联邦和州政府及地方学区的资助。“食品革命”（Revolution Foods）是另一家受到新学校风险基金资助的组织，它靠的是作为健康有机学校午餐的营利性提供商产生的营业收入。新学校风险基金的朱莉·彼得森说退出可能是风险慈善家战略中最难的部分：

退出很棘手。退出的前提是受助组织或者能得到稳定的收入流（不管是来自营业收入、可预见的捐赠还是慈善）或者能得到公共资金。我们经常期待我们的特许管理组织能够得到公共资金，希望它们能通过从本州得到的生均资金而筹集足够的公共收入。当看到一个组织能够可持续发展了，或者发现有别人能对这些组织提供后期资助了，我们就会退出。但我们发现，许多这样的组织都很难从基金会筹集足够的成长资本（基金会往往提供短期的项目资助），而且也没有很多成长资本来帮助它们发展到我们曾预想的、可以直接让下一个资助者接手的规模。在风险资本领域，有大量夹层投资者、私募股权基金、投资银行，它们是完善的细分资本市场的一部分。但是在非营利领域，这些却并不存在。结果，我们并没有从很多组织退出。[①]

风险慈善中的“夹层”融资

在私营部门，最初的风险资本往往会继之以所谓的夹层融资，它会将公司带到下一个发展阶段。非营利部门类似的模式却很少。然而，在我们写作本书时，克拉克基金会宣布实施一个集资项目，用自己的拨款预算提供资金帮助成功的企业发展。它的试点项目包括护士—家庭合作计划（Nurse-Family Partnership），它为初为父母的低收入人群及其子女提供护士家访服务；青年村（Youth Villages），它为情感或行为上有问题的孩子提供服务；公民学校（Citizen Schools），它招募成年志愿者参与中学生课外学习项目。迄今为止，克拉克基金会还动员了其他许多基金会，包括大西洋慈善总会（The Atlantic Philanthropies）、戴伊基金会（Day Foundation）、盖茨基金会、约翰逊基金会和皮考尔基金会（Picower Foundation），来资助这些组织。其目标是共筹集 1.2 亿美元，现在它自己投入了 3 900 万美元。

① 2008 年 1 月 23 日与朱莉 1 彼得森的电话交流。

② Nancy Roob, “President's Page,” The Edna McConnell Clark Foundation, http://www.emcf.org/who/presidentspage/index.htm.

关于风险投资说了很多，但是相对很少有资助者在工作中会涉及很多此类实践。进入 21 世纪之际，只有大约 40 家风险慈善机构，总投资年均约 6 000 万美元。这在美国总捐赠（2006 年 1 年约为 2 950 亿美元）中占的份额少而又少。但是，不管前景如何，风险慈善却为整个慈善领域提供了一些很有价值的经验：

第一，资助作为一个整体的组织，而不是选取它的几种活动来资助，是很有价值的——要在需要时提供一般运营经费资助，而不是资助分散的项目。

第二，虽然风险慈善家的时间有明确的限度，但他们和受助组织一起的时间却足够让后者在某个发展阶段获得成功——这一点很有帮助，和许多基金会的做法都不同，后者会把武断并且往往适得其反的时间限制强加于甚至那些运转出色的受助组织，而且往往会在捐助疲劳时而不是基于某项战略选择退出。

第三，和营利型风险投资者一样，许多风险慈善家专注于特定领域，像新学校风险基金专注于教育，纽约商机基金专注于国际开发。如此，他们就能积累起丰厚的内部知识，并发展起外部网络，来帮助受助组织。

最后我们想提醒大家一件事。风险慈善有时被称为“参与式慈善”。[①] 如同在营利部门一样，参与（不管是通过战略辅导还是参与董事会）确实可能为非营利组织贡献价值。由于风险资本家的时间有限，所以他们的参与几乎肯定都是旨在获取影响的。对于高效的风险慈善家来说确实如此，但参与有时也可能成为有大把时间的退休企业主管转型的慈善家的一种娱乐活动。为了参与而参与是无益的。借用谢尔·希尔弗斯坦（Shel Silverstein）的儿歌《帮助》里的话[②]：

有的帮助，缺了它不行；

有的帮助，没有它也成。

---

① Christine W. Letts and William P. Ryan, “Filling the Performance Gap,” *Stanford Social Innovation Review*, Spring 2003, 26-33.

② Shel Silverstein, *Free to Be You and Me*, 马龙·托马斯（Marlon Thomas）及其他人演唱，CDLS-2006（光盘）。

组织效能资助

许多基金会都选择一些受助组织提供组织效能资助（有时也叫能力建设或管理支持资助），以增强其落实宗旨的能力。组织效能资助一般在1～5万美元之间，受助组织可以用它来聘请顾问以改善战略规划、公关、评估和筹资工作，加强内部管理、成立董事会、应对许多其他的管理挑战和领导问题。这种资助能提高组织的影响力，也能降低由于执行董事突然离职或主要金主撤资带来的风险，从而有助于确保组织的生存，并使捐助者树立信心做出长线投资。①

要　点

➢商品和服务方面的慈善资助是在私人市场的背景下发生的，目的是向穷人重新分配收益或矫正市场缺陷。

➢慈善家在促进创新和年复一年提供可靠服务方面都发挥了重要作用。

➢慈善家能够资助的对象，从社会企业家个人到成熟的组织都有。风险慈善家通过战略援助或管理支持以及资金，对蓄势待发的组织进行协助。

---

① 见：Paul Connolly and Carol Lukas，*Strengthening Nonprofit Performance：A Funder's Guide to Capacity Building*（St. Paul，Minn.：Amherst H. Wilder Foundation，2002），7.

第 13 章
影响个人、决策者和企业

假定您对美国青少年肥胖率的上升感到担忧——既担忧对健康的影响，也担心最终将对社会造成经济负担，那么您可以考虑以下在目标人群中推广健康行为方式的各种方法。

您可以试着劝说他们吃得更健康，从而改变个体的行为方式。方法可以是告诉他们肥胖的后果，以及怎样健康饮食。作为辅助措施，还可以给食品贴上标签，标明卡路里和脂肪含量。但贴这种标签通常需要立法做出规定。您可以试着告诉家长相关信息，让他们改变对待孩子饮食和运动习惯的做法。例如，减少看电视的时间就能改善饮食和运动状况。

您还可以利用心理技巧，而不仅仅靠诉诸理性考虑，来影响个体的行为。比方说，可以激发对肥胖后果的恐惧；或者以积极的方式，用健康或苗条时的感觉来吸引人。这些信息可以通过不同的媒介传递，比如学校的老师、家庭或社区或者通过咨询项目。

利用以上多种技巧，您可以试着改变目标人群的文化：健康的生活方式很酷，而肥胖绝对不酷。虽然这看起来更加雄心勃勃，但它可能是改变个体行为最（也许唯一）有效的方式。

解决问题往往需要不止一种工具。例如，外部因素在贫困儿童的肥胖现象中起着很重要的作用。许多孩子在家吃不到健康食品，因为他们附近没有超市，或者因为身为上班族（且往往单亲）的父母没时间做饭。许多孩子运动不足，是因为没有安全又便利的地方让他们玩。所以，影响个体行为，可能还需要辅之以改变外部环境、为孩子创造切实的替代选项。例如，在学校提供更加健康的饮食，更多运动的机会，或者资助像“男孩女孩俱乐部”（Boys & Girls Club）这样提供包括运动在内的课外活动的组织。①

您的一些努力可能会遭遇阻力甚至反对。比如，如果学校跟软饮料公司有合同，允许它在经营场所设置自动贩售机；您可能就需要集中精力来改变这种实践或政策。为此，就要制定战略：找谁——是软饮料公司，还是校长、学区督导还是学校董事会？他们会对哪些论点和选民做出回应？这需要了解对抗性压力来自何方。例如，学校的经济考量有多重要？软饮料公司是校足球队的赞助商吗？还需要知道还可以动员别的谁（亲师会?）来影响决策者。

进一步分析之前，我们要注意，有些机构拥有精深的知识和巨大的资源，能够影响个体和决策者的行为方式，它们就是向全世界消费者销售产品的公司。注意这一点很重要，理由有二：第一，慈善家从公司的广告、营销和政策倡议运动中能借鉴很多东西。第二，慈善家有时会发现自己面对的问题——从烟草到枪支到健康食品——和公司是一样的，虽然双方立场有时一致、有时相左。了解他们的利益所在，对于制定自己的战略和策略都很重要。

改变个体行为

促成文化变迁，往往不是慈善力所能及的。但是，条件成熟之后，也能改变一些实践或惯习。比如，在 20 世纪 80 年代中期的“遏制艾滋病”

---

① 见：RWJF Healthy Schools Program.

运动中，HIV 阳性的男同性恋在旧金山的卡斯特罗居民区举办小型聚会，讲授安全性行为的技巧，并请愿意承诺进行安全性行为的参与者自己也举办类似的聚会。这场运动在社区找出意见领袖，直接触及 7 000 人，又间接影响到另外 3 万人。无保护性行为和艾滋病的概率都降低了。①

另一个例子是在埃及农村儿童中推广口服再水化疗法的运动。面对普遍的无知无识、关于腹泻成因的文化杜撰、“脱水”一词的缺位，这场运动成功地将因腹泻引起的婴儿死亡率降低了 70%。1 分钟的电视“剧”，加上廉价易得的口服再水化液包，就产生了不同。②

同样，如果项目干预不能适应根深蒂固的文化规范，也注定会失败。一个项目，试图诱使秘鲁农村家庭煮沸受病毒污染的饮用水以此净化它，就失败了。当地的文化认为温热的食物会致病。③ 为埃及农民提供净化自来水的项目也失败了，在技术不足之外，还因为没有考虑村妇们聚在污染的运河边上取水的社会原因是什么。④

在企业存在重大利益的领域准备一显身手的慈善家，需要明白企业投入了多少资源来创造对其产品的需求。要劝说司机购买节能型汽车，投入的努力就要压倒汽车制造商在推 SUV 上花费的数亿美元。与其以毒攻毒，在广告上浪费钱；不如换个思路，这样更聪明。如果您和企业是站在同一条战线上，则要明白和丰田在普锐斯广告上的投入相比，您推广混合动力车的能力是微不足道的。再说一遍，要把慈善资金用在能够产生最大价值的地方。

有时候，企业的作用不那么明显。在美国女性中推广母乳喂养（这种做法对孩子的健康非常有利）的努力，面临的挑战不仅仅来自针对孕妇的婴儿奶粉广告，还有医院里为新妈妈们提供的免费产品。就像烟草产品在

① Everett M. Rogers, *Diffusion of Innovations*, 4th ed. (New York: Free Press, 1995), 72-73.

② Everett M. Rogers, *Diffusion of Innovations*, 4th ed. (New York: Free Press, 1995), 380.

③ Everett M. Rogers, *Diffusion of Innovations*, 4th ed. (New York: Free Press, 1995), 1-5.

④ Everett M. Rogers, *Diffusion of Innovations*, 4th ed. (New York: Free Press, 1995), 107-109.

营销时被标榜为性自由和性感的标志一样，婴儿奶粉则被标榜为财富、地位、自由和现代性的象征。

推广母乳喂养的努力还表明改变文化规范是很难的：在公共场合或者工作场所喂奶的女性可能会遭遇实际困难甚至敌意。“最好的给宝贝”（Best for Babes）这家很小的非营利组织，试图改变母乳喂养令人尴尬或讨厌的观念，通过名人支持、形象宣传、母乳喂养友好型企业和饭店的帮助，把它作为健康、赋权女性的一种时髦、聪明的生活方式推广。[①]

虽然胜算的几率往往令人气馁，但这并不是说您不能改变个体行为甚或促成文化变迁。但是，您必须选择打什么仗——以及用什么武器。由于公共教育、诉讼、政策变动以及任何人都无法控制的因素共同发力，吸烟率在美国已经下降了。最近数十年，减少乱扔垃圾、醉驾、青少年怀孕、冰毒吸食的运动以及推广口腔卫生和垃圾回收的运动都取得了成功。

在开始与受助组织合作制定和评估改变行为的战略时，要考虑以下因素：

➢**明确最终目标。**“增强意识”——即便是增强特定目标人群的意识——本身很少算个目标，而不过是实现目标的手段。它允许是必要的，但很少是充分条件。

➢**锁定目标人群。**锁定您可能对其产生最大影响的目标人群。全国防止少女意外怀孕运动（National Campaign to Prevent Teen and Unplanned Pregnancy）发出的信息既针对女孩也针对男孩，但特别关注女孩，因为他们认为这样最能产生影响。旧金山减少艾滋病的运动，针对按摩院的泰国女性性工作者和出没于男同性恋米吧（rice bar）的菲律宾男性，采取了不同的传播战略并取得了成功。[②]

➢**精心设计信息，使其对目标人群产生影响。**在今日媒体世界，很难抓住任何人的注意力。对那些未来行为模式和消费模式还在形成过程中的青少年受众尤其如此，因为世界上每个公司都想影响他们。您得问：什么信息对目标受众有吸引力，谁来传递这些信息？是通过文章还是通过口号传递？是由面貌诚恳的专家还是摇滚明星来传递？同样，要保证所传递

① Best for Babes，http://www.bestforbabes.com（2008年6月30日访问）。

② Rogers，*Diffusion of Innovations*，366.

的信息能与受众产生共鸣。为了减少青少年怀孕现象，全国防止少女意外怀孕运动既建议节欲也讲授避孕方法。最近，该组织转向降低年轻成人中的意外怀孕率。起初它就意识到，讲节欲对这个群体不起作用。该组织的做法之一是把避孕的信息传递给已经有意外怀孕和堕胎经历的女性。不了解受众，运动必败无疑。例如，在成立联合国时，为了争取支持，曾做了数百个电台广告和演讲，并发布了数万宣传册，所有这些内容都很抽象（“联合国从你开始”），对运动所指向的俄亥俄州辛辛那提居民毫无影响。①

➢**针对受众选择合适的媒介。**在《纽约时报》上做整版广告，青少年是不看的。所以也许您应该尝试电视广告、娱乐微型剧或脱口秀，或者是互联网。如果选择了这些媒介，又从何处着手？通过充满大量信息的网站？博客？网上社区如 MySpace 和 MoveOn. org？要通过病毒式营销来传递信息吗？准备进行一些狂野的试验，失败是难免的，但如果运气好的话，就能大获成功。

➢**寻找免费媒体。花钱买大量受众的注意力是非常昂贵的。**通常明智之举是在报刊、电台和电视新闻和脱口秀以及互联网上获得免费媒体报道。获得免费报道的关键是信息要有新闻价值，并且要确保记者和其他媒体守门人认为这个信息引人注目不能不用。有些公司和非政府组织专门就是搞免费媒体报道的。它们有时会做付费广告，但通常只是为了获取进一步免费报道而采取的激励方法。

➢与具有相似价值观或相关职责的人合作。多数重大问题都会影响一圈人，包括企业、非营利组织和政府机构。虽然烟草业一直是危害健康的残酷敌人，但企业还有其他一些实体也能成为改善世界的强大盟友。特洛伊安全套是降低意外怀孕和防治艾滋病运动的盟友。许多有机食品公司和服装制造商，甚至一些医院——在世界卫生组织和联合国儿童基金会的

① 而且，它没有请受众采取某种具体行为。Rogers，*Diffusion of Innovations*，377—378.

国际爱婴医院的倡议[①]下——都在推动母乳喂养。另一方面，婴儿奶粉制造商通过游说来对抗卫生及公共服务部的母乳喂养广告运动，也颇见成效。在卫生及公共服务部发起了一个不那么高调的运动之后，奶粉业提高了广告预算，与该部“孩子生来就要母乳喂养”的信息相抗衡。[②]

➢**认清媒体的局限。**埃弗雷特·罗杰斯（Everett Rogers）注意到，虽然大众传媒可以让您迅速触及受众并散布信息，但它们只适于改变薄弱的信念。改变根深蒂固的信念或行为可能需要人际交往渠道。[③] 这一技巧在上文提到的旧金山降低艾滋病感染率的努力中获得运用并大获成功。20世纪70年代和80年代进行的斯坦福心脏病预防计划非常成功。它通过大众传媒招募了一些高危人士，对其进行有氧运动、影响和戒烟等方面的小组培训。[④]在计划大规模实施之前，它先在目标受众中对自己要发布的信息进行了测试。

影响行为的努力可以从社会心理学和行为经济学的洞见中受益良多。请访问 www. smartphilanthropy. org。

改变根深蒂固的观念

我们的讨论迄今为止关注的都是改变个人行为以及——更加雄心勃勃的——改变文化规范。同样重要——如果不是越发雄心勃勃的话——的是试图改变根深蒂固的观念和制度实践。民权运动和女权运动是这方面的典范，立法极大地导致了行为变迁。

在第14章，我们从一个方面详细描述了保守的慈善家30年来在改变美国人的政府观上是怎么做的。他们试图把新政观念——认为政府是仁慈的规制者和权利的再分配者——转变成敌视政府干预以及很大程度上敌视

---

① Barbara L. Philipp et al.，2001. “Baby-Friendly Hospital Initiative Improves Breastfeeding Initiation Rates in a US Hospital Setting,” *Prediatrics* 108，no. 3（2001）：677681，http://pediatrics. aappublications. org/cgi/reprint/108/3/677. pdf；同时见 New York City Health and Hospitals Corporation，“NYC Public Hospitals Eliminate Baby Formula Giveaways，Ban Promo Materials in Labor Units to Encourage Breastfeeding,” 2007年7月31日新闻稿，http://www. nyc. gov/html/hhc/html/pressroom/press-release-20070731. shtml。

② Mark Kaufmann and Christopher Lee，“HHS Toned Down Breast-Feeding Ads,” *Washington Post*，August 31，2007.

③④ Rogers，Diffusion of Innovations，205，235—236.

政府本身这样一种观念。最近，我们看到利益集团之间的意识形态争论，有些集团最厉害的武器是他们对争议事物的命名："房地产"遗产税 vs. "死亡"税，"选择" vs. "生命权"，"胚胎" vs. "未诞生的婴儿"。这些观念最初的战场是媒体——大多是不付费的。这些保守派的想法是否更好，您自己来判断。但是，很难质疑的是，通过政策性思想库、电台脱口秀、讲座系列、校园组织如联邦主义协会等诸如此类的途径，他们已经建立起更好的传媒机器。这需要专注和耐心——愿意年复一年地坚持一套长期战略；政府部门有时有他们强大的盟友，有时也有强大的对手。

别惹德克萨斯

为了减少公路垃圾，德克萨斯交通部聘请了一家广告公司；公司的市场调研表明多数德州人不认为扔垃圾有什么危害，并且认为交通部会负责善后。这家广告公司没有在自己的信息中强调环境或清扫成本，而是诉诸于德州人的自豪感，它的广告是"别惹德克萨斯"。结果，垃圾减少了 72%。①

评估的必要

人人都喜欢拿出剪报，展示自己的组织或事业受到的关注。成为传奇的一分子令人兴奋，特别是对大部分时间都在默默无闻工作的非营利组织来说更是如此。但要记住，媒体的关注本身不是目的。目的在于改变目标人群的行为——而这很难。

所以，要把评估纳入宣传战略。明确列出您希望促成哪种行为变迁，投入时间和金钱设定清晰的标准和评估进展的方法。然后开展活动，检视数字。如果您的回报很少，也许只是因为这个战略需要更多时间来证明自己。但如果所有指标都表明战略不成功的话，也要不惮于终结它。

---

① Wikipedia, s. v. "Don't Mess with Texas," http://en.wikipedia.org/wiki/Don%27t_Mess_with_Texas.

改变公共政策

很多时候，改变个人行为和改变公共政策是同步进行的。例如，纽约市烟草税的大幅增长导致烟民特别是青少年烟民大幅减少。[①] 在公共空间和工作场所禁止吸烟这个日益普遍的禁令，也减少了烟草消费的机会。在美国，对安全带的重视，也是经历了教育、劝说和管制才成功的。最初的战略是：如果不系安全带，车子就启动不了——这引起了强烈反弹，所以就放弃了。取而代之的是，如果安全带没系好，车子就会发出恼人的信号。[②]

您若想通过政府政策来实现目标，就应该意识到政策形式多样，包括：

➢标签：例如，要求汽车制造商把每加仑实际公里数写在贴纸上；

➢激励，如对于购买混合动力车给予退税待遇，或允许混合动力车在高载车量专用道行驶；

➢政府采购决策，如城市决定为其车队购买混合动力车；

➢直接管制，如联邦法律提高车队燃油经济性标准（CAFE 法规）。

交通部部长在与环保局局长、能源部部长磋商后，必须根据 2007 年国会通过的能源法发布轿车和卡车燃油经济性标准。该项法律在许多关键问题上都给了交通部部长很大的灵活处置权——如标签、测试程序、油耗参数、对“非客运车辆”的界定和对卡车的规定。

假定有这么一种情况：一个值得尊敬的实验室里一项接受慈善资助的研究项目表明，卡车的燃油经济性能够提高——而且不损害安全。在理想世界，研究者会把研究结果告知政府官员，政府部门在参考其他研究结果之后，就根据可以获得的最好的科学研究成果采取规制措施。然而在我们的世界中，光有研究通常不够。还需要以下其他因素。

---

① Joseph Califano，*High Society*：*How Substance Abuse Ravages America and What to Do About It*（New York：Public Affairs，2007）.

② 即便如此，即使不系安全带会被罚款，还是有 1/4 的美国人驾驶时不系安全带。Rogers，Diffusion of Innovations，235.

时机

对于什么因素决定了一种想法的时机到来与否这个问题，政治学家约翰·金登（John Kingdon）说道，一件事要进入立法机关的议程，它必须被视为一个问题，必须经得起一些合理的政策方案的检验，政治力量必须联合起来。[①] 2007年的能源立法是环保组织数十年研究、结盟、倡导的结果。这些环保组织是坚持不懈充满创意的政策企业家，他们既等待同时也创造机会窗口。保守主义法律运动的成功也显示出同样的特点。[②]

教育券是一种想法（至少目前）时机未到的例子。2002—2006年，1 200家全国和地区性基金会给100多家关注择校问题的组织投入了将近4亿美元。单独来看最大的资助者是沃尔顿家族基金会（Walton Family Foundation），其战略是提供奖学金、代金券和税收抵免，使贫困家庭可以用脚投票，选择私立或公立学校。其拨款资助包括“资助公共政策倡议和家长组织活动，支持提供择校权的公共政策；管理和加强公共奖学金项目；为学生家庭提供关于传统的公立学校、公立特许学校和私立学校的明确而有用的信息；评估大型择校项目的表现和影响。”[③] 虽然公众普遍对公立学校的教学质量表示担忧，但这些努力迄今为止并没有吸引到教育券运动发展壮大所必需的州级或地方资金。

地点

如果可能找出一两个对该问题影响最大的决策者——环保局局长或交通部部长——您的精力就要集中在这里。但是，多数决策都涉及多个决策者；而即使决策权正式集中在少数几个人手里，也有其他人能够以这样或那样的方式影响他们的决定。即使这些部门负责人被您的研究说服了，他

---

① John W. Kingdon, *Agendas, Alternatives, and Public Policies* (New York: Addison-Wesley, 2006).

② Steven M. Teles, *The Rise of the Conservative Legal Movement: The Battle for Control of the Law* (Princeton, N. J.: Princeton University Press, 2008).

③ Rick Cohen, *Strategic Grantmaking: Foundations and the School Privatization Movement* (Washington, D. C.: National Committee for Responsive Philanthropy, 2007), http://www.ncrp.org/downloads/NCRP2007-StrategicGrantmaking-FINAL-LowRes.pdf.

们也可能受到众议院能源与商业委员会主席和总统的制约，因为他们反过来也得考虑全美汽车工人联合会（United Auto Workers）和汽车三巨头的意见。所以，在政策指导和科学装备下决策者多少都会达成意见统一的理想图景，不过是更加复杂的现实的草图而已。

事实上，2007 年燃油效能标准的提高靠的是多种力量：担心对石油过分依赖的高级军官，对掠夺上帝造物感到忧心的宗教领袖，表明提高燃油经济性不必牺牲安全的科学家，显示全美汽车工人联合会会员即便在其领导层不情愿的情况下也倾向于提高燃油标准的民意测验，以及其他许多因素。

不管您的目标是某个行政官员、众议员还是州议会，您都要谨记以下几点：

➢**合法性。**美国《国内税收法典》及许多州的法律都对利用慈善资金影响政府官员和选民的行为做了规定。虽然它们并不禁止所有俗话说的“游说”活动，但一些活动却是被下了禁令的。私人基金会的行为受到的限制更多。在进入这个领域之前，要找优秀的顾问，并确保您的受助组织也有好顾问。[①]

➢**要求明确。**您的信息或政策要求表达清晰、中心明确吗？动员巨大的政治力量来追求“更好的教育”毫无益处。您得倡导（或反对）具体的举措：教育券、教师证书、全州统一标准、延长在校时间等等。

➢**有效性和政治分量。**休利特基金会曾收到一份申请，内容是组织请愿活动，要求布什政府采取严肃行动以延缓气候变化。这项申请问题很多，其中之一是申请者计划在威斯康星州的麦迪逊市、科罗拉多州的博尔德市以及马萨诸塞州波士顿的大学和大街上开展活动。坦率地说，这些都不是布什政府选区的重心所在。不论是组织请愿还是购买报纸广告，关键

---

① 对于各种定义所指的游说活动，联邦法律有限制，各州也有信息公开的要求。法律限制取决于进行或资助游说活动的组织的性质，而信息公开要求取决于受到游说的政府部门的类型。许多您想参与或资助的此类活动通常都是被许可的，如支持将中立的研究成果散布给公众和决策者，或者与行政部门合作制定最有效的管理规定以落实某个法律指令。这里也要向顾问咨询。虽然基金会不能直接从事游说活动，公共慈善团体也只能进行有限的游说，但愿意放弃税收减免的慈善家个人却可以注资给美国国内税收法典规定的 501（c）（4）和 527 免税组织及政治行动委员会。

不在于这个资源对作为资助者的您有效，而是能对目标受众发挥有效作用。

最后一点也暗示您在筹资时应该考虑超越文化和意识形态边界，寻找意料之外的合作伙伴。在制定一项降低计划外怀孕率的计划时，全国防止少女意外怀孕运动吸收了持各种政治立场的领袖，包括那些不认同堕胎和婚外性道德观但对 20 来岁的女性中极高的堕胎率感到忧心的人。

与有效性相关的是受助组织是否有政治分量造成变化。我们想起西北部一个支持可再生能源政策的组织。决策者是公用事业委员会——很对，因为它对该州的能源前景有很大的决定权，而且它有义务听取各方意见并经由明确的程序进行决策。我们的受助组织很老练，技术能力强，但是，当我们私下询问一些老道的委员会观察家受助组织的工作是否得力时，答案是一声响亮的“不”。原因何在？无视这家组织不会造成什么政治后果，但无视公用事业公司的政治后果却很严重。我们的受助组织采取的对策是邀请地方企业、学者、政客和其他人与其专家一起作见证，在报纸写专栏，进行民意测验显示公众支持，为关于可再生能源具有种种优点的有说服力的论证再添加一些政治分量。

基金会本身也可以成为有效性和政治分量的源泉。有效性和政治分量都取决于基金会在本社区或全国的声望。可以通过出色的工作、开放的心态和坦白直率来赢得声望。政治领袖也想与您会谈，除了由于您赢得的无论何种声望之外，还有一个跟别人都一样的原因：他们想影响您的捐款。他们乐于就共同关心的问题提供建议，甚至还会就怎样才能有效影响他们提出建议。多数基金会都不努力与政治家和决策者建立关系，这是一个错误。您想让他们别把基金会视为说客，而是看成中立研究和专家意见的一个可能来源。你们的会谈不应是关于计划进行或正在进行的立法进程的，而应该讨论共同关心的一般性议题。

草根组织

迄今为止我们的讨论关注的都是决策者和意见领袖这些所谓的“草尖”，包括民选官员、社区领袖和组织良好的公民团体。但是，要改变管理政策和立法政策，往往还需要组织“草根”活动，接触那些通常不参与政府决策的居民。在第 4 章提到的休利特基金会的“环境新选区”项目中，环境正义受助组织的工作就包含了草根组织这一重要内容。

支持立即改革社区组织协会（Association of Community Organizations for Reform Now）和组织起来改善社区全国网络（PICO National Network）是组织中低收入家庭解决社会正义问题的大型全国性组织。前者的社区分会遍布美国。它们的工作是改善经济弱势群体的住房条件、保证糊口工资、提高当地学校的质量。① 后者与之类似，是以信仰为基础的社区组织构成的全国网络。它致力于改善公立学校教育，让居民区变得更安全，让更多人获得卫生保健、建设经济适用住房，重新开发社区以及重振民主。②

媒体的作用

前面我们讨论了媒体的作用。基本论点是媒体能影响公共舆论，而政客和行政官员对公共舆论比较关注。

活动战略和心态

一个好的政策倡议战略会在制定时考虑到所有这些因素。您和受助组织必须制定争取真正变化的全面规划，即便不同的部分表面上看起来并不相关。

试想一位州长，他在考虑是否要通过一项家电能效标准。那么，政策倡议战略开始时可以先提供一份技术报告，讲讲政策通过的话可以节省多少能源。作为补充，还可以提供一份由当地最好大学里的经济学家撰写的财政影响报告。他最信任的同事也会影响她采取行动。他会读到本周报纸上的一系列支持性社论。制造商或同业公会，最好是本州的，可以表示支持。州参议院的多数党领袖也会推动她。最终，这些力量的合力会说服他通过这项政策。

在政策上取得重大胜利并非易事。有望胜利的组织是本领域（即决策牵涉领域）的专家。它们知道影响决策者的势力都有哪些，知道何时及怎

---

① ACORN, “About ACORN,” http://www.acorn.org（2008 年 6 月 30 日访问）。

② PICO National Network, “About PICO,” http://www.piconetwork.org/aboutpico.html（2008 年 6 月 30 日访问）。

样进击，懂得何时停止。将倡议作为完成任务的最佳途径的慈善家，必须留心这些问题，还要找到谙熟该领域的受助组织。活动心态和驾驭问题领域——这些才是关键。

有力论证该倡议的价值

前面几段主要关注的是运用政治影响，但很重要的是首先要有力论证您所倡导的立场有什么好处。多数政治领袖都想做正确的事；而且和我们其他人一样，乐意听别人的论点，至少是在不违反他们既有的价值观的条件下。甚至还有些时候，政治领袖会不顾政治利害而做出正确决定。

虽说如此，我们是生活在这样一个民主社会：各种立场不同的人都认为自己的主张有价值。我们有幸工作在一个成熟而独立的领域，每种立场都有老练的倡议者予以强烈捍卫。所以，虽然论证有力是必需的，但对于推进政策目标而言还欠充分。您若想影响决策者，用潜在的政治收益或损失来影响他也会有帮助。

进退取舍

政治并不美好。它可能需要不光彩的策略，奇怪的合作伙伴以及和对手妥协。在和魔鬼订约前，要做好受朋友批评的准备。威望颇高的环境防卫基金会就严厉批评国家能源政策委员会（National Commission on Energy Policy）同意碳排放上的“安全阀”规定；而后者认为，为了获得足够的支持以通过强制性的联邦限额交易法，这是必须的。[①] 反对在公立学校提供垃圾食品的人批评他们的头号盟友公共利益科学中心（Center for Science in the Public Interest），因为后者和食品业妥协，虽然禁止在学校快餐店、自动贩售机和自助餐厅销售糖果、含糖苏打饮料、高脂肪食品，但允许出售巧克力奶、运动饮料和无糖饮料。[②]

---

① Environmental Defense Fund, “Why Safety Valves Are Very Dangerous,” http://www.environmentaldefense.org/page.cfm?tagID=1087（2008 年 6 月 30 日访问）。

② Kim Severson, “Effort to Limit Junk Food in Schools Faces Hurdles,” *New York Times*, December 2, 2007.

关于慈善在赞助委员会方面发挥的作用，请访问 www. smartphilanthropy. org。

改变企业行为

不管作为慈善家的您关心的是什么问题，企业都可能在此发挥一定作用：或者帮您解决问题，或有时让事情变得更糟。如果您关心的是穷人，那么是企业为个人提供工作和脱贫机会。如果您关系的是枪支安全问题，那么，枪械制造商对您目标的实现会产生重要影响——或者是正面的或者是负面的。而阻止全球变暖的关键最终在于生产和消耗能源的无数企业。

以上讨论过的主要工具——从知识开发到政策倡议——对于为了实现目标就必须改变企业行为的慈善家都适用，不管这些目标是创造新的就业机会、安装儿童安全锁还是鼓励采取更加环保的技术。前面我们探讨了慈善在刺激创新和开辟新市场方面的作用。现在，我们要描述慈善家可以用来影响企业决策的两种更加约定俗成的方法：推进企业社会责任和倡议规制措施。

推进企业社会责任

过去几十年见证了企业社会责任运动的发展壮大。企业社会责任这个术语外延广泛，包括在改善品牌形象的同时避免造成伤害并做一些积极的好事。有一些非营利组织致力于推进企业社会责任，从商学院课堂到企业董事会会议室都能见到他们的身影。

例如，阿斯彭商业教育研究中心（Aspen Institute Center for Business Education）试图重塑 MBA 教育，将“企业公民”和“可持续性”纳入教育课程，途径有两个：一是 CasePlace. org 这个案例研究在线数据库；另一个是对商学院进行 2 年一次排名的“超越灰色地带”（Beyond Grey Pinstripes），它强调示范性的社会、环境课程。在影响董事会方面，AccountAbility 和美国公平贸易组织制定了认证程序，分别用于识别和鼓励在可持续发展和公平贸易实践方面的良好企业行为。①

AccountAbility 致力于推进它所谓的“负责任的竞争力”，其中企业在市场力量作用下促进健康、安全、就业和社会及环境实践。它的项目有在服装业推广负责任竞争力的 MFA 论坛，以及 AA1000 框架，它制定了社会和伦理核算、审计和报告的标准。公平贸易组织和大型知名企业合作，包括星巴克、塔利咖啡、西夫韦公司和乔氏超市。通过其独特的品牌和认证过程，公平贸易组织为公司提供了推销和出售公平贸易认证产品的机遇，同时还确保农民得到合理的补偿。

企业促变运动

和多数人类行为一样，良好的公司行为是主动决策和外部压力共同造成的。

股东可以通过企业促变运动和代理投票影响企业的行为。在第 8 章，我们讨论了通过撤资这种负面筛选来影响企业行为的方式。对这种方式的价值，我们还有疑问；我们认为如果不纳入统一的企业促变运动，这种方式无论如何都不太可能有效。当然，代理投票要求您不要处理自己的所有股份。您也必须拥有股份才能投票促变。②

把股东行动主义和社会行动主义进行区分是有用的；前者促进的是股东的价值，而后者推进的是社会或道德价值（二者可能正相关、负相关或完全不相关）。③ 加州公务员退休基金（California Public Employees' Retirement System）对企业治理改革的追求反映的是股东行动主义。每一

---

① Accountability，http://www.accountability21.net（2008 年 6 月 30 日访问）；TransFair USA，http://www.transfairusa.org（2008 年 6 月 30 日访问）。

② 在就企业治理和社会、环境问题提交股东决议或其他申请之前，您必须是股份至少在 2000 美元以上的股东，并且必须在年度提交申请截止日之前已经持有这些股票 1 年以上。Rockefeller Philanthropy Advisors and As You Sow Foundation，Unlocking the Power of Proxy：*How Active Foundation Proxy Voting Can Protect Endowments and Boost Philanthropic Missions*（Rockefeller Philanthropy Advisors，2004），30，http://www.asyousow.org/publicaitons/powerproxy.pdf.

③ Brad M. Barber，“Monitoring the Monitor：Evaluating CalPERS' Activism”（working paper，University of California，Davis，2006），10，http://papers.ssrn.com/sol3/papers.cfm?abstract_id=890321.

年，该组织都会发布一个旨在促进企业治理改革的关注名单。① 许多上市公司都进行了改革，如将董事会主席和执行总裁的职务区分开，要求多数董事为独立董事，每年评估执行总裁的业绩。② 一些研究表明，治理实践的改善极大增加了股东的收益。③

越来越多的申请超越了企业治理的范畴，包括了更广泛的企业社会责任议题。播种基金会（As You Sow Foundation）注意到，投资者“越来越多地要求披露公司的社会和环境实践，认为它们影响股东价值。关于可持续性的申请一直是最受支持的社会议题之一”④。这些申请通常会要求企业根据色瑞斯（Ceres，该组织将可持续发展的内容纳入了资本市场）开发的“全球报告倡议”标准，报告企业运营产生的社会、经济和环境影响。

有的社会行动主义和股东价值并不相关，有时还与其相左。善待动物组织（People for the Ethical Treatment of Animals，PETA）2007 年提出了 24 项申请，敦促对动物采取更加人道的屠宰方法，并为用于实验室测试目的的动物改善生存环境。⑤ 跨宗教企业责任中心（Interfaith Center on Corporate Responsibility）提出了 327 项股东决议，涉及各种议题，包括中国人权状况以及对印尼军售等。⑥

股东倡议有时还与更加积极进取的企业促变运动相连。例如，促使大学和其他机构投资者从与南非种族隔离政权交易的公司撤资，这一努力持续了 10 年之久，最终获得成功。其中，学生抗议运动的力量受到了几家

---

① 例如，2008 年，加州公务员退休基金推出的名单包括了奶酪蛋糕工厂（Cheesecake Factory Inc.），希尔波、罗佳和霍布斯公司（Hilb Rogal & Hobbs Company），英维康公司（Invacare Corporation），拉兹男孩（La-Z-Boy）和标准太平洋公司（Standard Pacific Corporation）。

② CalPERS，“Reform Focus List Companies，” http://www.calpers-governance.org/alert/focus（2008 年 7 月 1 日访问）。

③ Barber，“Monitoring the Monitor，” 10.

④ As You Sow Foundation，*Proxy Season Preview Sprig* 2007：*Helping Foundations Align Mission and Investment*，http://rockpa.org/wp-content/uploads/2007/04/2007-proxy-season-preview.pdf. 10.

⑤ As You Sow Foundation and Rockefeller Philanthropy Advisors，2007 *Proxy Season Preview*：*Helping Foundations Align Mission and Investment*（San Francisco：As You Sow，2007），http://www.asyousow.org/publications/2007_proxy_preview.pdf.

⑥ Interfaith Center on Corporate Responsibility，“ICCR Resolutions Filed Between Fall 2006 and Spring 2007，” http://www.asyousow.org/publications/2007_proxy_preview.pdf.

组织的协调和引导。这些组织包括美国非洲事务委员会（America Committee on Africa）和跨宗教企业责任中心。

20 世纪 90 年代，出现了一场针对耐克的大规模运动，矛头指向的是其服装制造厂恶劣的工作条件。随着联合抵制和抗议造成的损失越来越大，改善工厂的工作环境在财务上就成了对耐克公司更有吸引力的选择。耐克负责企业责任事务的副总裁汉娜·琼斯（Hannah Jones）解释道：

在非政府组织试图增强关于这些议题的公众意识的时候，我们成了最先受到批评的品牌之一。它要求我们关注风险管理和声望管理，因为这是火力集中的目标。早期耐克忙于灭火；现在我们的方法是与外部利益相关者接触，与甚至最严厉的批评者展开对话、建立共识，有时还进行一线合作。这是一个巨大的变化。通过开放、聆听、学习和接触，我们开始了解到社会与环境问题挑战的远远不止耐克一家。有一点变得清楚了：多方利益相关者的合作是解决以上问题的唯一途径。①

当然，许多试图改变企业做法的努力都以失败告终。反种族隔离的运动虽然成功了，但越战期间要求陶氏化学公司（Dow Chemical Company）停止制造凝固汽油弹的抗议运动却失败了。善待动物组织试图让肯德基炸鸡公司改变养鸡方法的运动迄今仍未成功。美南浸信会（Southern Baptist Convention）也取消了对（为其雇员的同性伴侣提供保健福利的）迪士尼公司持续 8 年之久的联合抵制。虽然迪士尼公司没有改变自己的做法，浸信会却宣称它“有效传达了我们的不快”，以及抵制运动“必须有具体目标和时间限制”。② 沃尔玛也一直是一个抗议运动的靶子，这个运动目标多样，包括施行最低工资，提供负担得起的医疗保健服务，禁止发展中国家的供应商使用童工。这个运动有许多全不相干的目标，再加上沃尔玛的顾客——和名牌服装的消费者不同——往往都是一根筋地对廉价商品感兴趣的人，这些事实都可能会妨碍该运动取得成功。

联合抵制很少是首选。在多数旨在改变别人观念和行动的努力中，往

① “15 Minutes with Hannah Jones,” *Stanford Social Innovation Review*, Fall 2007, 29-31, http://www.ssireview.org/articles/entry/15_minutes_with_hannah_jones.

② Alex Johnson, “Southern Baptists End 8-Year Disney Boycott,” MSNBC, June 22, 2005, http://www.msnbc.msn.com/id/8318263.

往是寻求双赢的策略才会成功，只有在协作不成时才诉诸强力。试图改变企业行为的运动，也需要和政策倡议一样的战略和策略。这包括：了解相关领域和决策者，利用媒体，确保受助组织懂得谈判技巧，在谈判不灵时能够施加更大的压力，以及事先决定好在什么条件下停止抵制。遇到冶炼厂爆炸、某个产品被证明有毒或者笔记本电脑电池融化这些情况，多数公司都有危机管理小组来应对媒体。联合抵制会引起这种小组的关注；如果您沿这条路走下去的话，就得准备面对有力而老练的回应。

管制企业

在理想状态下，自由市场会制造出社会需要的任何东西，而不会危害任何人。但在现实世界中，市场是不完善的。从事自由市场竞争的企业会制造污染、让员工在恶劣条件下工作，而且不总能制造出安全或可靠的产品。所以，为了矫正所谓“市场失灵”的情况，传统政治理论认为国家应该介入，改变企业行为。

政府在塑造企业行为方面发挥着很大的作用。规章制度管理着美国企业的劳动和就业实践、工作场所和产品安全、环境影响和竞争等等。在所有这些领域，都有慈善资金资助的组织——从自然资源保护委员会（Natural Resources Defense Council）到美国企业研究所到传统基金会再到梅肯研究院（Milken Institute）——或者推进或者反对政府的监管。

值得强调的是，倡议实施改进企业实践的政策，并不是反资本主义。事实上，此种倡议正是伟大的自由市场经济学家米尔顿·弗里德曼（Milton Friedman）“敕令”——企业要心无旁骛努力提高股东价值——的必然结果。[①] 虽说不是每个企业都一头钻到钱眼里，但是在某个企业这样做的时候，防止它从事（尚未表现出后果的）有害行为的唯一办法是采取规制举措或制造其他压力，以便让它知道底线在哪儿。

关于派克德基金会保护世界海洋生态系统的运动的个案研究，可见：www. smartphilanthropy. org。

---

① Milton Friedman, “The Social Responsibility of Business Is to Increase Its Profits,” *New York Times Magazine*, September 13, 1970.

保证执法：监督组织与诉讼

在理想情况下，人们会谨守制定的政策并跟踪其效果以便未来加以完善。而在我们的世界里，政府部门忙于其他工作，有时甚至对法律指令颇有敌意。非营利组织在塑造政策和确保其实施方面都起到重要作用。

监督组织

白宫的行政管理与预算局（Office of Management and Budget，OMB）是美国最有权力的部门之一。所有主要规章都得先通过该局，它对整个联邦预算都有监督权和影响力。总统通过该局决定政府运行的细节。这个权力部门很大程度上不怎么受监管。所以，1983 年，非营利组织“行政管理与预算局观察”（OMB Watch）成立，旨在揭示该局不为外人所知的工作。其分析家剖析联邦预算；其员工监督管制过程，检查被任命者的资质，为人们了解这个关键部门打开了一扇窗。该组织工作的质量和聚焦所在使其成为议会特别是监督委员会成员的必备信息来源。

预算和政策优先选项中心（Center on Budget and Policy Priorities）介于应用知识供应者和监督组织之间。该组织 1981 年在费尔德基金会（Field Foundation）[①] 的资助下成立。它进行并传播研究和分析，为关于预算和税收政策建议的公共辩论提供信息。它特别关心的是保证低收入人群的需要在辩论中得到反映。[②] 在全国和各州推进财政上负责任的预算和税收政策时，它一直冲在前线。从食品券到保健项目，它在不同领域都为低收入家庭争取了很多重要的政策便利。20 世纪 90 年代，当联邦项目移交给各州时，它的工作就又扩展到各州。[②]它培训地方上的合作伙伴为非营利组织和州政府官员提供信息和技术协助，涉及的问题包括州预算优先次序和收入结构，以及设计并实施面向低收入家庭的项目。它把研究结果

---

① 费尔德基金会资助的对象是促进民权、公民自由和儿童福利的组织，以及其他致力于社会变迁的组织和个人。该组织于 1998 年终止。关于其档案材料，可见 http://www.lib.utexas,edu/taro/utcah/00091/cah-00091.html（2008 年 7 月 1 日访问）。

②② Leslie R. Crutchfield and Heather McLeod Grant，*Forces for Good*：*The Six Practices of High-Impact Nonprofits*（San Francisco：Jossey-Bass，2008）：257.

贴在网站上，每月点击量超过100万。在阿斯彭研究所1998年对议员和行政官员所做的调查中，该组织被视为对联邦预算政策最有影响的非营利组织。[③]

诉讼

诉讼讨厌、昂贵且费时。在多数情况下，它都是最后的选择。但司法是治理系统的重要组成部分；如果机构、个人或公司滥用法律，那么诉讼——或威胁提起诉讼——可能就是唯一的办法了。诉讼经常和其他手段一起使用。虽然民权运动的许多收益都是草根抗议、直接行动和立法倡议赢来的，但（在“布朗诉教育委员会案”之前就已经开始的）诉讼对运动胜利也不可或缺。在争取性别平等、公平竞选、适当的监狱环境等其他领域确立基本权利的过程中，它同样也是必不可少的。

诉讼在当代环境运动中也是非常重要：想想针对美国环境保护署、迫使它对温室气体排放进行管制的案子，以及汽车制造商发起的要废止加州碳排放标准的诉讼。在两个案子中，包括自然资源保护委员会、环境防卫基金会和塞拉俱乐部（Sierra Club）在内的组织都在捍卫环境标准上发挥了关键作用。

由于诉讼的成功取决于法律和特定案子的事实，所以这里我们只笼统说几点。要保证受助组织有资格提起诉讼，有资源把工作做到最好，并且能坚持到底——这可能涉及上诉、案件发回重审等等。可能的话，寻求最好的法律事务所的无偿援助。

别忘了即使选择了法院作为角力场所，公众舆论的法庭也仍然起作用。诉讼的提交有时和法律决定或调解一样有效。20世纪80年代，对加州县监狱把少年犯和成年犯关在一起的做法感到惊骇的一群律师，在同一天，在不同的城市或农村地区，提交了六起诉讼。不同的案子都举了抓人眼球的例子，说明为什么这种做法应该被取缔（例如自杀、鸡奸）。他们的努力经过了精心设计，准备了同样的宣传材料，为的是吸引媒体的强烈关注。全国性的媒体和州媒体都关注了这些新闻，因为这个行动范围很

---

③ Center on Budget and Policy Priorities，“What Is the Center on Budget & Policy Priorities?” http://www.cbpp.org/info.html（2007年1月3日访问）。

广；而地方性的新闻也有报道，因为案子跟当地有关。诉讼的目标既包括结束不合理的做法，也包括为少年犯创建新的法律、法庭和单独的监狱，使他们不再受到成人系统的虐待。最后，公关战役引发了关于少年犯的彻底的立法改革，它比诉讼的结果还要重要。

傲慢与偏见：最后的话

许多基金会的指南都规定不支持采取某些手段。慈善受托人担心研究结果没人重视，或者他们对立法倡议或诉讼感到不自在。每种可能的手段都有它的追随者和批评者。

没有汽车修理师会拒绝把十字螺丝刀放进工具箱。您也不应自设障碍，拒绝使用那些可以用于慈善目的的工具。

当然，一些基金会可能既偏好某些行动模式，又具备如此行动的专业技能。这样也成，只要它们与采取相关且互补行动的其他基金会合作的话。不要让内部指南妨碍您实现目标。在这世界上，改革面临的障碍够大了——您自己不必再为此增砖添瓦。

要　　点

➢当您试图影响个人行为时，明确您的信息会对哪个群体产生最大影响，设计信息内容使其对该群体具有吸引力，并且利用能够触及该群体的媒体。

➢当您试图影响决策者的行为时，锁定能够改变政策的那些个人，并把精心设计的信息，将其传递给决策者和能够影响他们的人。要知道，联邦法律和州法律都对基金会和非政府组织影响政府官员和选民的行为有规定。

➢您可以通过发动消费者和投资者，发起规制倡议，利用激励与合作影响企业行为。

第 14 章
推进慈善领域和运动

在第 12 章，我们讨论了慈善家怎样来帮助建立、加强和扩大特定组织。这里我们考虑的是慈善在发展壮大整个领域和支持社会运动中的作用。这一事业会用到上一章讨论过的各种手段。我们用“领域”这个词来指代一套共同的问题、理论和实践；其中理论家和实践者拥有共同的术语、规范、价值和基础文本。这些领域从医学、法律到教育、人权以及可以说慈善本身都包括。①

发展壮大整个领域和社会运动可能需要支持既有机构或建立新机构。事实上这可能需要创立在整个领域或运动的基础设施中充当内龙骨角色的组织。也可能需要召集会议，资助研究和交流以及发起政策倡议。

---

① 见 Phil Cubeta，“Philanthropy as a Field of Practice，” 2005 年 11 月 3 日贴在“Gift Hub：Blogging on Philanthropy”的博客上，http://www.gifthub.org/2005/11/philanthropy_as.html；以及 Howard Gardner，Mihaly Csikszentmihalyi，and William Damon，*Good Work：When Excellence and Ethics Meet*（New York：Basic Books，2001）。

创新曲线：领域和运动发展早期和晚期的目标、拨款和战略

领域发展和社会变迁是很难完成的任务，可能耗时数十年。开始时，理论和战略可能并不清楚，未经检验；组织的使命甚至其特定目标可能也不固定。

领域与运动发展的轨迹可以用“创新曲线”来表示。创新曲线原本是用于描述技术产品的发展与扩散的。① 这个 S 型曲线分为三个阶段：创新、发展和成熟。

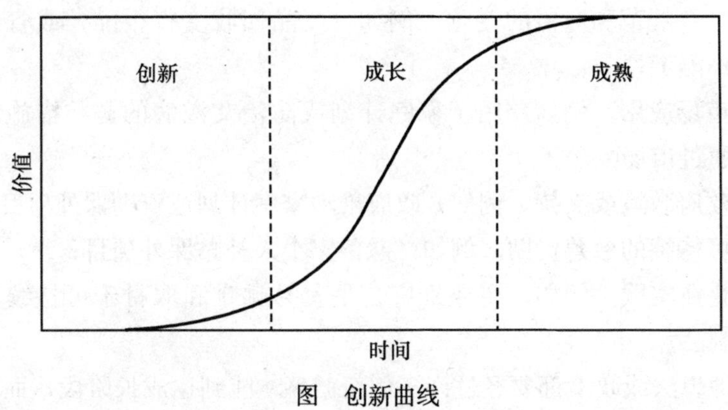

图　创新曲线

多数处理严重的社会或环境问题的慈善项目都以“成熟”为目标，即“成规模”——不管最后的机制是市场应用、社会习俗变迁还是政策改变。所以，了解您在曲线上所处的位置，有利于您思考如何用钱、能期望什么结果以及当领域或战略成熟时要怎么做。

第一，创新。在创新阶段，需要确立目标，形成并检验关于解决问题的社会或科学方法的假设，以及检验新的战略和政策。创新阶段也需要各方面的拨款，因为必须对许多想法加以检验以便找到有用的想法。发现想法中会限制未来发展的局限这一点很关键。由于检验是创新的关键，所以

① 见：Everett M. Rogers，*Diffusion of Innovations*，5th ed.（New York：Free Press，2003）.

基金会也要准备在评估上投入比在其他阶段更多的钱。

第二，成长和应用。在成长阶段，慈善家想“锁定”成功的战略，并想办法扩大规模。和创新阶段相比，这个阶段的拨款往往更多更具体。改变社会习俗的努力会以有影响力的决策者或草根群体为目标。意在改变政府或企业政策的努力，可能会显得更像运动——有信息开发、发言人培训、场域分析、精英教育等等。旨在市场战略推广的做法可能更像企业产品的首次展示，需要市场评估、广告、收集客户开发和销售成本数据。而试图获取慈善资助和政府支持的努力，往往利用示范项目来显示可行性。

第三，成熟。此时，创新站稳了脚跟，没有您的资助也可以持续发展。这一点可能是通过以下方式实现的：

➢**社会规范和习俗的变化。**例如，废品回收变得很酷，或青少年怀孕变得不酷了；

➢**市场应用。**例如，用于家庭计划或防治艾滋病的避孕措施在发展中国家通过市场配送；

➢**政府政策或支持。**例如，政府推动家庭计划或资助课外项目；

➢**可持续的慈善资助。**例如，慈善家个人补贴课外项目；

➢**企业实践。**例如，企业推广公平贸易咖啡和取材于可持续发展林业的木制品。

每种想法或政策都要经过许多创新循环才能到达成长阶段；而成长阶段本身可能也需要多次走走停停，有时还会夭折。貌似“成熟”的阶段会急转直下，需要开始全新的循环。虽然现实总是复杂的，但创新曲线却为思考慈善努力怎样发展壮大整个领域和社会运动提供重要启发。

慈善在推动领域和运动发展中的作用：几个例子

以下是慈善在领域和运动发展中扮演了重要角色的四个例子。

临终关怀

现代美国的临终关怀运动最初是由成立于1918年的保健基金会联邦基金会（Commonwealth Fund）资助开展的。运动起源于英国医生西塞莉·桑德斯（Cicely Saunders）1967 年创立的圣·里斯托弗临终关怀院。[①] 该院既对垂死之人提供住院服务和家庭护理，也对其哀恸的家属提供安慰支持。它的核心宗旨是：大力控制病情、关注病人的心理和精神需求、支持病人家属。[②]

耶鲁大学护理学院院长弗洛伦斯·瓦尔德（Florence Wald）听说了桑德斯博士的开拓性工作。她和医学院、神学院的同事一起，对美国的临终关怀场所进行了为期 2 年的研究。[③] 瓦尔德 1968 年辞去院长职务，帮助在全国范围内推广临终关怀模式。[④]

1973 年，联邦基金会给了瓦尔德及其同事一小笔拨款，研究在美国建立第一所现代临终关怀院的可行性。在联邦基金会、伊特尔森基金会（Ittleson Foundation）、范·阿梅林根基金会（Van Ameringen Foundation）的资助下，临终关怀公司（Hospice Incorporated）1 年后在康涅狄格州的布兰福德开门营业，既护理病人，也充当临终关怀护理信息交流中心。[⑤] 联邦基金会的项目官员还帮该公司从国家癌症研究所获取了 150 万美元的拨款资助。[⑥]瓦尔德仍然冲在前头，扩展对临终者的充满爱心的服务；她还把临终关怀带到了监狱里。[⑦]

在临终关怀运动之外，还有其他提高临终关怀质量的补充措施。联邦基金会与内森·卡明斯基金会（Nathan Cummings Foundation）携手资助了一项关于“生命尽头”的研究。[⑧] 1989 年以来，罗伯特·伍德·约翰

---

① 关于该院的更多信息，请访问其网站：http://www.stchristophers.org.uk/。

② American RadioWorks，“The Hospice Experiment：A Revolution in Dying，”http://americanradioworks.publicradio.org/features/hospice/a4.html（2008 年 6 月 30 日访问）。

③ J. Scott Kohler，“Hospice Care Movement，”in *Casebook for The Foundation：A Great American Secret*，by Joel L. Fleishman，J. Scott Kohler，and Steven Schindler（New York：Public Affairs，2007），126.

④ Harvey Cushing/John Hay Whitney Medical Library，Yale University School of Medicine，“End of Life Resource：Biographies of Florence Wald and Catherine Kennedy，”http://www.med.yale.edu/library/reference/endoflife/biogs.html（2008 年 6 月 30 日访问）。

⑤⑥ Kohler，“Hospice Care Movement，”7.

⑦ Yale University School of Nursing，“Past Yale School of Nursing Dean and Leader in Research Awarded Title of ‘Living Legend’ by the American Academy of Nursing，”2001 年 10 月 25 日的新闻稿，http:// nursing.yale.edu/News/Press/72.

⑧ 更多信息请见联邦基金会的网站：www.commonwealthfund.org。

逊基金会投入超过1.48亿美元，用于支持旨在通过专业教育、制度变迁和公共参与来提高临终安宁疗护质量的项目。其中，它委托比尔·莫耶斯（Bill Moyers）制作了一个题为“按我们的意思”（On Our Own Terms）的纪录片系列在美国公共电视台播放，讲述了几个濒临死亡的人的故事。[①] 开放社会研究所（Open Society Institute）也对医学院教师临终护理研究与培训给予了资助。[②]

虽然许多美国人对自己必死的结局感到不舒服，临终关怀运动已经极大地改变了医疗保健的面貌，并安慰了那些处在最后日子里的人，抚慰了他们的家属。基金会仍在继续支持该领域的研究，但很大程度上它已经达到了创新曲线上的“成熟”阶段。

基金会能灵活提供为实现其目标所必需的各种慈善支持，如资助研究、教育、交流、组织和项目；同时它们还利用自己的网络和召集力推动领域和运动发展。这个故事是资助者携手支持社会企业家和社会机构的例子之一。

女权运动

支持临终关怀领域发展的基金会的项目拨款，面向的受助组织相对较少。相反，对女权运动的多数资助都采取了一般运营经费资助的形式，而且受助组织很多。联邦基金会是临终关怀工作的领头羊，而福特基金会是始于20世纪70年代的女权运动的主要支持者。2008年初退休的福特基金会董事长苏珊·贝里斯福特（Susan Berresford）写道：

> 上个世纪70年代初，女权运动的代表找到基金会董事长麦克乔治·邦迪（McGeorge Bundy）和管理项目的副董事长，她们认为，由于福特一直非常支持民权运动，它也应该为女性这样做。很快我们就开始研究女性项目会怎么样。
>
> 项目在70年代发展壮大，它开始集中关注教育平等的推广，支持“女性研究”这个新兴领域的研究，并为美国的女性增加就业机会。关心

① J. Scott Kohler, “Care at the End of Life,” in *Casebook for The Foundation*（见其注11），199-200.

② J. Scott Kohler, “Care at the End of Life,” in *Casebook for The Foundation*199

女性工作报酬和女性进入以前清一色男性的工作岗位、女孩教育和女孩参与体育运动以及女性参与政治生活的组织，我们都资助。我们资助研究、公共讨论和诉讼，有些诉讼还到了最高法院的层面。基金会大规模、长期的资助，使很多全国性和地方性组织得以挑战对女性的歧视做法，并发展出大量保护女性机会的法律、政策和实践。①

随着运动的壮大，福特基金会增加了对女性生殖健康、工作与家庭问题和针对女性的暴力等领域的资助。尽管挑战不断，美国女权运动还是到达了成熟阶段。在某种意义上说，它是在福特基金会内部达到了成熟阶段。在一次拨款评审会上，一个项目官员提出了一个女性议题，其同事回答说："哦，那是女性项目要处理的。"基金会的董事长富兰克林·托马斯（Franklin Thomas）不认同这种观点，他说"我们**全都**要对此负责。""从那以后"，苏珊·贝里斯福特写道，"有一点明确了：项目拨款官员要考虑性别问题，要问在每个项目处理的问题中性别因素重要不重要。有了这个决定，我们就不再仅仅资助女性项目，而是更进一步，在基金会的多数工作中都纳入了女权主义的视角。"②

法律的经济分析和保守主义法律运动

现代保守主义法律运动的兴起几乎成了神话，很大程度上是因为进步主义论者想用这个故事来刺激自由派效仿。③ 我们后面会提到，这场运动进行的战略规划并没有人们想象的那么多。④ 不过，首先我们要讲讲该运动的一个重要方面：约翰·M·奥林基金会在推进法律经济分析这个领域中的作用。⑤

---

①② Susan V. Berresford, "Women's Rights, Women's Lives," in "Now It's a Global Movement: A Special Issue on Women," Ford Foundation Report, Winter 2000, 4, http://www.fordfound.org/pdfs/impact/ford_reports_winter_2000.pdf.

③ 见：Sally Covington, *Moving a Public Policy Agenda: The Strategic Philanthropy of Conservative Foundations* (Washington, D. C.: National Committee on Responsive Philanthropy, 1997).

④ Steven M. Teles, *The Rise of the Conservative Legal Movement: The Battle for Control of the Law* (Princeton, N. J.: Princeton University Press, 2008).

⑤ 主要见上书；John J. Miller, *A Gift of Freedom: How the John M. Olin Foundation Changed America* (San Francisco: Encounter Books, 2006), chap. 4.

法律经济学运动的基础是新古典经济学传统和一些学者的著述，如罗纳德·科斯（Ronald Coase）、亚伦·戴雷科特（Aaron Director）、圭多·卡拉布雷西（Guido Calabresi）和理查德·波斯纳（Richard Posner）——这些学者多任职于芝加哥大学。法律经济学的主要宣扬者是在芝加哥大学受过训练的法学教授亨利·梅恩（Henry Manne）。他为法学教授成立了一个暑期研究所，俗称为“松树林中的帕累托”——借用了意大利经济学家维尔弗雷多·帕累托（Vilfredo Pareto）的名讳，同时因该研究所位于森林之中而如此命名。

奥林基金会和梅恩教授长期合作。基金会支持该暑期项目，项目不断发展，把数百名州法官和联邦法官都吸引过来。基金会在梅恩任教的迈阿密大学建立了法律经济学中心；后来由于梅恩转到乔治·梅森大学法学院当院长，基金会又在该校成立了一个中心。

20 世纪 70 年代末，奥林基金会的受托人意识到，虽然基金会资助的是“体面的院校”，但这些院校“在影响公共政策方面并没有学术声望”，而且“在改变美国人对自由企业的态度上很少或没有影响”。[①] 因此，基金会试图在精英大学开展项目。哈佛大学法学院院长（当时正身处主流学者与左倾“批判法律”学者的激战中），在 80 年代中期对奥林基金会设立项目表示欢迎。10 年里，基金会就在芝加哥大学、乔治城大学、斯坦福大学、弗吉尼亚大学和耶鲁大学开设了法律经济学项目和冠名教授席位。这些学校的教员写了很多有影响的书和文章，经常（但不是每次）都强调产权的重要性以及管制的危险。为了促进对法律经济学新兴的学术兴趣，基金会还资助成立了美国法律经济学协会（American Law and Economics Association）。

如果项目主任对其自由企业目标总体上不持同情态度的话，奥林基金会是不会支持这个项目的；但是，基金会并不会事无巨细地管理项目，而是给它们提供持续的一般运营经费资助。30 年来，基金会为推广法律经济学投入了 6 800 万美元。不是所有的项目都取得了成功，但是对于成功的项目，基金会一直在坚持资助。在 21 世纪初解散之时，基金会对其定

① Miller, *A Gift of Freedom*, 74.

锚机构拨款 2 100 万美元。

由于奥林基金会的资助，法律经济学分析成为法学界的主导范式；在相当大的程度上，也成为学界之外的法律和政策界的主导范式。用知名自由派法学家布鲁斯・阿克曼（Bruce Ackerman）的话说，法律经济学是“哈佛法学院诞生以来法学教育中最重要的一件事”。[①] 保守主义记者约翰・米勒（John Miller）写道：

> 随着法律经济学运动走向成熟，它的许多追随者获得了政府官员职位或联邦法官提名。法律分析不仅要分析其公平性还要分析其经济后果这种观点开始蔓延……在推动管制解除的努力中，在最近认为新的规章如果没有事先考虑成本收益分析就不应强加于人这种看法的兴起过程中，法律经济学都扮演了关键角色。[②]

近年来，法律经济学范式受到行为经济学研究的挑战。[③] 但是在可预见的将来，许多联邦法官和决策者都仍将表现出奥林基金会推广的价值观。

在《保守主义法律运动的兴起》一书中，史蒂文・特里斯（Steven Teles）将法律经济学分析放在了保守主义法律运动的大背景下进行分析。支持这场法律运动的还有奥林基金会之外的很多基金会以及慈善家个人。在该书的结尾是特里斯的一些观察，它们不仅和领域发展有关，而且和本书更大的主题相关：

> 第一代保守主义公共利益法的教训表明，运动经历了很长时期几乎彻底的组织失败……虽然保守主义运动有很重要的优势，但它从来不是铁板一块，经常会犯大错，通过精明的调适、而不是富有远见地坚持某一宏大计划，它取得了成功。
>
> 保守主义法律运动的历史说明，成功的政治赞助人进行的是辅之以反馈与学习的点差交易，而不是过多寄望于宏大规划。然而，保守主义者的学习和反馈没有用到狭隘的、技术形式的评估方法。保守主义的赞助人，

---

① Miller，*A Gift of Freedom*，70.

② Miller，*A Gift of Freedom*，71.

③ Paul Brest，“Amos Tversky’s Contributions to Legal Scholarship：Remarks at the BDRM Session in Honor of Amos Tversky，June 16，2006，” *Judgment and Decision Making* 1（2006）：174-178，http：//journal. sjdm. org/jdm06125. pdf.

当他们信任项目背后的新人时，愿意接受相当分散、难以评估但有长期收益的目标……一般来说，他们和所赞助的企业家非常亲密，靠的是自己的主观判断——既包括对某个既定企业家的效能，也包括对所信任的运动网络发出的信息的判断——而不是依靠“客观”的结果评估。①

特里斯注意到，这种方法和“强调严格（常常是定量）的评估方法的很多当代慈善事业格格不入。”② 这个观察很敏锐；但值得指出的是，不同的慈善目标需要不同的慈善方法来评估。社会运动与（比方说）供给补贴产品和服务或者有针对性的倡议运动根本不同。而且，战略灵活性和（用特里斯的话说）“点差交易”在创新曲线的早期阶段是特别合适的，创新早期需要广泛的探索性资助。

关于保守主义法律运动，特里斯还有另外一个观点，这实际上与所有社会运动相关：

法律保守主义者通过挑战以及最终改变自己的想法而使工作变得更富成效。在联邦主义协会会议和保守主义学者网络内部数十年的争辩，导致司法克制和严格解释主义的概念遭到弃用……保守主义者……愿意从法律运动既有的概念、承诺和支持者中开辟出足够的空间，开展严肃的知识讨论与辩论，这导致了对观念、战略和联盟的重新思考。③

在某种程度上，这是学者在运动中发挥中心作用的典型产物。但它还反映了更为根本的东西。第 2 章讨论慈善家个人的目标时，我们提到了所有人类事务中都难以避免的“目标的不确定性”。在女权运动几十年之前的民权运动中，确实是这样。那时，关于目标究竟是待遇平等或结果平等、差别性对待、差别性影响还是平权措施，都很不确定，分歧很大。随着时间的推移，目标得到重新评估，更加清晰；而各种组织围绕这些问题走向（有时难以挽回的）分裂。

---

① Teles, *The Rise of the Conservative Legal Movement*, 276-279.

② Teles, *The Rise of the Conservative Legal Movement*, 297.

③ Teles, *The Rise of the Conservative Legal Movement*, 276-279.

21 世纪之初的人口领域

在运动早期，目标可能尤其不确定。但是创新曲线上的“成熟”阶段也可能成为另一个修正了目标的循环的开始。人口运动就是一个很好的例子——其中慈善发挥了很大作用。

经过数十年的家庭计划，20 世纪后半叶全球人口增长稳定之后，对所谓人口控制——人口控制的某些方面有很强的侵犯性和强制性①——的反对意见在 1994 年于开罗举行的联合国国际人口与发展大会上发出自己的声音。虽然撒哈拉以南非洲和亚洲多数地区还在遭受不可持续增长，但会议议程还是从控制人口增长转向关注女性权利。

洛克菲勒和福特基金会曾经是家庭计划运动的先锋，现在要么抛弃了这个领域，要么关注点完全转向女权。其他几家基金会，包括休利特基金会、麦克阿瑟基金会和派克德基金会，继续支持家庭计划运动，虽然关于控制人口的理由不怎么讲了。或许由于越来越多的证据都在显示人口过剩对经济增长和家庭收入的不利影响，人口增长可能再次成为慈善事业的合法关注点，但会普遍关注女性的自主权和健康问题——这是 20 世纪大部分时间都没有注意到的。关于休利特基金会试图推动冲突解决领域的例子，请访问 www. smartphilanthropy. org。

要　点

推动领域和运动的发展，会经历创新曲线上的三个阶段：

➢创新阶段往往需要进行许多小额拨款来检验新的想法和新的组织。

➢成长和应用阶段需要锁定成功的战略，并想办法扩大规模。

➢当战略到达成熟阶段时，要警惕它是否仍有重大影响，或者社会收益是否开始减少。

---

① 见：Matthew Connelly, *Fatal Misconception*: *The Struggle to Control World Population* (Cambridge, Mass. : Harvard University Press, 2008).

第3篇

组织资源
从事战略慈善

在回顾了战略慈善的核心活动之后，我们现在要退后一步，分析一些制度性问题。您可以通过不同的架构来做慈善——从在餐桌上开支票到建立配有项目官员的基金会都可以。如果您是在创办基金会，那么您也许想考虑一下这么一个充满争议的问题：您究竟是想把捐款永远维持下去，还是想在一定期限内花完这笔钱？慈善架构也会影响您和受助组织的关系以及与本领域内其他人的合作。而这些关系既可以改善和补充您的资助也可以拉您的后腿。对于这些看似无关的问题，我们要从怎样能够产生最大的慈善影响的视角加以分析。

第 15 章
选择合适的慈善架构

本章考虑的问题是：不同的慈善组织架构和慈善目标与战略是什么关系，它们对产生影响有什么帮助。您从事慈善的架构会受受制于很多因素，包括：

➢规模——您想投入多少钱；

➢制度形式——您想作为个人捐款，还是想建立会持续一段时期甚至永远存在的机构；

➢介入程度——您和家庭成员愿意投入多少时间从事慈善；

➢建议和员工——您想从谁那儿得到多少建议，您要把尽职调查、项目实施和评估的工作托付给谁；

➢财务与税收考虑——您愿意怎样管理资产，不同架构会带来不同的税收结果[①]

① 虽然我们知道最后一点考虑对慈善架构的选择有重要影响，但我们还是把它留给您的财务与法律顾问来考虑。

我们来讨论三大类型的架构：(1) 或多或少亲自从事慈善；(2) 把战略规划、拨款资助和其他慈善活动委托给他人；(3) 为以上目的建立一个拥有雇员的组织。您不必把所有金蛋都放在一个篮子里，而是可以许多不同架构来从事慈善活动。

亲力亲为

支票簿慈善

支票簿慈善是美国和世界各地最常见的慈善形式。它是指开支票给您想资助的慈善团体，您的捐赠不需拥有任何正式架构。从每周向教堂捐赠10美元，到比尔·考斯比（Bill Cosby）对斯贝尔曼学院2 000万美元的捐赠，多大的规模都可以。它可以是战略性的，捐款给予您志同道合的高效组织；也可以不那么具有战略性，只因为朋友请您捐您才捐的。不论是哪种情况，除了在考察组织、做出决定和记录捐款时花费的时间和精力之外，支票簿慈善不需要什么管理成本。①

支票簿慈善可以获得各种渠道的协助：捐赠者教育项目，能帮您规划、拨款和评估的慈善顾问，以及提供对非营利组织评估信息的在线服务。关于慈善顾问的更多信息，请访问 www. smartphilanthropy. org。

捐赠人指导性基金

捐赠人指导性基金实际上是一个慈善银行账户，捐赠者在划拨慈善基金的同时可以指定特定的受益人。捐赠人指导性基金的持有者为社区基金会和其他非营利组织，以及营利性的财务顾问如富达管理研究公司（Fidelity Management & Research Company）、先锋集团（Vanguard Group Inc.）和嘉信理财公司（Charles Schwab& Co.）。把钱存入捐赠人指导性基金账户，代表着您向持有账户的实体的捐款不可再收回。把钱（或股票、地产）存入账户后，可以获得税收减免。虽然账户持有者有法定权利

---

① 为获得税收减免，捐赠者需要证实捐助对象组织的慈善资质，而且，如果捐赠者获得有价值的东西作为交换，如参加慈善义卖晚宴，那么就不能获得税收减免。

为慈善目的使用您的资金而不必考虑您的意见，但实质上资金总是按照您的建议支出的——因为它受制于基本的尽职调查，要达到法定要求，还要满足具有问题或意识形态倾向的账户持有者设定的某些实质性标准。① 许多社区基金会和一些其他捐赠人指导性基金持有者都会就慈善使命和战略咨询捐赠者的意见，发现资助机会。关于捐赠人指导性基金的更多信息，请访问 www.smartphilanthropy.org。

不设员工的私人基金会

私人捐赠基金会是免税的非营利组织，“从基金会的收入或捐赠中提供资金支持非营利组织、慈善团体或其他与基金会创立者规定使命相符的项目。”②

私人基金会一般是依靠大量的投资证券捐赠建立起来的，虽然有稳定的捐款也可以成立。基金会必须每年至少支出 5%的投资资产用于“合适的分配”，其中包括员工工资和其他管理成本以及拨款捐赠。除了受制于支出规定、投资要求、特种行为消费税之外，基金会还受到《国内税收法典》和（与政治活动、员工报酬、治理与自我交易、向公共慈善团体之外的组织捐款等相关的）各州法律的严格管制。

美国有近 8 万个私人基金会，多数基金会——甚至拥有数百万美元资产的基金会——都没有任何专业员工。基金会反映了捐赠者及其家庭的观点、激情、价值观，有时候还有他们的怪癖。他们还往往是学习慈善、把价值观传给子孙、表达对世界看法的场所。

私人基金会有正式的治理结构，有政府规定的某些最低限度义务。和其他非营利组织一样，其治理责任落在了董事会或受托人身上。许多家族基金会实际上是一种只有在董事会开会批准拨款时大家才会面对面交流的

---

① 所有的捐赠人指导性基金持有者都必须确认您所推荐的受助组织的慈善资质。因为，除非受助组织具有美国公共慈善机构的资质，否则持有者必须要么正式确定它是“相当于”美国公共慈善机构的外国组织，要么对捐款负有“支出责任”以确保它只用于慈善目的。许多捐赠人指导性基金没有能力这么做，因此实际上捐赠者的选择仅限于在美国国税局登记为公共慈善团体的组织。

② Joel L. Fleishman，*The Foundation*：*A Great American Secret*（New York：Public Affairs，2007），3.

筹资工具。

不设员工的基金会董事可以利用外部顾问或把多数管理工作外包出去。[①] 他们也可以通过小型基金会协会（Association of Small Foundations）、基金会理事会（Council on Foundations）、高效组织捐赠者协会（Grantmakers for Effective Organizations）、全国家族慈善中心（National Center for Family Philanthropy）、慈善圆桌会议（Philanthropy Roundtable）的年会，向专家和同行了解许多领域的情况以及拨款资助的过程。

捐赠圈——不单干

典型的捐赠圈是由个人组成的非正式协会，这些人把自己的慈善资金放在一起，然后集体决定怎么捐款。它是读书俱乐部和投资俱乐部的交集，为成员提供了一种聚焦于慈善的社会环境，常常帮他们了解特定关切领域的问题——从发展中国家女性的需要，到本社区特定群体。许多捐赠圈都是地方性的，也有的有全国性和国际性分会。“社会创业伙伴国际”（Social Venture Partners International，SVPI）可能是最知名的正式组织起来的捐赠圈，有 23 家分会，1 000 多个会员。[②] 它要求会员每年至少捐赠 5 000 美元，并为成员提供教育机会和交流机会。和私人基金会一样，它要求提供正式的拨款申请，并和受助组织保持多年的关系。它采用风险慈善的方式，与非营利组织保持长期关系，资助能力建设和项目扩展，并向受助组织提供会员的专业技能帮助。

捐赠圈是一个很好的媒介，让会员了解慈善，征求同行的意见，获取受助组织的信息。一位敏锐的评论家写道：“通过参与，会员们在圈内圈外的捐赠中都变得更加深思熟虑、焦点集中、有战略眼光。他们开始从想要施加影响的社区的问题和需要出发，评估自己的捐赠行为，所以他们的捐赠更有针对性。由于这个原因，会员们说他们的捐赠变得次数更少但数

---

① Lauren Foster，“Support Upfront with Back-Office，” *Financial Times*，March 9，2007，http://us.ft.com/ftgateway/superpage.ft? news_id=fto030920071138557576.

② Social Venture Partners International，“History，” http://www.svpi.org/about-us/history（2008 年 7 月 11 日访问）。

额更大。”[①] 更多关于捐赠圈的信息，请访问 www. smartphilanthropy. org。

交托给其他基金会和中介机构

如果您想取得社会效益，而又没有时间或兴趣亲自做慈善的话，可以考虑把资金交给另一家基金会或慈善中介机构。这需要保证该组织的目标和您的非常契合，而且工作起来既高效又有战略眼光。这个过程也许劳神，但却免了您对项目逐一做尽职调查了。

托付或效法于其他基金会

当伯克希尔·哈撒威公司（Berkshire Hathaway Inc.）董事会主席沃伦·巴菲特（Warren Buffett）宣布要向盖茨基金会捐赠 310 亿美元的时候，他承认自己更懂得赚钱而不是捐钱。所以，在决定怎么捐献其巨大财富时，他用投资者的方法来处理这个问题。“在思考怎么积聚财富的时候，人们常常会向那些他们认为比他们更懂行的人请教……在最后分散财富的时候，为什么不采用同样的思维方式呢?”[②] 他问道。巴菲特先生没有白手起家创办自己的基金会，而是决定把资产放入既有的可靠的机构。

一些评论者担心巴菲特的捐赠是不是对一个年轻组织造成了太大的压力，这个组织在成长过程中已经遇到很多挑战了；或者担心它把太多财富投放在盖茨基金会身上了——它已经是世界上最大的基金会上之一。也许如此，但巴菲特先生明白，取得社会效益很难；而在他们共同感兴趣的领域，盖茨基金会的员工对慈善的实质与程序非常精通。

所以，与其建立自己的基金会，一个替代方法是学巴菲特，把所有或部分慈善资金投放给既有的一个基金会；这个基金会和您目标一致，领导有力，并且有高效工作的记录。这就相当于在投资时把钱交给伯克希尔·哈撒威公司或一家好的共同基金。您可以增加基金会的捐款；或者像巴菲

---

① Angela M. Eikenberry, “Giving Circles: Growing Grassroots Philanthropy,” *Nonprofit and Voluntary Sector Quarterly* 35 (2006): 51.

② Warren Buffett, interview by Charlie Rose, *The Charlie Rose Show*, PBS, July 12, 2006.

特先生那样，补充其年度拨款预算。虽然盖茨基金会只接受非限制性捐赠，另一家基金会则可能允许您有选择地投资于某个项目领域，如K-12教育。

另一个选择是，不需任何正式安排，您就学另一家基金会的样子，把资金投入它所支持的那些组织。正如个人投资者可能会学伯克希尔·哈撒威公司的样子建立类似的投资组合一样，就让一家有经验的基金会替您做尽职调查吧。

交托给社区基金会

社区基金会一般是税法501（c）（3）条款规定的公共慈善团体，资助者为个人或企业捐赠者，在特定社区或地区内实施拨款资助活动。它们可以解决一个小城市的需要，如佛蒙特州的伯灵顿；也可以面向大的都市区如纽约市或波士顿，或者是整个地区如加州最北部或密歇根州西北部。

由于社区基金会的使命一般是广义上的改善特定地方的生活质量，所以它们支持的项目和活动非常广泛：推广艺术与文化，资助弱势群体，以及广泛改善社会和经济福利。例如，芝加哥社区信托基金（Chicago Community Trust）的"芝加哥高中重新设计计划"（Chicago High School Redesign Initiative）致力于在整个芝加哥区域建立高质量、自主的小型高中。[①] 俄勒冈州社区基金会（Oregon Community Foundation）"拨款开展解释性项目、教育项目和经济项目，以保持和保护俄勒冈州历史遗迹的文化资源和自然资源。"[②] 社区基金会员工的职责与私人基金会员工一样，虽然（如上所述）他们也要向捐赠人指导性基金持有者进行咨询，而且单个项目官员管理多个拨款领域也很常见。更多关于社区基金会的信息，请见www. smartphilanthropy. org。

---

① Chicago Community Trust, "Chicago High School Redesign Initiative," http://www. cct. org/page30306. cfm（2007年12月17日访问）。

② Oregon Historic Trails Fund, http://www. oregonhistorictraisfund. org（2007年12月17日访问）；同时见Oregon Community Foundation, http://www. ocfl. org/grant_programs/ohtf_rfp. html（2007年12月17日访问）。

在线微慈善

在线微慈善发展很快。这种类型的慈善推动了对特定项目的小型在线捐赠。一个著名例子是“全球捐赠网”（Global Giving），它的资助对象是发展中国家的社会、经济发展草根项目。个体捐赠人的捐赠数额从 10 美元到 15 万美元不等。可以根据地理区域或事业类型——从艾滋病救治到清洁用水——在网站上搜索，找到项目及其价格标签。例如，12 美元能资助 1 个乌干达诊所为 3 个人提供艾滋病检测和咨询服务；50 美元可以为低收入家庭购买 25 个节能荧光灯泡。[①] 该组织的一位发起人总结说，“全球捐赠网使小型草根项目和世界各地想帮它们改变世界的相对小的捐赠者合上了拍。”[②] 和全球捐赠网一样，Kiva 也对发展中国家的企业家提供资助，但是通过小额贷款而不是捐赠的形式。[③] 您可以像《纽约时报》专栏作家尼古拉斯·D·克里斯托弗（Nicholas D. Kristof）那样，分别借 25 美元给阿富汗 1 家电视修理店的店主、1 个面包师，多米尼加共和国开服装店的 1 个单亲妈妈。[④] Kiva 与世界各地的小额信贷机构合作，这些机构介绍借款人并管理贷款。[⑤]

有人说，在线慈善是“脸谱（Facebook）和钱包相遇”擦出的

---

① Larry Magid, “Tech File: Sites Help Small Investments Make Social Impact,” *San Jose Mercury News*, October 29, 2007.

② Marcia Sharp, “Do Tocqueville Meets eBay: Giving Volunteering, and Doing Good in the New Social Sector,” *New Directions for Philanthropic Fundraising*, 2004, no. 45: 85-93.

③ Kiva, “What We Do,” http://www.kiva.org/about（2008 年 7 月 11 日访问）。

④ Nicholas D. Kristof, “You, Too, Can Be a Banker to the Poor,” *New York Times*, March 27, 2007. Kiva 吸引的放款人很多，它只得限制每个参与者为每个项目提供的贷款不超过 25 美元，好让每个人都有机会在 Kiva 放款。Cynthia Haven, “Small Change, Big Payoff,” *Stanford Magazine*, November/December 2007, http://www.stanfordalumni.org/news/magazine/2007/novdec/features/kiva.html.

⑤ David Bonbright, Natalia Kiryttopoulou, and Lindsay Iversen, Online Philanthropy Markets: *From “Feel-Good” Giving to Effective Social Investing*? (Keystone Accountability, 2008), http://www.keystoneaccountability.org/files/Keystone_Online%20Philanthropy%20Markets.pdf.

火花。① 在资助社会企业家为发展中国家和本国弱势群体造福的同时，它还有潜力把并不富裕的个体纳入更广泛的慈善领域。② 一位评论家观察道，“人们感兴趣的是引人注目的故事，他们不一定对冷冰冰的数据和事实感兴趣，而是对人自己的故事感兴趣。（微慈善）所做的就是给我们一堆触动心弦的故事，然后我们就动感情了。而且您能和某个人建立关系，这是许多人都想在网上做的事③”。不利的一面是，影响评估可能会被这样的标准取代——“谁贴的照片上的弱势儿童最可爱?”关于微慈善的更多信息，请访问 www. smartphilanthropy. org。

托付给慈善中介或基金会

慈善中介具备特定领域如教育或国际开发等领域的专业技能。举例如下（有些前文已经提过）：纽约商机基金，资助发展中国家的卫生、住房和水资源项目；新学校风险基金，关注的是城市社区弱势儿童的教育问题；罗伯茨企业发展基金，资助对象为市场导向的非营利劳动力开发组织；地方倡议支持公司（Local Initiatives Support Corporation，LISC），致力于为农村和城市的弱势人群改善生活条件。这些基金会都是所关注领域的专家，有现成的工具围绕特定问题从事战略慈善。关于慈善中介的更多信息，请访问 www. smartphilanthropy. org。

设立员工的基金会和相关机构

设立员工的基金会和不设员工的基金会其法律架构完全相同。但是，拥有项目官员却独使前者得以从事战略慈善。聘用即便一两个项目官员也能增加外部顾问提供的资源，因为他项目官员可以与受助组织、其他资助

① Joe Burris，“Safety Net，” *Baltimore Sun*，May 9，2007，business section.

② Bonbright，Kiryttopoulou，and Iversen，*Online Philanthropy Markets*.

③ Burris，“Safety Net.”

方、政府官员、媒体和董事会建立并维持关系。创始人和董事会决定基金会的使命和战略，但却是员工们来进行研究、设计战略、征集并回应资助申请、从事尽职调查、监督评估拨款和战略。回顾一下第 1 篇，您会记起项目官员的这些作用和其他一些职能。实际上，如果没有内部专业员工提供的专业技能，是很难进行大规模的战略慈善的。

本书描述的多数项目都是由设立员工的私人基金会资助的。我们希望您对其拨款资助过程已经有了很好的把握。为了让您了解其内部运作情况，我们来描述一个虚构的、设立员工的中型基金会总裁的一天。更多关于设立员工的基金会的信息，请访问 www. smartphilanthropy. org。

聘用员工的中型基金会总裁的一天

萨莉·赫德尔（Sally Holder）是一个位于西南部城市的拉尔森家族基金会（Larson Family Foundation，LFF）的总裁。这家基金会是约翰·拉尔森（John Larson）用房地产开发赚来的大笔财富创立的，有 6 亿美元的捐款。它聘请了 6 个项目官员，每年拨款约 3 000 万美元用于社区振兴、环保、弱势群体和艺术。基金会的拨款多数着眼于本城市，但也和其他基金会一起努力减轻全球变暖现象。约翰·拉尔森是基金会董事会主席，董事大部分是拉尔森家族的成员。在来基金会工作之前，萨莉在公司和市政府工作过。以下是她 2007 年 3 月 12 日预约日程表上的重点内容：

早上 8 时，与市长和市议会其他成员的早餐会，还有城市规划者、开发商和非营利组织高管受邀参会。会议的目的是讨论一项城市规划倡议。

由于创始人认为“精明增长”有益于每个人，所以拉尔森家族基金会从一开始就关注这个问题。现在，市议会正考虑一个争议很大的提案，该提案会为本市设立增长边界，鼓励加密开发，限制在相对不发达的郊区开发新的住宅区。由于基金会在该领域具有专业技能，市议会写信给萨莉，请基金会就提案给予技术建议和协助。萨莉、约翰和负责该领域的项目官员认为该提案本质上是合理的，各方稍微相互迁就一下就能通过，还将成为全国的样板。由于基金会公正无私的名声在外，又由于它热心于社区发展，所以对于萨莉及其项目官员的看法，饭桌上的不同利益团体都能接受。会议还提到了几个关于哪些研究和公众舆论调查会对市议会有帮助的问题。基金会提出帮忙付钱找人做这些工作。

早上 10 时，与项目官员和顾问开会，讨论一个关于课外项目受助组织的调查。

基金会资助了 4 家当地组织为弱势儿童开展课外项目。项目除了提供娱乐活动、不让他们闯祸之外，还想提供学业支持，特别是向不能读英语的第一代拉丁裔移民儿童提供支持。

从一开始，基金会就与项目经理和评估专家一起，对孩子们上课、识字和其他方面的表现进行了界定，并制定了相对便宜的进展评估方法。2 年过去了，顾问拿出了第一份评估报告。为准备和受助组织面谈，项目官员和顾问先碰了头。两家组织在几乎各方面都表现了显著进步。虽然数字可能在统计上不是太显著，但效果已经令人鼓舞了。第三家稍有进展，而第四家毫无起色——很奇怪，因为在项目官员现场考察时，这家的项目总是看似组织良好，而员工和孩子们也显得生气勃勃。

萨莉和同事跟顾问一起仔细看着数据，努力想弄明白造成以上差别的原因可能是什么。是由于方法不同？项目执行的质量不同？或者是由于服务的人群不一样？无论如何，他们都认为，只过了 2 年就对表现不好的组织叫停为时尚过早。但他们应该尽快和受助组织见面一起研究数据。在会上，他们提醒自己，要把这个令人失望的结果看成基金会和项目共同的问题，一个他们希望有解决方案的问题——这一点很重要。

早上 11 时 30 分，与其他 3 个基金会总裁的电话会议，这 3 家基金会对减缓全球变暖的努力提供资助。

虽然约翰·拉尔森越来越关心全球变暖的问题，但在这个领域拉尔森家族基金会并没有特定的专业技能。几年前，约翰请萨莉找几家致力于解决该问题的大型基金会，如果信得过它们的话，就和它们一起拨款。基金会现在成了关心气候变化问题的小型合作组织的一分子。萨莉也看受助组织的报告，但主要还是借助其他基金会的专业技能。几年后，基金会在该领域的投入从 100 万美元增长到将近 500 万美元——占其年度预算的近 1/6。约翰和萨莉都对这些拨款的效果很满意，特别是因为它们和其他拨款不一样，几乎不占用员工的时间。

中午，和本市“联合运动”组织的执行总裁和董事会主席共进午餐。

“联合运动”（United Campaign）从企业、个人和基金会筹资，支持服务于弱势群体——如无家可归者、领养儿童和瘾君子——的慈善团体。这个午餐已经成为每年的惯例，“联合运动”组织会借此从基金会要一大笔钱。其董事会主席是本市一位举足轻重的商人，在几家大型非营利组织担任董事；他常常自行其是。

去年，对于该组织未能对所支持项目的效能制定评估方法，萨莉再次表示了担心。该组织的执行总裁承认存在这个问题，要求给予一笔特别拨款，并聘人制定评估标准。结果，这位总裁在聘人的事上拖拖拉拉，在实现目标上该组织也缺乏明显进展。由于这位执行总裁和董事会主席没有“领会”她的意思，以及他们认定基金会仍会继续伸出援手，萨莉不禁表示了失望。令这位执行总裁苦恼的是，萨莉说她需要考虑一下明年基金会是否仍会拨款。

在萨莉走回办公室的时候，她在想，看“联合运动”消极抵制的样子，是不是值得花功夫让它更注重结果呢？停止年度资助又会不会起到警示作用？如果她真的停止了资助，董事会主席肯定会让约翰·拉尔森推翻她的决定；但她同样确信约翰会挺她。

下午 3 时，全体员工大会，讨论受助方认知报告。

数月前，在和董事会主席商量后，萨莉委托高效慈善中心提交一份受助方认知报告，这是对受助方的一项调查，涉及拨款申请、拨款和监督过程，包括受助组织和基金会的互动问题，以及他们对基金会影响的认知情况。现在报告出炉了，萨莉就召开了全体员工会议对此加以讨论。

一开始，她说道，虽然对基金会的认知与基金会的实际影响不能等同，但受助方对与基金会的关系的感觉对评估基金会的影响有参考价值。毕竟，受助方是基金会改变世界的代理人。从整体来看，良好的关系有利于基金会扩大影响。

总体上讲，基金会很有理由高兴。它被视为本市教育和艺术资助领域的领袖。它把目标和资助方针讲得很清楚，它的申请要求高但是公正。对于基金会的跨年度拨款，以及如果受助方在前一阶段表现良好的话基金会愿意接着拨款，受助方都表示了感谢。

然而，调查也揭示了一些问题。在与受助方的互动这一项上，基金会得分不高。几家组织在提到项目官员时使用了“专横”、“简单粗暴”这种词儿。一般来说，在联系到项目官员之后，这些官员会帮助受助方；但他们却很难联系上，而且对于受助方应要求提供的报告，他们的反应也不及时或者没多少帮助。

萨莉说，报告提出了关于基金会总体实践和精神气质的一些问题。所有基金会成员都要进行分析，想想解决方案；她还想知道每个人对这些问题有什么看法。这么一开头，会议比预定时间延长了2个小时。（萨莉计划在此后几天和一些员工谈话，讨论特别提到的与他们互动中出现的问题。）

下午6时，与基金会创始人约翰·拉尔森出席艺术理事会晚宴。

虽然基金会在本市很活跃，但约翰·拉尔森却不愿生活在镁光灯下。在艺术理事会（Arts Council）宣布年度大奖颁发给拉尔森家族基金会之后，约翰请萨莉代表基金会领奖。但萨莉说，如果他出席晚宴的话有助于基金会筹款。而约翰说，如果萨莉和项目官员陪他去的话他就去。

在去晚宴的路上，约翰提到他越来越关心国际人权问题，问基金会是否可以在这个领域有所作为。萨莉说，她也同样关心人权问题，而且个人也为此捐过款。但她说在现有项目领域内基金会能有更多作为，而且国际人权问题也不是基金会项目官员的专长。如果约翰希望基金会为该领域拨款，也许她可以考虑跟处理全球变暖问题一样的办法。她又说，最好还是“在既有领域进一步努力。”

“有道理，可是——”他回答说，这时他们走到了艺术理事会的招待会，许多仰慕他们的同工和市民上来跟他们打招呼了。

以上短文显示了萨莉作为拨款者、战略家和基金会及其受助组织工作的评估者这些角色，还表明她是会议召集人、协作者、（总在立法限制的框架内游说的）政治行为体，并由于基金会的成就而受到社区居民的感谢。这里没有提到她要接打的许多电话，要写的电邮，在走廊里的交流，或是其他占用时间的工作。

运作型基金会

运作型基金会（operating foundation）看起来很像接受基金会拨款的

公共慈善团体，只有一点不同：它们主要是创办基金会的慈善家利用消耗性捐赠或一笔捐款创立的。[①] 它们区别于拨款型基金会的是其规划性工作，虽然有些运作型基金会也大量拨款。

例如，保罗·盖蒂信托基金会（J. Paul Getty Trust）在洛杉矶有两家盖蒂博物馆，还管理着艺术保存和研究机构。2004 年，基金会在自己的项目上花了 3.75 亿美元，并给其他组织拨款 2 300 万美元。[②] 斯图奇基金会（Stupski Foundation）是一家私人运作型基金，支持对城市公立学校学区的系统改革，为服务匮乏的学生改善教育质量。除了拨款资助学区从他处获得专家帮助之外，基金会自己的员工还提供一线技术支持和指导，并推动受助学区之间的同伴学习。

混合型慈善

混合型慈善将慈善和第 8 章描述的那种与使命相关的营利性投资混合在一起。易趣的创始人之一皮埃尔·奥米迪亚（Pierre Omidyar）是最早宣布从事混合型慈善的人之一。2004 年，他决定开始既资助非营利组织，也资助促进其社会目标实现的营利型企业。通过“奥米迪亚网络”（Omidyar Network）[③]，他现在资助的对象既有社会创业型公司，也有非营利组织。例如，奥米迪亚网络既拨款给世界上第一家小额信贷银行的非营利分部格莱珉基金会（Grameen Foundation），又投资于蓝色果园基金（BlueOrchard Finance S. A.）——这是一家投资于小额信贷机构的营利性组织。作为对这些投资的补充，奥米迪亚先生在捐资 1 亿美元给塔夫斯大学时，要求它们要将其投资于小额信贷机构。[④]

---

① Council on Foundations，“What Is a Private Operating Foundation?” http://www.cof.org/members/content.cfm? ItemNumber=551&navItemNumber=2518（2008 年 7 月 11 日访问）。

② Foundation Center's Statistical Information Service，“Ten Largest Grant-making Operating Foundations by Asset Size，2004，” http://foundationcenter.org/findfunders/statistics/pdf/11_topfdn_type/2004/top10_aa_op.pdf.

③ Omidyar Network，http://www.omidyar.net（2008 年 7 月 11 日访问）。

④ Ben Gose，“The Big Promise of Small Loans，” *Chronicle of Philanthropy*，July 20，2006.

在谷歌宣布创立慈善分部Google. org时，也决定要既投资于营利组织也投资于非营利组织。实际上，谷歌的大部分资金并没有投入非营利的谷歌基金会（Google Foundation），而是投入了要完全纳税的风险资本基金——这些钱要投给营利性的、以提高能效等为目标的研发公司。Google. org的首任掌门拉里·布莱恩特（Larry Brilliant）解释说，虽然基金会希望能赢利，“但我们并不是为了赢利才做的。而且即使我们的资本拿不回来又能怎样？重点是社会收益，不是经济收益。”① 谷歌还宣布要对清洁技术企业进行一些大胆的投资。

这些新的混合型方法也招致了批评②，包括对社会收益和财务收益冲突的质疑。怀疑者担心这种方式会演变成传统公司慈善的自利及短期行为；担心它会损害不能提供财务收益的非营利组织；在更广泛的意义上，还怕它不能促进真正的社会变迁。现在，关于混合型慈善的说法比真正的实践更多，所以要对它做一般性的判断为时尚早。

要　点

➢从事慈善有三种大体架构：

——亲力亲为，包括开支票给公共慈善团体，利用捐赠人指导性基金，参与慈善圈，建立不设员工的私人基金会

——交托给其他资助者，包括设立员工的基金会、社区基金会和慈善中介

——创建设立员工的私人基金会

➢由于在战略设计、实施和评估上都需要投入精力，所以交托给他人或创建设立员工的基金会比您亲自出马更有可能产生社会效益。

---

① Katie Hafner, “Philanthropy Google’s Way: Not the Usual,” *New York Times*, September 13, 2006.

② 见 Nicole Wallace, “Blending Business and Charity,” Chronicle of Philanthropy, September 28, 2006, http://philanthropy. com/free/articles/v18/i24/24001401. htm; Hafner, “Philanthropy Google’s Way,” and Stephanie Strom, “A Fresh Approach: What’s Wrong with Profit?” *New York Times*, November 13, 2006.

第 16 章
要点与要义：基金会的支出政策

为把捐款用在刀刃上，慈善家投入了大量精力；但对于要把多少资产或捐款留到未来使用、又把多少现在花出去，他们却想得很少。正如逝去的克劳德·罗森伯格（Claude Rosenberg）在《财富与才智》一书[①]中写的那样，这对慈善家个人和基金会来说都是一个问题；但我们这里只谈基金会。

对慈善家及其组织来说，问题如下：基金会是应该永远存在下去，还是应该把钱花光、最终停止运营？我们要特别讨论支出和基金会使命的关系。许多基金会每年只支出 5%的资产——这是美国法律的最低要求。[②]假定其平均投资回报是 8%，而通胀率为大约 3%，那么基金会就能够永远保持这一经过通胀调整的支出水平。但是除非基金会创始文件另有规

① Claude N. Rosenberg, *Wealthy and Wise: How You and America Can Get the Most Out of Your Giving* (Boston: Little, Brown, 1994).

② 为了交流方便，我们把管理成本计入所说的“支出”中，就像美国国税局做的那样。

定，否则没人能阻止基金会花得更多，甚或在1年内花掉所有资产。

我们用二元论的方式来表述这个根本问题：想永远存在 vs 不想永远存在。但实际上还有许多变异形式。您可以今天把一部分捐款全部花光，而后来的支出却能保证基金会永远存在，虽然预算减少了；或者即使您把钱花光了，但却是经过了或长或短的一段时期。您可以选择在您踏入天堂之门不久之后就关闭基金会，也可以让您的儿孙继续捐款。

反对基金会永久存在的两个最有力的论点，来自把多数财富都捐献给慈善事业的极其成功的商人。

1929年，西尔斯·罗巴克公司的总裁朱利叶斯·罗森沃尔德（Julius Rosenwald，其慈善活动关注的是非裔美国儿童的教育）就毫不含糊地表达了他对这一问题的看法：

> 我反对把大笔钱存起来在几百年之后再用的原则，理由有二：第一，它直接暗示对未来缺乏信任，对此我不认同。我相信未来的世代会和我们一样仁慈、开明、积极、能干，可以放心地把未来的需要留给未来世代去满足。第二，对于把今天的大笔财富留给500或1 000年之后才会出现的问题的任何项目，我都反对。①

大约80年之后，沃伦·巴菲特说道："行为受制于某些动因，而动因之一通常是建立不朽机构的愿望……。这种动力——虽然无疑是下意识的——有时压过了对什么最有益于社会的考虑。"② 巴菲特先生把大部分财富都捐给了盖茨基金会，而盖茨基金会计划在最后一个董事去世后50年内花完所有的钱——虽然，考虑到比尔和梅琳达的年纪，应该还会有很长时间。

另一方面，安德鲁·卡内基（Andrew Carnegie）、约翰·D·洛克菲

---

① Julius Rosenwald，"The Burden of Wealth，" *Saturday Evening Post*，1929，转引自 Diane Granat， "America's 'Give While You Live' Philanthropist，" *APF Reporter* 21，no. 1 (2003)，http://www. aliciapatterson. org/APF2101/Granat/Granat. html（2008年7月1日访问）。主要见 Steven Schindler，"Building Schools for Rural African Americans" in *Casebook for The Foundation*：*A Great American Secret*，by Joel L. Fleishman，J. Scott Kohler，and Steven Schindler (New York：Public Affairs，2007)。

② Stephanie Strom，"How Long Should Gifts Just Grow?" *New York Times*，November 12，2007，http://www. nytimes. com/2007/11/12/giving/12money. html.

勒（John D. Rockefeller）、亨利·福特（Henry Ford）、罗伯特·伍德·约翰逊（Robert Wood Johnson）、安德鲁·梅隆（Andrew Mellon）、约翰·麦克阿瑟（John MacArthur）、大卫·派克德（David Packard）和威廉·休利特（William Hewlett）都创立了旨在永久存在的基金会。是什么考虑导致他们做出这样的决定呢？

现在的需要 vs 未来的需要

如果您认为未来的问题会比今天的问题大，或者处理明天的问题可用的机动资金会比今天少，那么尽量节约使用资源是有道理的。我们许多人对自己的资产持有这种态度：我们想储存一些资金以备不测，或者给儿孙更多选择的余地。但基金会也是这个逻辑吗？

朱利叶斯·罗森沃尔德答曰"不"。他认为，世界经济增长会持续下去，而慈善也会随之发展。回首过去 200 年，似乎是这么回事。而向前展望，投入慈善的资金预计会随着未来世代财富的转移而大量增加。当然，您可能担心，文化或税法的改变都会影响这一道路；但气象也会影响到它（实际上，对基金会和其他慈善机构而言，已经有立法和管理上的风险威胁到现状。但它们不光会影响新的机构，对既有机构也可能有影响）。

资产增长率 vs 目标问题恶化程度

这是一个关于预期收益的问题；特别是一个和在遥远的将来花 1 美元相比，今天花的 1 美元价值几何的问题。在某种程度上（但不是很确切），答案和您的目标处在第 2 章讲过的大立方和小立方中的哪个位置相关。

一方面，没有理由认为艺术、文化或高等教育今天比 100 年之后更需要您的钱。另一方面，如果您担心人口增长会影响撒哈拉以南某些非洲国家的发展，那么，现在就满足家庭计划的需要以防止意外怀孕会比在下一代这样做产生更大的效果。全球变暖也是类似的情况。在解释为什么理查德与罗达·高曼基金会（Richard and Rhoda Goldman Fund）每年支出 1/10 的资产时，高曼先生解释道：

对环保和其他慈善事业来说，“雨天”何时到来取决于我们……我相信现在就应该迎面解决气候变化问题，只因为机遇一去不复返。现在不行动，我们就会把数不清的灾难强加给后人，而他们将无法补救。这一个问题可能会恶化几乎所有其他的环境问题和社会问题。①

在其他情况下，您的拨款的时间价值并不同样明显突出。在为无家可归的家庭提供住宿、为贫民区儿童改善初等和中等教育或者消除疾病方面，今天的投入会比明天更有价值吗？您的答案可能取决于您是否认为现在解决问题会阻止它们在时空上的蔓延。

在其他条件相同的情况下，对慈善事业要解决的多数大的问题而言，我们的预感是今天花的 1 美元会比明天花的一美元更有价值。但是让我们看一下其他条件并不相同的情况。

已有强大而可行的变迁理论 vs 未来可能有更好的战略

第 4 章讨论了拥有强大而可行的变迁理论的重要性。在一些重要事例中——如青年发展和城市教育——现有关于何种方式有效的知识足以证明扩大战略的正当性——不管是通过慈善还是倡议政府支持。但在许多情况下，不确定性仍然很大。

以全球发展为例。全球发展每年都耗费数十亿美元——其中越来越多的资金都来自于私人慈善——但却缺少经过检验的可行战略。一些干预行为强调的是对基础设施的需要，如道路、港口、发电厂；另一些关注的是善治——透明、民主、税收，诸如此类；还有一些旨在向穷人提供基本教育、卫生设备、医疗服务和营养。虽然这些目标都很合理，但对于怎样投资才最有效却仍有很大的不确定性。也许这是一个极端的例子。但试想一下，在美国，关于应该如何减贫，特别是在一些少数族裔社区中如何减贫，这方面仍然所知甚少。

---

① Michael Klausner，“When Time Isn’t Money：Foundation Payouts and the Time Value of Money，” *Stanford Social Innovation Review* 1，no. 1 (2003)：51-59.

这些领域目前火力不足，也许是您将一些干燥火药留待未来使用的一个原因。然而，慈善最大的价值在这里是支持研究、实验和评估——而有足够多的好项目可以支持。实际上，考虑到人类灾难造成的损失，您也许还想支出不止 5%的资产，投入到一系列运转良好的试验中去，同时保留大部分财富来扩展一两个有效的项目，以此增大解决问题的可能性。

这实际上是位于纽约的艾伦·戴蒙德基金会（Aaron Diamond Foundation）1985 年处理艾滋病问题的方法——除了它把发展壮大的工作留给了他人之外。20 世纪 80 年代中期，关于如何遏制或控制艾滋病毒的信息少而又少。在考虑其他战略之后，基金会决定启动基础研究，使科学家能取得足够的研究成果从而获得联邦资助。1989 年，基金会的员工和董事会和该领域最能干的研究者一起创立了一家独立的世界顶尖的实验室。到 1996 年，艾伦·戴蒙德艾滋病研究中心（Aaron Diamond AIDS Research Center）成为开发抗病毒的“鸡尾酒”疗法的最重要的机构。鸡尾酒疗法是控制艾滋病毒工作上的一个转折点。在经过 10 年努力、拨款 2.2 亿美元（40%用于医学研究）使鸡尾酒疗法成为可能之后，基金会关门退出。

慈善领域和运动：启动 vs 维持

在第 14 章，我们提到了奥林基金会。它向现代保守主义运动以及法律经济学领域的发展提供资助。后来基金会按其创始人的规定，在创始人去世后的下一代期间关闭。

惠特克基金会（Whitaker Foundation）自 1975 年创立以来一直资助生物医学工程的发展。1991 年，其管理委员会意识到基金会来到了一个十字路口，他们的结论是对基金会资产的最佳使用方式是建立和加强新兴的大学生物医学工程系。基金会决定倾全资资助这项事业，并在 15 年内花光所有资金。[①] 2006 年基金会关门时，已在生物医学工程领域投入 8 亿美元。[②]这些钱用于研究、教育项目、奖学金、实习、课程开发、会议、领导力发展、聘用教员、房屋建筑、与政企合作、支持专业学会、国际拨

①② Heidi Waleson, *Beyond Five Percent*: *The New Foundation Payout Menu*（Northern California Grantmakers, 2007）, http://www.ncg.org/assets/beyond5/Beyond5_Report.pdf.

款和奖学金等。[①] 惠特克基金会的投资有效推动了该领域的发展，将生物医学工程从一个新兴事业发展为到2006年为止在美国大学拥有80个院系的成熟领域。[②]

有理由相信，奥林基金会和惠特克基金会通过集中注资的方式产生的影响要比每年支出5%的资产产生的影响大得多。另一方面，福特基金会的捐赠足够多，既能启动又能长期维持女权运动和其他进步事业的发展。派克德基金会和休利特基金会通过平均5%的支出已经将人口和环保运动维持了数十年——而没人能说今天的需要比20世纪60年代基金会初入这些领域时要小。

制度知识、文化和声望：不朽化vs陈腐化

就算各种组织沉浮不定，又会以不同形式重现；如果武断地关闭通用电气或丰田、女童子军或国际救助贫困组织（CARE）、哈佛或麻省理工，可以想象会对有价值的组织结构和组织知识造成多大的损失。

而且，不设时限的组织往往会关心未来，会参与长期项目。就企业来说，试想想一些石油公司对可再生能源的研究。而就慈善而言，想象一下洛克菲勒基金会对绿色革命的投入、梅隆基金会对高等教育和文化的投入、约翰逊基金会在卫生领域的工作所需要的时间跨度会是多长。

建立一个机构的声望也需要时间，而声望能够成为巨大的资产。洛克菲勒基金会对海外拨款时，它送出的不仅是钱，还有信誉；它资助的项目因此会得到强有力的支持。麦克阿瑟基金会在人权领域的拨款也是如此。

这个单子还可以拉长——但不能无限拉长。可以在全国或国际范围内建立声望，也可以在当地或区域内建立声望；但是许多想要不朽的基金会很少有制度知识或能力来赢得声望。在很大程度上，建立声望需要基金会持续存在，而只有有经验的专业员工才能保证基金会的持续存在。即便如此，关于哪些百年老店至今仍然至关重要的问题，也并没有共识。

这就涉及责任的问题。公司、非营利组织和大学对投资者、捐赠人、

---

① 要了解更多惠特克基金会在生物医学工程领域的拨款活动，可见关于基金会工作的在线档案，该档案作为公共资源由生物医学工程学会（Biomedical Engineering Society）维护，http://bluestream.wustl.edu/WhitakerArchives。

② Waleson, *Beyond Five Percent*.

学生和其他人负责。熊彼特的“创造性毁灭”确保已经没用的企业会走向灭亡，这个过程也可能适用于——虽然在更小的程度上——市民社会的多数组织。但它对基金会却不适用。基金会易被奉承俘获却又不用负责。在试图建立永久存在的基金会时，这一点至少使人三思。

相信后人 vs 辖制后人

这个概念具有两面性。您可能认为文明总是面临着来之不易的权利与自由——不论是个人经济自主还是同性恋权利——倒退的风险；或者您会认为文化传统，如西方古典音乐，总是处在灭绝的风险中。由大量捐款支撑的永久存在的基金会可以作为保护这些价值的壁垒。

但是，控制——更别说预测——未来是不可能的。您对基金会的使命规定得越详细，它在未来就越有可能变得不合时宜。本杰明·富兰克林（Benjamin Franklin）留遗嘱成立一个贷款基金，要为已婚学徒工自立门户提供帮助。成立于 1833 年的吉拉德学院（Girard College），目的是解决“贫困白人男性孤儿的教育问题”。而一家成立于 1861 年的信托基金旨在“为逃亡奴隶服务”，以及“结束这个国家的黑人奴隶制。”[①]

您对使命的界定越宽泛，未来受托人就有更大的余地根据自己而不是您所处时代的情况来贯彻原则。保守派评论家希瑟·希金斯（Heather Higgins）发现，一家致力于让美国更强大的基金会受托人可能在一个时候相信促进移民能实现使命，而换个时间又会认为遏制移民使美国更强大。[②]

您如果愿意把意图说得笼统些，让后来人做决定，那么就可以放宽心了。但是，您要想把意图说得更具体的话，就最好在可预见的时间跨度内行动。您要关心环境问题，就帮大自然保护协会保护原始土地，并让它们

---

① Walter Isaacson，*Benjamin Franklin：An American Life*（New York，Simon & Schuster，2003），474；*Wikipedia*，s. v. “Girard College，” http://en. wikipedia. org/wiki/Girard_College（2008 年 6 月 30 日访问）；Lawrence M. Friedman，“Dead Hands，”即将出版。

② Heather R. Higgins，“The Case for Limiting the Lives of Foundations，” in *Should Foundations Exist in Perpetuity*?（Indianapolis，Ind.：Philanthropy Roundtable，2006），9-31，http://www. philanthropyroundtable. org/files/Should% 20Foundations% 20Exist% 20in% 20Perpetuity. pdf.

永远受到托管。如果您想保护文化价值观，那就把基金会的本金捐给博物馆、大学和类似的机构。①

个人考虑

上文提到的因素都和影响社会有关。但其他因素也可能影响您的决定。您想推迟善款散尽的时间，以便让儿孙也能享受参与慈善的益处——也许同时为了维系整个家族？如果是这样，那么延续多少代人才算合理？一方面是在生前享受捐赠本身及随之而来的喝彩，一方面是希望在去世后被作为慷慨而伟大的人被纪念，如何在这二者之间取得平衡？

问题的答案取决于特定的个人、家族和善款的规模及其他条件。在这短短一章中我们的主要观点是：支出决策在影响个人的同时也具有战略影响。

最后，虽然我们关注的是捐赠人在建立基金会上的决定，但我们的分析对创始人没有规定其存在年限的基金会受托人也有意义。管理的职责并非把基金会的永久存在作为默认选项。受托人的职责是明智运用捐赠人的资源来实现他或她的慈善目标；而受托人既可能因为没把捐款花光而失职，也可能因为把捐款保留给未来之用而失职。

要 点

是花光善款还是永久捐赠，主要取决于：

➢现实的需要 vs 未来的需要；

➢资产增长率 vs 试图解决的问题的恶化程度；

➢有力且可行的变迁理论的存在 vs 未来可能出现更好的战略；

➢启动 vs 维持慈善领域和运动的发展；

➢制度知识、文化和声望的不朽 vs 腐化；

➢相信后人 vs 辖制后人；

➢个人考虑。

① “大学是文化的守护者？”您叫道，“看看 20 世纪末后现代、解构主义的学术运动吧！”实际上，我们认为，即使在此时，古典传统也仍然存在并且状态良好。但注意到这一点很重要：传统不可避免地在改变并被重新阐释。哈佛 1900 年的经典和它 1800 年的核心课程就不一样。

后记
战略慈善面临的挑战

本书花了很大篇幅探讨了战略慈善涉及的技巧、工具以及它为世界改善带来的机会。在最后，我们看一下战略慈善面临的两大根本挑战：第一个挑战和战略或技巧之外的领域相关；第二个挑战则关系到“莫为恶”准则。

资源有限的必然性和关注与坚持的重要性

如果您集中关注相对较少的几个目标，那么您就更有可能在实现慈善目标——不拘什么目标——的道路上产生影响。这仅仅是因为存在如下事实：您可用于该事业的财力和人力是有限的。

财力与人力

财力的有限不言自明——尽管记住这么一点很重要：除非您处于前沿（或后缘），否则“吾道不孤”。

人力资源是有限的，因为战略慈善要求具备三种专业技能：

➢在某个特定主题范围或领域内的专业技能——例如，什么方法对提高贫困学生的成绩有效，以及与该领域的研究、实践和评估相关的人、组织和网络是哪些。

➢分析问题、制定战略和利用工具实施战略等方面的专业技能——虽然这些技能最终要应用于特定的实际领域，但一个解决问题的能手和战略家对不同领域的同事会有莫大的帮助。

➢拨款过程中的专业技能——就是说，选择受助组织，评估其工作，以及从事与第 4 章和第 6 章讲到的拨款有关的活动。

您的受助组织肯定对自己领域的事物和战略有足够的专业知识。即便如此，您也需要一定程度的独立判断以便对它们做出明智的选择，而这就需要所有以上三个方面的知识。否则，除了申请者的声誉或您的盲目信任之外，很少还有什么能帮您决定要资助什么组织，而且您也难以监督其运营过程。

您想介入兴趣领域的程度越深，您本人或基金会员工的战略能力和实质技能就越重要。例如，如果您想制定战略来解决美国西部的环境问题，就必须深刻了解该领域及影响自然资源选择的决策过程的动力机制。如果不了解一州水资源法的历史、局限和提供的机遇，就不可能设立一个关于美国西部水资源的强有力的拨款项目。如果不懂得关于木材和能源产业的经济学以及关于国家森林管理的联邦法律，您就无望保护没有道路的地区免于新兴道路的建设。相反，深刻了解这些领域能使您拥有重要的优势：您可以建立能够反映和利用关键机遇的拨款项目。在所有这些案例中，您都可以作为协作者与受助组织交往——只要这种参与是有帮助的。

一次只关注有限的一些问题

在第 7 章，我们讨论了假想的太平洋聚光灯基金会和泛光灯基金会，前者的兴趣领域窄，后者的宽。在这一部分，我们介绍另外两个假想的基金会——独一基金会和百花基金会。它们兴趣领域的宽度差别更大。二者的年度拨款预算都是 1 500 万美元，都有 3 个专职员工。独一基金会集中关注于美国学校的 K-12 教育，百花基金会的兴趣领域包括教育、文化、环境、移民、男女同性恋权利和贫困问题。另外，百花基金会仍然健在的捐赠人头脑很活跃，充满好奇心，经常给项目员工带来新的想法和不同领域的申请报告。

简言之，独一基金会在自己唯一的兴趣领域产生的影响可能比百花基金会在它所有领域加起来产生的影响还要大。因为基金会的人力和财力必然是短缺的。在人力方面，独一基金会的 3 个项目官员都了解教育领域：一个人有该领域的研究背景，另外两人有作为教师、校长或督导的一线经历。他们的知识合起来能使他们与关键的实践者和研究者保持密切的联系。他们知道美国的每一个学校改革计划，还参与了其中一些改革进程。

百花基金会的 3 名员工跨越了不同的拨款领域。他们每个人都对基金会的某些领域有了解，并且获得了其他领域的一些知识。但他们了解得太浅，很难及时把握这些领域的所有重要进展。他们可以讨论共同的拨款问题，但由于专业领域不交叉，他们不能走进隔壁办公室就最重要的问题寻得帮助。

独一基金会能把 1 500 万美元全部投入教育的改善。其拨款项目包括对这种研究的资助：测试两种特定的干预方式——及时而持续地提供关于学生表现的反馈意见和延长在校时间——能否提高学生成绩。它还对某些致力于学校改革的核心的全国性组织提供大量的跨年度拨款。独一基金会被视为 K-12 教育改革领域的领袖。

百花基金会是众所周知的万金油。虽然它在某几个领域比较重要，但对任何一个领域都不精通。当一个好的追随者——追随像独一基金会这样的基金会，或者对其兴趣领域表现良好的组织提供核心运营资助，都最有可能使它产生影响。但即便是追随其他基金会，也需要知识来建立对该基金会工作的信心。提供一般运营经费资助需要和其他拨款一样的尽职调查，而百花基金会缺乏做这件事的人手。而且，由于资产分散，它无法通过大量的跨年度拨款支持那些组织。

我们不是暗示拥有几个项目的基金会一定比只解决一个问题的基金会影响更小。和多数其他全国性的基金会一样，我们的雇主也是一个大型联合体，同时向几个不同的领域拨款：休利特基金会的六大项目每个都有两个或以上的子项目。在有些领域，我们的员工和预算的规模相对于我们要解决的问题来说是合适的；而在其他领域，很可能如果对某个问题投入更多财力人力的话，会对基金会的目标产生更大的净影响。我们不能说身为跨业联合体会先天性地削弱自己的影响，但显然，您做的事情越多，您的资源就越分散，您就越有可能无法最有效地利用资源。

在第1章，我们提到克拉克基金会决定把2 500余万美元的拨款预算集中到青年开发项目上。这是迈克尔·白林（Michael Bailin）1996年成为总裁后所做的决定，他担心基金会的资源是不是撒得太薄了。我们不知道还有哪个大型基金会做出了克拉克基金会这样大的变革，但我们确实知道许多基金会，它们焦点的集中多年来明显使其受益匪浅。

例如，大型基金会中的梅隆基金会（Andrew W. Mellon Foundation），其关注点在于高等教育、艺术、文化，而这使其在以上领域做出了显著贡献，如建立了JSTOR这个在线数据库，它使世界各地的学者都能获得收录的学术期刊；以及ARTstor，它把世界上一些伟大的艺术瑰宝数字化，让学者和教师通过互联网就可以看到它们。同样，联邦基金和约翰逊基金会也在所关注的卫生领域取得了重要影响。

许多小型基金会由于目标明确而集中变得很出众，成为各自领域的领袖。犁头基金会每年筹集并支出约500万美元，它是核武器扩散这个复杂问题上的专家。它之所以成为该领域的头号基金会，是因为建立了一支精干的队伍、一个杰出的顾问团，并且广泛而明智地征询意见。苏德纳基金会的预算要多一些，它也成为交通改革领域的领袖。华莱士·亚历山大·格伯德基金会（Wallace Alexander Gerbode Foundation）对于湾区和夏威夷艺术文化的认识既深且广。

坚持到底

与一次只关注有限的问题有同样价值的是坚持长期关注这些问题。有限的人力和财力在任何时候都会限制组织效能的发挥。反复无常、缺少后续支持，在一定时期内会成为限制因素。

很少有什么重大的社会问题——不管是地方性的还是全球性的——靠几年的捐款就能解决。相反，一些最伟大的慈善成就要归功于基金会长期关注问题的意愿。[①]

➢由派克德基金会和休利特基金会资助、能源基金会负责管理的工作，帮中国推出了一套合理的环境法律和做法。既有的成果已经很显著

---

① Joel L. Fleishman, J. Scott Kohler, and Steven Schindler, Casebook for The Foundation: A Great American Secret (New York: Public Affairs, 2007).

了，新政策的实施还会节约数十亿桶石油和几亿吨煤炭，从而会减少二氧化碳和不健康常规污染物的排放。如果基金会只是短期介入的话，就不可能取得这些成就。

➢在沙克疫苗成功的鼓舞下，克拉克基金会花了 20 年时间试图根除三大严重致衰的热带病。它试图开发血吸虫病和盘尾丝虫病疫苗的努力没有成功——正如我们开始时所说的，战略慈善是一项风险事业——但它的沙眼治疗项目后来与世界卫生组织、辉瑞公司（Pfizer Inc.）及其他组织进行了合作，结果他们推出了一个多元战略，大大降低了这种致盲性眼部感染的发生率。

许多慈善家都乐意为从教育到医学研究等方面的创新性工作提供种子基金。然而，试点项目的价值取决于是否周围有人来贯彻它，让它发展壮大。播种很必要、激动人心，但除非有人来浇灌幼苗，为它除草，培育它，直到它能够被收割、用来烤面包——否则也是没用。愿意从头至尾坚持贯彻某种理念的基金会能带来持久变迁。而那些只在项目还新鲜、刺激的时候才提供资助的基金会则是把工作甩给了无常的命运。实际上，许多慈善家都没把项目带过幼苗阶段。在产生影响方面，我们假想的百花基金会加倍地不利。它的资源在任何时候都撒得很广；而且其捐赠人从一个领域转向另一个领域，都不考虑谁——如果有人的话——来继续他所抛弃的工作。产生持久影响的必要前提是：您得准备好有始有终或者至少在放手时能找到接替者，然后再着手解决问题。

对项目或拨款规定武断的限制条件，解决问题的时间太短以及捐助疲劳都对成功不利。您的兴趣和目标可能随着时间而改变；但是在您决定退出一个领域时，如果这个领域还有充满生机的、能增加价值的组织，或者还有有潜力的项目正在进行，就要制定一个退出战略不要让该领域萎缩。

当然，也有这种可能：您沿着错误的道路走下去，在一个计划或项目上坚持的时间超过了合适的期限。不过，我们认为比起在过气的问题上耽搁太久而失败，更常见的是慈善家因急于尝试新的项目而失败。基金会更多是因为漫撒种而不是因为挖太深而失败，是因为没能积累起足够的专业知识、关系和声望以让拨款取得尽量大的成就而失败的。

特殊情况和机会成本

要取得影响，需要严谨理性地对待慈善。但是，如果进入您视线的申请好到不能忽视、触动了您的心弦，而且如果拒绝的话会显得麻木无情，那该怎么办？预期收益分析可能会告诉您：把1美元投在非洲的农业基础设施上，比起投在一个挨饿的非洲儿童身上，会产生更大的影响。但我们的大脑却会对那一个孩子的个人困境做出反应。

如果要兼顾现实情况和服从理性的长期收益，一个好办法就是将适量慈善经费划拨出来以应对特殊情况。这个份额多少算合适，会因个人或基金会而异，而且可能会在您制定战略时随着时间的流逝发生变化。但是，从机会成本的角度考虑特殊情况拨款，即考虑同样的资金如果投在战略性规划的项目上会产生什么影响，这是有帮助的。

慈善责任

我们的建议迄今为止主要都是关于实现您自己的慈善目标的，不管这目标是什么。在本书结尾，我们来讨论一下慈善可能犯下的两种大错：损害它所干预的领域，以及造成社会破坏。

对慈善领域的责任：让您的营地比您初见它时更好

这里，我们就如何改善慈善领域或者至少不要让它比你发现它时变得更糟提出建议。虽然多数建议都可以被称为开明自利行为，但我们是在更加规范的意义上、从互惠或说“黄金准则”的视角来考虑的。

支持那些支持慈善领域的组织

➢一些所谓的基础设施组织是慈善家特别是基金会工作的助手，包括：知识建构组织，像布利吉斯潘集团（Bridgespan Group）、高效慈善中心、高效组织捐赠者协会以及FSG社会影响顾问公司；

➢会员制组织，如小型基金会协会、基金会理事会、“独立部门”、全国家族慈善中心和慈善圆桌会议。

➢地区性捐赠者协会，如芝加哥捐赠者论坛（Donors Forum of Chicago）、北加州捐献者协会（Northern California Grantmakers）、东南基金会理事会（Southeastern Council of Foundations）。

很多时候，您缴纳的会员费或会议费并不能涵盖这些组织因提供收益而产生的所有成本。由于您直接或间接地受益于它们的工作，所以在缴纳它们所收的不论什么费用之外，再通过拨款来维持和加强它们的发展，是有道理的。

从自己的工作中获取、传播知识

我们讨论了慈善对知识的支持以及知识在慈善中的重要作用。但对知识——特别是关于特定计划的成功（或失败）的情况——的收集和传播不够系统的领域，我们知之不多。我们认为，之所以如此，是因为慈善家想遮掩他们的失败，而不是因为他们不把时间和金钱用在评估上。而这反过来往往是因为他们的目标不明晰。

战略慈善需要目标明确，需要对实现目标的过程做出持续反馈。在所在领域分享您的评估结果，可能比把评估用作已用更耗时耗力。但是，帮别人从您的经历中学到东西，能够增大您的捐赠行为的影响。

道德行为与善治

慈善规模日益扩大的同时，立法机构、监管机构和媒体对它的兴趣也越来越大，审查也越来越多。一个丑闻就能让数百个慈善善行哑然无声。

由于所带来的税收减免，慈善已经成为一种特权了。这种特权负有特殊的治理责任，其中之一就是要声明利益冲突情况。所以，在透露作为本书作者之一的保罗是“独立部门”组织的（Panel on the Nonprofit Sector）非营利部门专门小组的成员之后，我们强烈推荐您和受托人阅读该小组的《善治与道德实践的原则：慈善团体与基金会指南》①，并想想怎么将其应用于您自己的组织。（我们也应该告诉您，慈善圆桌会议，这个主要由保守基金会构成的组织，对它所谓的专门小组的“一刀切”的方法表示了反对意见。②）

对社会的责任：第一条，莫为恶③

和汽车修理手册一样，战略慈善指南本质上也是价值中立的。手册可

---

① 报告全文和评论内容可以在其网站上看到，见：http://www.nonprofitpanel.org。

② Adam Meyerson, “We're Not Signing It: Our Concerns About Independent Sector's ‘Principles for Good Governance and Ethical Practice,’ ” Philanthropy Magazine, December 17, 2007, http://www.philanthropyroundtable.org/article.asp? article=1510&cat=1.

③ 被（错误地）认为出自希波克拉底誓言。

以用来指导对救护车的精修，同样也能为堵在门口抢银行的车所用。（差不多）同样，我们的书也对追求许多不同的慈善目标有帮助；而有些人，包括我们自己在内，会认为有些慈善目标方向搞错了，或者甚至令人憎恶。当慈善事业触及令多元社会的公民各执一词的一些敏感问题时，一个人的救护车难免会变成堵在另一个人门口的车。事实上，即便目标得到了广泛认可（如减贫和改善教育），对怎样实现目标才合适——如是通过私人志愿行为还是通过政府规管——这个问题也会有分歧。

对于慈善事业广泛的自由裁量权，为其辩护的理由多种多样。例如，肯尼思·普莱维特（Kenneth Prewitt）论称慈善有利于推广多元政治（多个选区和利益集团控制的政府统治），而多元政治是多元社会的重要价值所在。[①]但无论如何，在慈善目标和手段方面都有所容许的尺度，在美国这是个事实。这对战略慈善家提出了什么要求？

当然这不是说要放弃您的价值观。就美国最重要——有决定性——的一些社会变革而言，慈善事业对它们既有支持也有反对：从民权运动到里根和布什时代保守主义的反规制议程，从堕胎权到携带武器的权利，都是如此。但我们认为，这种自由对慈善家及其受托人都带来了某些责任：

➢战略与活动要有合理的依据；

➢公开声明要公正、准确；

➢对关于事实或者还有价值观的辩论要持开放态度。

如果说这些是自由民主体制内决策者甚至普通公民的责任的话，那么对慈善家来说就更是如此，因为他们掌握巨大的权力——掌握钱袋子的权力。这种钱袋子有时能与政府的资源旗鼓相当，但却不受制于那些约束政府使其负责的条件。

开始时我们说过，战略慈善是要把世界变得更美好。接下来我们列举了许多这样的工作，它们有的成功了，有的失败了。我们希望本书能激励您充满雄心、乐于冒险。但您的雄心大志应该考虑现实的可能性，您冒的

---

① Kenneth Prewitt, "The Importance of Foundations in an Open Society," in The Future of Foundations in an Open Society, ed. Dieter Feddersen and Bertelsmann Foundation (Gütersloh, Germany: Bertelsmann Foundation, 1999), 17－29；也可见 Wikipedia, s. v. "Polyarchy," http://en.wikipedia.org/wiki/Polyarchy（2008 年 6 月 30 日访问）。

险也要以自己的资金和声望而不是他人的福利为赌注。

18世纪的英国政治家和哲学家埃德蒙·伯克（Edmund Burke）警告说，社会包含了极其复杂的制度、实践和关系网络，它们超出了政治界和决策者的掌控范围；试图改善事物的英雄主义举动可能会产生意料之外的灾难性后果。您不会希望关于战略慈善的这本书的作者也是伯克式的保守派——我们也不是——但如果忽略他的洞见，将是一个错误。

战略慈善是要改善世界，但不是要做什么英雄主义举动。它与意图和关注力相关。本书许多例子涉及传播知识、支持创新性技术、建立居民区和社区组织、帮助个人充分发挥潜力、通过教育和辩论改变人们的看法等等。聪明的战略通常会以试点项目开始来测试其实际效果。

但是，战略慈善也涉及在教育、环境和气候变化、人口和国际开发领域改变政府政策的工作。许多这样的工作可能按传统的政治术语被视为“自由主义”或“进步”的，因为它们试图利用政府基金和管制权力。但即使是想从政府那儿争取更多自主权的努力，如保护公民自由和推广教育券项目，它们影响社会系统和经济系统的方式也和伯克式的保守主义大相径庭。

对战略慈善的总体成绩进行评估是另一本书的工作——得赶紧说明，这是别人的书——而且这个工作会很费力。除了实证层面的挑战外，意识形态方面的挑战也不可避免，因为慈善事业的价值观和目标差异很大。很突出的表现是，慈善领域的主流观察家约珥·弗勒锡曼（Joel Fleishman）视为积极慈善成就的一些成果，却被保守主义评论家马丁·摩尔斯·伍斯特（Martin Morse Wooster）描述为“巨大的慈善错误”。在后者眼中，一些慈善行为不但浪费了钱，还在学校改革、医学教育和人口等领域造成了确定无疑的危害。①

在举例说明他所认为的雄心勃勃的战略慈善的错误时，保守派学者威廉·A·商布拉（William A. Schambra）论辩说，慈善应该避免从“根本原因”着手，而要支持草根社区组织——发现并资助“名不见经传的社区领袖，那些对改善居民区有独特而具体的想法，在特别关键的时空用小

① Martin Morse Wooster, Great Philanthropic Mistakes (Washington, D. C.: Hudson Institute, 2006). 可以对比一下二者对公共电视和人口控制领域中慈善成绩的描述。

钱做成大事的领袖。”[①] 如果这“疑似救济”的话，他说，那么它就应该这样：“救济确实处理的‘只是症状’，因为症状才是人们自己认为重要的东西。”[②]

我们的书关注的不是根源和救济的区别，它关注的是影响。艾滋病疫苗针对的是根本原因还是症状？发放避孕套或者抗逆转录病毒药物呢？战略慈善讲的是如何高效完成工作。

倾听社区的声音非常重要。我们最有希望的案例之一——克拉克基金会对哈莱姆儿童地带的资助——就是最好的例子。但在我们的例子中，也有休利特基金会在关注湾区弱势社区时令人失望的工作。“社区”是个轻率的概念，往往掩盖了不同甚至对立的利益。无论如何，许多急迫的问题都需要地区性、全国性甚至全球性战略而不是社区拨款。

那应该怎么办？一个具有伯克性情的聪明的评论家在评价我们书稿时提到，战略慈善具有行动偏见——它把世界看成由有待解决的问题构成的世界。[③]但是，看到了问题还不行动，这也是一种决定。我们认为，最好的办法是要留心伯克关于社会变迁出乎意料的复杂性的警告，但不要持有他保持现状的偏见。寻求改变的人应有举证责任；但是，在实证基础上合理认识现状、仔细制定战略计划、在从设计到落实的各个阶段提供充分反馈意见，就可以尽到举证责任。这才是最好的战略慈善。

---

① William A. Schambra，“The View from 1313：A Presentation to the Chicago Grantmakers for Effective Organizations，” http://pcr. hudson. org/files/publications/2008_07_01_Schambra1313_Strategic_Philanthropy. pdf.

② William A. Schambra，“The Ungodly Bright：Should They Lead Philanthropy into the Future?” in Giving Well，Doing Good：Readings for Thoughtful Philanthropists，ed. Amy A. Kass（Bloomington：Indiana University Press，2008），471－478.（也可以从哈德逊研究所的网站上看到这篇文章，见：http://pcr. hudson. org/index. cfm? fuseaction＝publication_details&id＝5372&pubType＝pcr_articles.）

③ 詹姆斯·皮尔森（James Piereson），现为曼哈顿研究所（Manhattan Institute）美国大学中心（Center for the American University）主任和高级研究员，威廉·E·西蒙基金会的总裁，还是奥林基金会的前执行董事和受托人。